U0910289

致力于中国人的教育改革与文化重建

立品图书·自觉·觉他
www.tobebooks.net
出品

文化的重建

迈向盛世中国的最后一里路

吴琼恩◎著

九州出版社
JIUZHOUPRESS

图书在版编目（CIP）数据

文化的重建 / 吴琼恩著 .—北京：九州出版社，
2017.1
ISBN 978-7-5108-5048-6

Ⅰ . ①文… Ⅱ . ①吴… Ⅲ . ①中华文化－文集 Ⅳ .
① K203-53

中国版本图书馆 CIP 数据核字（2017）第 022652 号

文化的重建

作　　者　吴琼恩　著
出版发行　九州出版社
地　　址　北京市西城区阜外大街甲 35 号（100037）
发行电话　（010）689921190/3/5/6
网　　址　www.jiuzhoupress.com
电子信箱　jjiuzhou@jiuzhoupress.com
印　　刷　三河市华晨印务有限公司
开　　本　787 毫米 ×1092 毫米　16 开
印　　张　26
字　　数　302 千字
版　　次　2017 年 4 月第 1 版
印　　次　2017 年 4 月第 1 次印刷
书　　号　ISBN 978-7-5108-5048-6
定　　价　68.00 元

目 录

第二部 茫茫大海寻方向

第三部 政治与社会思想

第四部 其他重要论著

序

2015年，美国诺贝尔奖得主、经济学大师约瑟夫·斯蒂格利茨（Joseph Stiglitz）认为是中国崛起的第一年，他是从全球经济发展的角度如此论断的。其实，从中国文化发展的角度来看，“人统之正，托始文王”，此种偏重德性之知的特征，在历经西方文明偏向工具理性（Instrumental Reason）过度膨胀的发展后，益显其“价值理性”的优越性，弥足珍贵。从2013年起，中国领导人习近平再三强调中国传统文化“价值理性”的重要性，并全力反腐倡廉，勉励国人诚信做人。此与美国近二十年来强调社会资本（capital）的重要性有着异曲同工之妙，更与2008年已开始的第三次工业革命逐渐重视“点对点的横向联系”相互适应密切相关。对于这一文化价值转变的新趋势，台湾政界绝大部分仍在朦胧中，多半仍不知所云，在石火光中闹不休。中国领导人如习近平、李克强、王岐山等人是深有体会的。中国国运的崛起和世界文化秩序的转变均在于斯。

本书虽然以当前台湾走向和中国崛起为主要关注点，但却从中西文化四百年来的盛衰起伏进行比较分析。在20世纪90年代初期，即已见中国文化的即将崛起。这固然是在恩师南怀瑾先生1985年7月5日离台赴美前，我已在台北市信义路讲堂耳濡目染，更在他的名著《老子他说》中发现有如下的一段话：“回顾历史的陈迹，展望未来，我们现在所处的这个动乱的时代，大概不会再延续太久了，照历史法则的推演（或为宋朝邵康节《皇极经世》的推演——笔者注），应该是丁卯年（1987年）以后，我们的民族气运与国运，正好开始回转走向康熙、乾隆那样的盛世，而且可以持续两三百年之久，希望现代青年好好把握这个机会，那么，就更要懂得老子的思想学说。”1987年7月15日，台湾解除戒严令，同年11月2日开放探亲；第二年也就是1988年1月13日，蒋经国去世，李登辉上台，两岸关系开始千变万化。

历经二十多年的演变，两岸关系从设立海协会、海基会开始，台湾当局经“九二共识”“九三辜汪会谈”，李登辉1999年7月9日的“两国论”，陈水扁2001年的“一边一国论”，马英九在2008年开放直航，一直到中国大陆2008年北京奥运会、2009年国庆阅兵、2010年上海世博会，当年中国的GDP已超越日本，成为世界第二。自2012年习近平上台后，开始反腐倡廉，又不断警告官员不可以崇洋媚外，大力宣扬国学的重要性，鼓励国民要读《论语》和《孔子家语》，以恢复中国人讲诚信的优良传统。2013年又倡议设立于北京的“亚洲基础设施投资银行”（简称亚投行，AIIB），成为21世纪以来最大的国际组织，声势惊人，迄今为止（笔者执笔至今为2015年4月4日）已有五十七国申请为创始会员机构。2014年11月7日又在北京雁栖湖举办新一届的APEC国际会议，提出国际外交“一带一路”的大战略新构想，使世界有识之士终于看到了欧亚大陆自古以来即以领导人类文明的发展方向而闻名于世。20世纪中叶以后，由美国及其所代表的西方文明，由17世纪的荷兰、18世纪的法国，延续到19世纪的英国，再由20世纪的美国主导盛行迄今，已开始出现软疲无力的迹象，益见西方先哲的远见卓识。例如20世纪初有德国的斯宾格勒《西方的没落》一书出版，中期有英国史学家汤因比的《历史研究》一书出版，后期更有亨廷顿（Huntington•Samuel•P）的《文明的冲突与世界秩序的重建》一书出版。亨廷顿更在此书总结道："帝国主义就是普遍论必然的逻辑的结果。"1997年，美国外交家布热津斯基（Zbigniew Brzeziński）更在他所著的《大棋局》一书中强调欧亚文明终将重新领导人类文化前进的方向。2011年8月22日出版的《时代周刊》，更在封面以"欧洲或整个西方的衰亡"为题报道。同年8月15日《时代周刊》封面大标题更有法里德·扎卡瑞亚（美国《外事务季刊交》刊物的主编）所谓强权美国的衰落：美债危机何以伤及成长与其在世界的国家地位。

从以上知名人士所见，我们终于看到现在的中国已然超越前进，愈来愈接近中华民族的伟大复兴，那就是中华民族与第三波中国文化的两条腿一起站立起来。这才是中国真正站立起来了。试看1949年的中国，是一条腿站起来的时代。国民党仓皇逃离大陆，落脚台湾，依靠美国的保护苟延残喘。1949年4月8日，杨达写了《一个支离破碎的家》一文，因起草《和平宣言》，呼吁各省籍同胞互信互爱而锒铛入狱，还谪绿岛，开始了他长达十二年的孤苦生涯。请问这可是中国的民族主义精神？至于1971年的海内外学生保钓运动，国民党更失去了中国民族主义立场，企求学生追求保守平安的日子（孤影发表的《一个小市民的心声》即为明显的例子）。时序到了1979年美台"断交"，更有一知名文人丁中江发表《我本将心向明月，谁知明月照沟渠》，此种依靠美国强权保护的疲软心态，一时成为笑柄，留传至今。蒋经国 1988 年 1 月 13 日逝世前，解除戒严令，开放探亲，事前并未与美国商量，尚存一丝民族主义尊严。及 2005 年连战和宋楚瑜接连访问大陆，开始流行“两岸一家亲”的说法，这都是中国民族主义的凝聚力重新复苏。

1949 年中国民族主义站起来，结束了 1840 年鸦片战争以来民族的耻辱，结束了四分五裂的政局。而今台湾的当局摇尾乞怜于美国强权的保护，已明显可见日薄西山。所幸在中国大陆三十年的改革开放崛起于世，紧接着是习近平的反腐倡廉及全面恢复国学。尽管中国，1949 年使民族主义的一条腿站立起来，但还必须恢复中国文化的自信心，吸收西方文明之所长，并加以整合和融会贯通，创造第三波中国文化的来临（中国文化中第一波原生文化以孔子为代表，儒释道融合创生的宋明理学是为第二波中国文化。自中西文化融会贯通，将近两百年，整合中、西、印等各支文化精神，是为第三波中国文化）。当 20 世纪 60 年代的“文化大革命”如火如荼进行时，蒋介石在台湾极力恢复中国文化精神，略有功勋。直至习近平上台，深知中国文化的高明，面对西方文化的侵袭，毫无自卑感，比起钱穆对唐君毅、牟宗三的偏见，余英时偏向中国文化的实证面，刘晓波主张美国殖民中国两百年的幼稚论，还有章家敦的中国崩溃论及苏起仍迷信美国不信中国崛起的实用论（当 1999 年 7 月 7 日李登辉提出“两国论”，苏起立即宣告从此放弃一个中国政策），我们终于看见习近平的文化自信心和高明的谋略，及被其清理的贪污、腐败现象，中国前途和中国文化的远景已光明在望，前贤早已论之。

游学日本和欧美十三年，并精通二十二种语言，且力行孔孟之道的陈寅恪说：“中国自今以后，即使能忠实输入北美或东欧思想，其结局当亦等于玄奘唯识之学，在吾国思想上既不能居最高之地位，且亦终归于歇绝者。**华夏文化，历数千载之演进，后渐衰微，终必复振。**”（转引自《联合报》2012 年 12 月 7 日龚济的《曾经活过的清大精神》）此一观点与 20 世纪 80 年代西方一些物理学等学科的诺贝尔奖得主所言有异曲同工之妙。他们认为当代物理学的世界观与中国传统儒释道的世界观相通。爱因斯坦所呈现的时空相对论、心物一元论、非线性思考均与儒释道的世界观相通，因而取代了牛顿理论。可以说，愈是现代物理学的世界观，愈与中国传统儒释道的世界观相通。牛顿和马克思、恩格斯、列宁、斯大林的理论或有其时空脉络性，其理论思维在有限的脉络下或有其解释力和预测力，但绝不代表普遍真理。卡尔・波普尔（Karl Popper）早说过：“科学命题不是追求真理，而是接近真理。”千万不可把某一物理命题视为真理，何况人文社会科学哲学的命题，怎能视为绝对真理或普遍真理呢？托马斯・皮克迪（Thomas Piketty）在《21 世纪资本论》一书中说：“许多年来，马尔萨斯、李嘉图、马克思和其他众多有志者，都在谈论财富不均的问题，却没有人提出任何数据跟方法来准确比较各时代间的差异，并依此检验各种假说。”他又说：“经济学领域尚未跳脱对数学和纯理论性推想的幼稚偏爱。这些理论性推想常带有高度意识形态，而缺乏历史研究根据，也欠缺与其他社会科学的互动……如此可以轻易戴上‘科学客观性’的帽子，也不用回复周遭世界提出的更加复杂的问题。”

从科学哲学的角度言之，这种所谓的“科学的客观性”是一种脱离社会现实（social reality）的“抽象经验论（Abstracted empiricism）”或“工具性的实证论”，以美国和台湾地区的学界最为流行，因而无济于对中国经济形势的深度了解。中国的问题必须放在中国历史长久的文化脉络中来理解其意义，何况曾经引导人类文化前进方向的中国文化，岂能因一时的落后挨打而消失无踪？但这五百年来，随着西方资本主义和工业革命的来临，中国虽然落后了，中国人岂无高明之士如陈寅恪和南怀瑾等人看出中西文化整体特征而画龙点睛、补偏救弊？哪有像自称康德专家的孔子信徒，言行不一，经常诋毁他人不是，自以为真理的代表；又有自称台湾史专家的韩非信徒，顺着批孔扬秦的潮流，为中国人历经挨打、挨饿、挨骂等耍嘴皮式的饶舌，却提不出正面的思想理论，亦无知于第三次工业革命已然来临。他们早已预设社会实体的永恒不变，更受20世纪60年代美国逻辑实证论的影响，凡事倡言科学命题必备事实与逻辑的落后观点，自以为是真理的代表，又爱教训人。此所以台湾“左统”思想境界的失败与肤浅，好比殷海光先生要以逻辑实证论的研究途径写《中国文化的展望》，却无知于迈克尔·波兰尼（Michael Polanyi）早在1966年已提出“个人的知识（Personal Knowledge）”或“默会的知识”的概念。波兰尼说：“我们所知道的超过我们所能说的（we can know more than what we can tell）。”早已与中国人的“言有尽而意无穷”意思相通，何待那些后知后觉者独领风骚，还不知谦虚为何物，常以真理的代表自居教训人，好辩好斗，如此这般又怎能扩大统一的力量？

至于台湾的“右统”，虽有中国文化的根底，高手或有之，教条主义者却不少。最可怕者是那些从事儒释道心性之学者，自以为佛菩萨，东拉西扯到处教训人，或看不起人或自以为是，虽修行功夫或有可观之处，亦值得欣赏，却不见《金刚经》佛陀对前世仇人割裂身躯仍毫无一点瞋恨心的怨言，其境界差距简直不可以道里计。台湾的“右统”从“反攻大陆”到“反共无望论”，再演变为“宁共勿独论”，第四阶段则为与“左统”的合流，而有中国民族主义的“两岸一家亲论”。第五阶段的“中国文化崛起的整合论”，不仅是“左统”与“右统”的整合论，更是人类史上第一次中、西、印的大整合，是以中国“一带一路”的大战略为起跑点的世界新文明动态。

最后，笔者虽汇集一些作品，权作关怀两岸将来统一预备之作。虽已陈述要点如上，仍有一些重点留作将来继续研究之发挥，以就教于海内外大家及恩师南怀瑾先生在天之灵。

一、异化问题

马克思认为资本主义社会是人类异化（Alienation）的新阶段。

其实异化现象自古以来就有。一个人的所作所为，无法掌握其成果，而诉之于不可测的机运或命运，即为无力感（sense of powerlessness）的异化现象之一。青年马克思同情无产阶级无法掌握生产工具，为求温饱而不得不工作，产生异化现象，剩余价值被剥削。老年马克思则从同情转向对资本主义社会制度的批判，并号召无产阶级起来推翻资本主义社会，以求建立没有阶级的共产主义社会。其实，异化问题更是人类心性主体的修行问题。2014年3月18日至4月上旬，台湾爆发“太阳花学运”，其学运领袖之一陈为廷拟参加同年11月29日的选举，因爆发无数次性骚扰案件而宣告退选。心理学家分析，犯有性骚扰和吸毒者，即有耐不住的孤独感，此与权力饥渴甚者有同样的心理根源。庄子说：“帝王之功，圣人之余事也。”孔子说：“人不知而不愠，不亦君子乎。”可见耐得住寂寞的专注精神才是心性之学的内圣功夫，是解决异化问题的基本功，也是成就大事业的专业精神所必须具备的条件。

二、工具理性问题

最早强调工具理性问题者是休谟（David Hume，1711—1776），他谈道德问题时曾说：“理性为欲望服务（Reason serves desire）。”他疏忽欲望之上还有价值理性的心性之学，正是中国儒释道的核心精神，而为美国知名的心理学大师马斯洛（Maslow）1969年所提出的“超个人心理学”所特重者。资本主义市场经济以个人的欲望为分析单位，强调物竞天择，而在2008年金融海啸后逐渐兴起的第三次工业革命强调协同合作的横向联系，即将逐渐取代前两次工业革命中央集权的资源垂直整合。例如铁路公司、AT&T、汽车和石油公司皆朝向资源的垂直整合，即将逐渐转向横向扩展的协同合作，使“取用权”将逐渐替代“所有权”。而第三次工业革命所必须建立的社会资本（social capital）更有赖于超越工具理性的思维，建立以中国传统儒释道为核心的价值理性作为基础，成为第三波中国文化整合西方文明的精神，挽救资本主义后期工具理性过度膨胀的危机。这也是习近平作为当代世界级政治家的高瞻远瞩。

三、在天崩地裂、价值虚无化和泛实用主义流行的年代，如何克服近两百年盛行的否定性思维

自康德对实体性形而上学的批判，转向知识论十二范畴的建构，再一变成为黑格尔主体性的形而上学，到了20世纪20年代又有以卡纳普（Rudolf Canape，1891—1970）为代表主张取消形而上学。哈伯玛斯也放弃了主体性形而上学，强调交互主体性（inter subjectivity）的社会哲学。自齐克果（Soren Kierkegaard，1813—1855）、尼采（Friedrich Wilhelm Nietzsche，1844—1900）及马克思、恩格斯、列宁、斯大林以来，一直到后现代的思维方式，大皆倾向否定性思维与工具理性思维。左派理论家、世界体系的创建者伊曼纽尔·沃勒斯坦（Immanuel Wallerstein）也质疑："阶级是否是社会与政治领域中唯一重要的操作单位？"我的好朋友王晓波教授，常不经意流露阶级斗争的观点。2014年11月马克思主义专家姜新立教授给我一信，认为王晓波是一有活力的中国民族主义者，也是马克思的教条主义者。评论得当，他受已过时的逻辑实证论和浅薄实用论的影响而不自知，更不知20世纪初期体力劳动的无产阶级占多数；50年代中后期已是朝九晚五的服务阶层占多数；到了90年代已是创意阶层（creative class）愈来愈多，几乎占人口1/4，现在2015年的创意阶层只多不少。他们可在家上班，工作、生活、

旅游三合一，一人创意工作，富可与资本家同比，例如周杰伦、蔡依林等及其他科学家、艺术家、建筑师等，难以简单二元归类。那些“左统”分子几乎不知第三次工业革命即将来临的时代意义，只能抱残守缺，预设社会形势不变下，每年搞“二二八”纪念，说些不痛不痒的话，却无能扩展在台湾的文化思想方向，又自以为是真理的代言人。台湾这批“左统”分子很可怜，仍陷入否定性思维的迷雾中。“右统”则往往堕入传统的心性之学，加上无知于客观社会形势的理解，抱着“中华民国”的口号恋恋不舍，又提不出前瞻性思维。他们若能看一看黄宗羲的《明夷待访录》，即知民族统一或国家统一乃中国文化真精神。中共已认同中国文化了，国家富强与中国文化第三波的整合即将完成。这种统一的认同，才是民族的大是大非，又何必计较眼前哀声叹气没什么出息的“右统”和“左统”呢？一加一大于二，只要发挥整合的力量，大处着眼，中国的前途绝对是光明的。

四、第三次工业革命的来临与中国统一的愿景

当1949年中华人民共和国政府成立后，中国的命运只是“一条腿站立起来”。中共对待中国文化仍延续五四以来的思维，摇旗呐喊者两岸皆有。好比2013年习近平访问山东曲阜，鼓励大家要看《论语》和《孔子家语》。笔者也鼓励一位北大博士毕业的教授应读《孔子家语》，尤其是第五卷《儒行篇》，不要国家元首提示才去看，否则岂是有独立思考、向熊十力和梁漱溟学习的好汉？那位教授默然无语。

第三次工业革命已然来临，《互联网革命》作者，也是《第三次工业革命》的作者杰里米·里夫金（Jeremy Rifkin）早在2013年9月10日接受北京的《参考消息》采访时，在《为什么中国可以领导第三次工业革命？》一文中说："英国和美国各引领了一次工业革命。21世纪，中国将有望引领第三次工业革命。中国有世界上最丰富的可再生能源，中国有机会创造一种合作分享的经济体系……真正让每个人都参与经济增长当中。除此之外，没有其他道路可走……如果中国选择过渡到第三次工业革命这一全新的经济发展模式，将很可能引领亚洲乃至全世界进入下一个伟大的经济时代。"

第三次工业革命以点对点，强调横向扩展的协同合作精神，发挥中国传统以诚信为价值理性的文化，而超越西方资本主义以诚信为工具理性的文化。这一问题在《互联网革命》一书中已有详尽分析说明。美国普林斯顿大学教授范亚伦（Aaron L. Friedberg）在2011年的著作《美国回得了亚洲吗？》中提到，只要中国是第三次工业革命的领头羊，美国再怎么采取既遏制又结盟的"围和（congagement）"战略，终将无济于事。他们是现实主义加实用主义，我们则是长治久安的道义原则加现实的权变能力。中华民族的伟大复兴终将来临，中国民族主义和中国文化最终屹立于东方，引领人类的新文化前途。

2015年4月20日完稿

第一部

两岸关系与文化战略

中国的统一与中国的崛起：文化战略的思考

一、前言：文化统相学及其限制

中国统一的问题，随着1989年东欧剧变，1991年苏联解体，1992年欧洲共同体的来临，1992年10月中共十四大确立“社会主义市场经济体制”，以及1993年4月海峡两岸间的“辜汪会谈”而变得愈来愈迫切。这一关系中国历史转折点的问题，不仅是当前海峡两岸关心的问题，更是文化战略问题。

只有把中国统一的问题提到“文化战略”的高度，从“全域的（Holistuc）”观点来比较各民族文化兴衰的起伏，才能看出“中国统一”问题的独特意义。

笔者之所以如此说，乃有鉴于最近两年以来讨论中国统一问题，大多是采取局部分析的方法，且偏重政治经济或军事等有形因素的比较分析，即使有关文化交流的讨论，其方法亦是采用局部分析法。[①]

局部分析法在方法论上固有其特殊的用处，也是目前一般人较常用

---

① 例如1991年11月9日、10日两天，民主基金会第五次学术研讨会讨论两岸关系与中国前途，共十二场、十二篇论文，即《大陆政策与对台政策的比较》《两岸经贸关系》《中共文化政策与两岸文化交流》《中国统一的条件与克服之道》《两岸军力对比》《中国统一的理论建构》《海基会的角色与功能》《中国问题之法律定位》《两岸人民关系的立法规范及其趋势》《两岸政治性谈判的可能性、方式与评估》《亚太局势对中国统一的影响与评估》《香港立法局首次直选与民主化之路》。同年11月12日台湾当局公共事务学会两岸关系论文研讨会，共三篇论文，即《论两岸关系课程的学术定位》《海峡两岸互动与国家统一》《海峡两岸事务性问题处理之省思》。最近政治大学与联合报文教基金会亦热烈讨论这类问题，不再引述，请读者自行查阅。

的方法，但其缺点或限制有点类似“瞎子摸象”，缺乏全域的、直观的透视来把握整体特质的优点。[①]

本文在方法论上采取“全域观（the holistic approach）”的途径，把问题摆在一种变迁流动（flow）的过程中，假定整体大于部分之和（The Whole is greater than the sum of itsparts），而非如一般学者所习惯的直线因果分析（Linear causa-and-effect analysis），因而看不到问题演变的多重可能性（the Multiple potential of the movement）。

这种全域观的途径，大约和五十年前雷海宗、林同济两位先生提出的“历史形态学（morphology of History）”或“文化统相学（Cultural configurology）”的方法，把民族文化整体的认识与推进，利用综合比较方法来认识各个文化体系的“模式”或形态的学问相类似。[②] 这种全域观的研究途径，早在斯宾格勒（Spengler）所著的《西方的没落》和汤因比（Arnold Joseph Toynbee, 1889—1975）的《历史研究》中即得到运用，而在当代物理学、医学和组织理论的研究中甚受重视。[③]

但是，这种“文化统相学”的综合比较法，虽然看到各民族文化演进过程中的共同性和差异性，在方法学上则是一种归纳逻辑法（The logic of Inductive）的运用，对过去各文化的历程所呈现的特性进行归纳所得的结论，顶多给我们以警告，但不能决定我们的前途。换言之，这种特性只是人类文化过去所呈现出来的诸种特征的可能性而已，并非命定地确立了人类文化未来的发展方向，因为人类作为高等动物而言，自

① 三百年来西方学术思潮强调理性分析，忽视直观的方法。

② 雷海宗、林同济：《文化形态史观》。

③ 参见吴琼恩：《从各学科典范变迁趋势检讨公共组织理论实证研究的限制及其突破的可行性》（台湾：政治大学学报第六十期，1989 年）。

有其创造未来的自主权或自由意志的存在因素。此即构成本论文观点的限制性，在此先特别提出，以免读者误会。

二、创造性思维与中国统一困境的突破

当面临历史转型期，人们不可避免地要面对许许多多矛盾和冲突的困境。然而，解决这些困境时，人们又习惯于旧有的思维方式或固定框架，对问题性质的界定实际上只是他们内在的认知结构（Cognitive Structure）投射到问题的解释上，这样一来就形成了各说各话，难以有突破僵局、取得共识或协商合作的可能。这种认知结构所造成的各说各话现象，很快地被双方解释为“毫无诚意”的恶意或非善意所导致的结果。

中国统一的问题目前正面临这种思维方式的困境，无论两岸政党对这一历史问题的界定、解释与所提出的解决方案，都是自己习惯的意识形态或固定框架的反射，同时站在自己本位的立场来要求对方“应如何”，然后我方如何予以回应，这样的对话不但于事无补，恐怕还会治丝益棼，心结愈扩大，乃至一发不可收拾，酿成悲剧，以武力相向了。

面对这样的“历史悖论（Historical Paradox）”，吾人若要突破它，则需要一种具有丰富想象力的创造性思维。诚如 1949 年诺贝尔物理学奖得主、日本物理学家汤川秀树所说：“创造力是从打破常规、摆脱习惯、破除固定框架开始的，由此而导致了创造过程中的越轨行为。”“只有在解决矛盾的过程中，才显现出创造过程。”[①] 有创造性思考能力的人会越过非此

① 汤川秀树：《创造性思维的探索》，见孙显元主编《现代国外自然科学家哲学思想》（安徽科学技术/中国科学技术大学出版社，1991 年）。

即彼的思考（either-or thinking），从事全域的、直观的（intuitive）、动态的演进方式来做两者兼顾的思考（Both-and thinking），换言之，这种思维方式或解决问题的方式不会产生“分裂性思考（schismogenic thinking）”，而片面地强调某一特定的价值，同时排斥另一与其密切相关的对立性价值。例如“理性”与“直观”并非互斥的，可是三百年来的学术思想大多是重视理性而忽略直观的思维方式。又如“恩生于害，害生于恩”，恩与害是相对立的价值，过度偏重恩的价值即能生害；反之，过度偏重害的价值，则能生出恩的价值。[①]

细察当前两岸关系，三个政党彼此之间的互动过程，吾人即可见出这种“分裂性思考”的现象，造成彼此各说各话，无法突破自己狭隘的观点，而从整个中华民族共存共荣的全球战略来拟定政策方针。

三、文化意识与文化战略：中国文化第三波的来临与旭日东升

最近十年来，亚洲四小龙经济力量的崛起，以及国际上公认的“太平洋盆地”经济区的前景，使亚洲地区的繁荣与富庶再度为世瞩目。美国前总统布什也已表示今后不再重欧轻亚，将加强与亚洲盟邦的合作。[②]香港太平洋盆地顾问团（Pacific Rim Consulting Group in Hong kong）负责人乔治·贝德（George Baeder）说：“亚洲很明显地正成为世界最大的市场。”今天亚洲的形势正应验了20世纪初美国总统老罗斯福（Theodore

① 参看南怀瑾《易经杂说》及《易经系传别讲》。

② 布什总统在亚洲协会演讲词全文，见《联合报》，1991年11月14日第九版。

Roosevelt）所说："地中海是过去的海洋，大西洋是目前的海洋，而太平洋将是未来的海洋。"现在，这一未来的海洋已经来临了。我们相信不久的将来，21 世纪将是太平洋的世纪，而且是以中国文化为主导的亚洲新文明的来临。作者这样的看法，并非主观上个人的私见，美国总统长期战略委员会亦预测中国在 2010 年会成为世界第二强国，美国以此为制定长期军事战略的依据。[①] 最近美国著名的《时代周刊》亦报道中国："此一社会正经历令人难以置信的、快速的社会与世代的变革，而难以用传统的结构来容纳。"就经济生活而言，美国国务院一位官员指出："中国人正经历'一场个人自由的扩张'。"他推论指出："你不能让一个拥有自己的房子、汽车、移动电话、电视、传真机与公司的人没有投票权，他无法容忍这样的情况。"该刊又报道："到了 2050 年左右，中国将达到六兆元的经济生产能力并超越日本。十四年来中国正以平均百分之九的年增长率上升。"[②] 美国《外交事务季刊》（Foreign Affairs）最近亦评论分析："中国领导人已有结论，政权的生存有赖于真正的与快速的经济改革，此已在 1992 年 10 月中旬中共在北京召开的十四大会议中确认。"又说："如果照最近的趋势持续来看，美国若孤立中国，可能将陷入较危急的状态中。"[③] 由此可见，中国的崛起绝非我们一厢情愿的分析，它是有客观资料的。

从历史形态学或文化统相学的观点来看，世界各文化是多元发展的，是在历史上各个不同时空条件下各自形成的文化区域，并各有其特点，

---

① 陈平：《太平洋地区的发展前景和中国经济联合的全球地位》，《联合报》，1988 年 9 月 6 日特别报道，第十二版。

② 美国《时代周刊》，1993 年 10 月。

③ 美国《外交事务季刊》，1993 年。

但在这特点中亦有其共同的发展特性，此即文化发展的五个阶段[①]：

（一）封建时代，前后约六百年。

（二）贵族国家时代，前后三百年，是一个以贵族为中心的列国并立时代。

（三）帝国主义时代，前后两百五十年，此为战国群雄并列的时代。

（四）大一统时代，前后约三百年，实现了封建时代可望而不可即的理想，就是整个文化区的大一统局面。

（五）最后的文化阶段，是政治破裂与文化灭亡的末世，时间不定，可长可短。这是三百年大一统时代后无从幸免的一个结局。

以上这五个文化发展阶段乃是文化统相学家根据过去历史上各个文化区演变过程的形态所归纳出来的特色，吾人若从当前的世界文化趋势来看，目前已从20世纪40年代、50年代以美苏为主导的“资本主义”“共产主义”两大阵营的对抗，演变成追求民主自由和市场经济的新文明。在这新文明理念引导下形成各经济文化的区域性集团，群雄并列、彼此竞争、互争雄长的局面，亦即所谓的“求同存异”的现象。

日本综合研究开发机构（MIRA）从1985年开始，组织两百多位研究人员合作，于1988年完成的研究报告集《事典——90年代日本的课题》，便看到了继续以美苏对峙的两极结构来把握世界的不妥，承认多种文明并存的时代已经来临，90年代已不能用所谓东西关系、南北关系的

① 雷海宗：《历史的形态与例证》，收入雷海宗、林同济合著《文化形态史观》一书。

单纯模式来把握，世界正在形成更复杂的结构。[①]

自20世纪70年代美国总统尼克松提出美国、苏联、西欧、日本、中国五极以来，世界政治、经济和军事力量的分布，大体上由这五个地区主导。但90年代形势已变，从经济上看，世界已逐渐形成几个经济区域集团：（一）美、加、墨经济区；（二）欧洲共同体经济区；（三）亚洲太平洋盆地经济区；（四）苏俄经济开发区。在这几个区域内又逐渐形成跨国企业，新旧经济势力互相整合的企业竞争，未来的世界政治，将如约翰·奈斯比特（John Naisbitt）所说，是以企业为主导的政治生态环境[②]。

若就中国文化本身来说，除欧美的历史尚未结束外，一切过去的伟大文化都曾经过一度的发展、兴盛、衰败，而最后灭亡，唯一的例外是中国。而中国文化的发展则独具二波，从殷商西周至五胡乱华为第一波，由五胡乱华以至最近为第二波。每一波的演变，均经以上五个阶段。中国文化之所以独特，即其在第一波文化演变衰败灭亡后，又再重生，从第二波开始直到今天，正好是第二波文化将结束和第三波文化将崛起的转折点。吾人不知，何以中国文化独具此一特色？何以上一文化内在自动创生的能力（Autopoiesis）（自生系统论）[③]如此强劲？此则难以解释，吾人只能知其然不知其所以然。

从中国文化史来看，第一波文化的创生，经过印度文化东来的刺激

---

① 姜义华：《多极化世界的挑战和中国海峡两岸统一的问题》，《光与影》杂志，上海人民出版社。

② 约翰·奈斯比特：《公元两千年世界大趋势》，天下杂志社译，1990年。

③ 此为生物学家亨博托·梅术若纳和弗朗西斯·维若拉两人所提出的观点。有机体本身若从外部看好像是适应环境之变而变，但若从有机体内部来看，则是将其自身的形象投射到外部去并非完全适应环境而无其自动创生的能力。

后，经消化而演变成为第二波的文化；当前中国文化第三波的发展，则是吸纳西方文化后，从中国文化体系内自动创生的新文明，此一盛世，照过去的演变经验来看，大约有两三百年的时间。[①]

作者之所以作此一趋势分析，乃是从比较文化史的观点所得的结论。从公元1600年起，中西文化到了一个分水岭，西方文化由衰退而复兴，此后三四百年科技进展，经济繁荣，文化思想派别林立，主导全球文明，形成资本主义和共产主义两大阵营。而中国文化亦从1600年，科技发展开始走下坡[②]，此后三四百年政治经济走向窒息僵化的地步，经过一番动荡不安的局势，形成了目前的“新格局”[③]。这种格局在文化趋势统一的前景下，只有合并或统一才是民族共存共荣之道，伟大的政治家应看出中国文化第三波的来临已经为期不远。这是中国文化在面对西方文化百年多来挑战后复兴的机运，中国领导人应该高瞻远瞩，以此一文化战略携手合作，因应文化的挑战，再创民族文化复兴的新时代。

从这一角度来看，清朝之亡，并非亡于其本身腐化的问题，而是亡于西方文化的发展已然凌驾中国文化的事实。可悲的是，当时清朝政权对此一文化趋势并无警觉或认识，因而因应不得其法，终至腐化灭亡。所以，文化战略看似不如政治、军事、经济等战略的重要性，但若无此

① 南怀瑾先生亦有此一看法，见《老子他说》。

② 李约瑟：《中国科学技术史》。

③ 此为1991年11月12日“中华民国”公共事务学会举办两岸关系论文研讨会时，包宗和教授报告《海峡两岸互动与国家统一》论文后，与笔者讨论时所提出的观念，包教授所指的新格局是“中华人民共和国”“中国台湾当局”和“蒙古人民共和国”。笔者认为提出“地理上的中国”，其意义不如“文化上的中国”，因为中国文化向来重视文化凝聚力，文化团体的意义超越国家政治组合上的意义。

一体认，政治、军事、经济策略上的因应，充其量只是头痛医头、脚痛医脚而已。

从中国文化史演变趋势来看，自1600年中国文化一路走下坡，直到改革开放时代，中国文化才又开始往上升。中国文化在一百五十年来逐渐走上了不断上扬的道路，这其中有四个事实在凝聚汇合的过程中形成一股旭日东升的力量：

（一）此时为鸦片战争一百五十年来中国人的国防力量最强大的时候，已无列强侵略中国的顾虑。

（二）此时为一百五十年来中国人的经济力量最富庶的时候，为中国人有史以来生活最好的时候。

（三）此时为一百五十年来中国人才最多、最丰富的时候，几乎西方学术各个学门，皆有中国人才在研究。

（四）此时中国大陆的外汇存量为世界第二位，中国香港是亚洲与世界金融中心，中国大陆的重工业和国防工业以及廉价劳动力、充沛的资源，形成中国第三波新文明崛起的庞大竞争力最有利的因素。

从以上四个事实，吾人可以看出，这四股力量正从四面八方、海内和海外逐渐汇聚整合的趋势，中国领导人如有文化战略的眼光，把这四股力量统合起来，以更为民主、更为开放改革的步调，吸收海内外华人的认同与回归，则中国文化第三波的盛世将提早来临。

我们希望，全体中国人应从历史中记取教训，并恳切盼望中国领导人从头开始在中国文化第三波复兴的文化意识与文化战略的高度上，重新拟定全球战略，好好地坐下来谈，为中华民族文化的前途设计一条大家共存共荣之道，放弃各自意识形态的偏见，以两个眼睛而非左眼或右眼来看待。这个复杂多变的世界新形势，已非往昔旧有的信念所能清楚明白地解释的。

四、两岸行政结构的调整方向与文化自主性（Autonomy）的提升发展

行政与文化的关系处于一种内在价值（intrinsic Value）和外在价值（extrinsic Value）两者之间的互动关系中。[①] 在一文化体系中，政治或行政权力的运用，乃是间接地促进此一文化体系中科学家追求真的价值、道德家追求善的价值、文艺家追求美的价值、宗教家追求圣的价值的实现，乃是居于第二层次的地位，只有科学家、道德家、文艺家和宗教家才是直接创造文化价值，促进文化上扬发展的真正力量源泉，而文化创造力的解放隐含着人的自由意志（free will）和自主性的存在。因此，文化的磅礴发展有赖于广大的自由和自主的空间，行政结构只有把人当作自主性的存在，以权力来辅助文化人的自由创造，文化体系才有生命力。[②] 如果行政结构的设计，把人当作被动的受控物件，则文化生命必将逐渐窒息或僵化，反过来使控制的机制亦逐渐失灵。清初，统治者为了巩固政权，采取严密的思想控制，结果学术思想窒息，走上考据之路，等到西方文化东渐，中国文化体制已丧失因应的能力，反过来使自己的政权灭亡，这种辩证的历程正好说明了“亡清朝者即清朝自己也”。

政治家之所以有别于政客，即在于后者两眼外视，只见有形的外在

---

① 内在价值的体验，强调过程的本身即有其实质价值，而非把过程当作手段，视其为工具性价值，仅作为追求外在价值的工具而已。

② 此义唐君毅先生发挥最详，读者可参看其所著有关中国文化方面的著作。

价值，以为外在价值可以决定人的行为，此为直线的因果思考模式；而政治家不以权力之追逐为满足，他们有文化理想，懂得运用权力来护持内在价值的自由发展，他们的生命意义和终极关怀寄托在文化理想的实现，因而有长远的眼光来制定政策。相反的，政客们因其本身缺乏内在价值的体验，也无从欣赏了解内在价值的重要性，其决策标准自然是短视的，并以“政治挂帅”，实际上是“权力挂帅”作为唯一的标准，以此为生命意义和终极关怀的寄托。从深度心理学（Depth psychology）的角度来看，权力的追逐不过是为了解决自己面临死亡的不安全感所产生的动机，幻想权力愈大愈能使自己“精神不死”，取得后人永久怀念的文化象征，例如“树立铜像”或“历史留名”等象征，作为永生的精神慰藉。

从儒家的观点来看，行政与文化的关系即是“外王”与“内圣”的关系。**只有对内圣价值有所体验的人，才能做出真正的外王事业，而使文化理想实现，自己生命的价值也能取得永恒的意义**。基于此，面对中国文化第三波的来临，海峡两岸的政治领导人均有责任站在“文化战略”的高度，来促进中国文化的复兴，从政治、经济、行政各方面放松管制，增加人民文化创造的自主性，这其中重要措施不仅要加速两岸间学术文化、经济贸易的交流，两岸的政经体制亦应朝自由化、民主化的方向发展。只有这样，国共两党才能取得共生共存之道。

五、结论：中国统一与大中华文化经济共同体的建立

根据以上的分析，中国统一的前途，应从文化战略的高度，体认第三波中国文化复兴的机运。在当前美国经济困难，俄罗斯自顾不暇，欧洲新的经济秩序正在形成，日本的海洋经济亦面临内在结构的困难，海

内外中国人应争取未来的十年间，在这一百五十年来，中国人千载难逢的绝妙时机，好好团结在一起，使民族与文化迈向新的坦途。

基于这样的认识，笔者拟提出十点建议，作为两岸未来政经文化发展前途的决策参考：

（一）两岸应立即展开谈判，以文化战略为依据，拟定今后两岸政治经济各方面的关系。台湾地区领导人并应效法孙中山先生以民族文化的利益为责任，主动参加谈判。

（二）扩大并加速三通的进度，不但鼓励两岸人民通婚，更要开放两岸经贸关系的互补作用。

（三）中共的“一国两制”政策，应从政经层面提升到文化战略层面，两岸领导人均应体认到历史发展已到另一转折点，这样的中国才能吸引全球华人的回归与认同。

（四）在中华文化全球战略的构想下，两岸人民均应共同抵制台湾“独立”运动的发展，直到其瓦解为止。

（五）在文化战略的前提下，首应大幅度开放并准许大陆学者专家来台湾参加各种学术文化活动，以提升两岸人民对中华文化意识或战略的警觉，加速两岸文化从交流、互惠合作，发展到文化命运共同体的结合。

（六）中华民族文化的崛起，不以别的民族文化之牺牲为得计，亦即非“零和博弈”的策略，各民族文化今后的发展有竞争亦有合作的关系，地球只有一个，各民族应发展共存共荣的互惠合作体系。

（七）今后亚洲新文明将是世界的重心，当代物理学的新世界观，新生物学的“心物一元论”，以及“理性与直观”并重的研究方法，均与中国传统文化中儒释道思想相通。今后西方文化的思想主义对我们的同化力将日渐降低，中国人不再盲从西化或俄化，而能主动地选择学习西方文化，超脱意识形态的支配，走向有“中国特色”的新政治经济文化体制。

（八）两岸加速合作“中华文化和经济共同体”的建立，发挥资金互补、科技互补、资源互补、市场互补[①]，最后也是最重要的，发挥两岸的文化互补，抛弃意识形态的成见，睁开两眼看世界，不要再自足自满于左眼或右眼所认定的世界图像而跳不出“观念的牢笼”，延误中华民族文化复兴的机运。

（九）行政结构立即调整方向，放弃理性模型（Rational model of public administration）的基本价值，以公平正义的实质价值，加强人民自主性的活动空间，以免走上自己消灭自己的道路。

（十）资本主义和社会主义在解决人类政经问题上各具特色，两岸领导人和学术界均应创造一套符合中国具体文化环境的新制度，截长补短，从事有机的结合或创造。

《海峡评论》第 31 期，1993 年 7 月出版

① 《人民日报》海外版，《三通是统一祖国振兴中华的最佳途径》，1991 年 11 月 11 日。文章指出，两岸当前的实际状况是：不通邮而通信，不通航而通船，不通商而通货，不停战而停火，不接触而交流，不妥协而放松，不谈判而对话。文章主张如果两岸实行直接三通，充分发挥各自优势，可以在这五个领域进行互补。

文明冲突论及文明多元论：21世纪中国文化价值的意义

“美国的政治就是要钱”

最近香港《亚洲周刊》报道国民党大掌柜刘泰英答应给美国克林顿总统的亲信密道顿一千五百万美元的政治献金，引发了太平洋两岸政经学界人士的密切关注，其后续效应仍未结束。

国民党为了挽回形象的损失，竟然发动一些政客和所谓的学者召开座谈会，企图以攻击方法，强扣《亚洲周刊》“红帽子”的拙劣表现来挽回颓势，让人看了既好笑又可怜。好笑的是不以理服人，却把自己的错误简单地转嫁于人；可怜的是，国民党再也找不到像样的学者专家或政治人物来为其“擦屁股”。堂堂百年大党，沦落至今，以小瘪三的手法治党，岂不可怜也哉！

评论这件事最为贴切的倒是民进党主席许信良的特别助理陈文茜小姐。她说：“美国的政治就是要钱，但是又要有尊严；美国政治就是政治献金建立起来的，绝对不是道德、正义。”（《中国时报》，1996年11月5日）可见，美国所谓的民主、人权、自由等价值不过是一种神话罢了，是一种掌握在少数资本家手里的“少数人的民主”（Democracy for the few）[①]，用

① Michael Parenti：《少数人的民主》（*Democracy for the few*）。

“钱”所堆积出来的政治，充其量只是一种选举时卖弄移花接木和偷梁换柱的“肮脏政治”[①]而已。

笔者如此说明，并非将所谓的“西方文明价值”批评得一无是处，而是从历史的、演化的观点，从非线性的混沌观点（Non-linear，Chaos'Perspective）指出任何一种文明没有永远直线上升而不转弯的。中国在公元1600年以后由盛而衰，即是一例。但文明衰退后是否能够再生？那要看她是否还有再生的韧性和契机。中国文明第一波衰退后，经佛教东来，又能整合再生第二波的文明，至宋朝达于顶点。眼下是第三波文明复兴的关键时刻，是整合中、西、印三支文明创造性转化的大工程，而西方文明价值则在衰退中愈见其长处转化为短处的演变轨迹至为明显，例如“个人主义（Individualism）”本来是维护个人自由与人权价值的思想理念，现在则有演变成为盲目执取“自我中心”的价值趋向。

“价值中立”神话早被打破

在当前中西文明盛衰起伏的转折关头，许多论述两岸关系和中美关系问题的文章，充分流露了其根本世界观或典范（Paradigms）所引导出来的意义陈述而浑然不自觉，却又“价值中立（value free）地来说”，把西方文明价值歌颂为真实的、普遍的、有效的价值，把东方价值视为一种“伪论述”，是要淘汰的、狭隘贫乏的“言诡而辩”。卜大中先生最近在《中国时报》发表以下一系列的文章，即是这种论述的典型代表：

① K.H.Jamieson：《肮脏的政治》，李昶谊译。

（一）《现阶段东方价值是一种伪论述》（1996 年 10 月 14 日）

（二）《再论亚洲价值》（1996 年 10 月 31 日）

（三）《影响克林顿连任后两岸政策（的因素）》（1996 年 11 月 1 日）

（四）《别拿亚洲价值当借口》（1996 年 11 月 5 日）

同样的，余英时对于西方人尤其是美国人“羡慕”中国庞大的市场商机，“憎恨”中国人日渐富强，经常有意无意地提出“中国威胁论”“和平演变论”“分裂中国论”“文明冲突论”视而无睹，却对中国人的崛起和自保，扭曲为对西方的“羡憎交织”情结，并对百年多来中国人争取以平等待我之民族，竟污蔑为“至今中国人在潜意识里还不能接受与其他国家平起平坐的事实”，这些论述与卜大中一样都是站在西方文明立场的一种伪论述，其假借学术面貌的“言诡而辩”值得在此进一步讨论和批评。

卜大中自以为所论述的意义是客观的，因而他在 1996 年 10 月 14 日的文章中说：“价值中立地来说，东方文明如果抽去资本主义、法治、现代公共政策及管理系统，剩下的其实是家父意识、个人崇敬、人治思想、家族观念、层级顺服、认命顺从等价值。”他自以为这种论述是价值中立的，实际上是方法学上的无知。尤其是爱说“价值中立”的人，往往前门说是“价值中立”的，后门却经常“偷渡价值”，而浑然不自觉。

卜先生所谓的“价值中立”这种说法是旧物理学，也就是牛顿物理学的主要方法论，也是后来逻辑经验论（Logical Empiricism）的方法论规则之一。这种观点已因 20 世纪新物理学，也就是爱因斯坦物理学典范崛起后，尤其是 20 世纪 20 年代量子力学出现后，早已被打破。卜大中还是老实地把自己倾向西方文明的牛顿世界观先表明再来分析东方价值，才显得自己“君子之风”或光明磊落的立场。

我们的世界观（此就认识论而言）往往是知觉或不知不觉地反映了我们思维形式的“磁性（Magnetic Quality）”，吸引我们去注意符合吾人信念的那些情境或人物，此即思想上的“吸引律（law of Attraction）”，或心理学家所称的“选择性的知觉（selective perception）”，选择符合吾人世界观的材料或事实来看，并阻止那些吾人不想看的东西。因此，没有什么叫作“客观的事实”或“价值中立地来说”。

卜大中使用“价值中立地来说”一词，明显地反映了他对旧物理学典范的信念，而这一旧典范正好主导了西方文明三百多年的历史，以这一旧典范来分析东方价值或东方文明是看不见其长处在哪里的。相反的，只会看到东方价值负面的东西，而只有从新物理学典范的观点来看东方价值，才能真正理解现阶段的东方价值不仅不是一种伪论述，而且还是当代世界级的诺贝尔奖大师所推崇的世界观。

对东方和西方价值的无知

先说卜先生没有“价值中立地来说”，或者说他暗中偷渡价值，扭曲李光耀的思想。他说：“李光耀是东亚价值的堡垒，根据法治和繁荣来反驳西方价值，尤其痛恨民主、自由和人权。”（1996 年 10 月 14 日第一文）这一句话已足以证明卜大中误解李光耀的思想，并充分流露他对东方价值的无知，也无知于西方价值。

李光耀并没有痛恨西方的民主、自由和人权，而是认为西方民主的普遍性只是一种未经证实的设想。民主和实践有其缓慢的历史过程，并且须注意各国不同的文化和经济条件。这种注重“差异性（Difference）”

而非“类同性（Similarities）”的观点，正是新物理学和旧物理学典范之不同所形成的方法论上的区别。

最能代表李光耀的根本思想的，是 1992 年 11 月 20 日他应邀出席在东京举行的由《朝日新闻》主办的《创造二十一世纪论坛》所发表的文章《好政府比民主人权重要》。李光耀说了以下一些重要的观点：

> 美国人是名副其实的传教士。对于改变别人的信仰，他们有一股压抑不住的欲望。
>
> 中国经过四千年的统治而产生的习惯和价值观念能否在一夜之间被美国国会的决议所改变（指美国国会恫言，除非中国尊重民主和人权，否则将取消给予最惠国地位——笔者注）？我相信中国是会有所改变的。但是，那将是一个由中国本身所引发的演变过程。其实，发达国家的民主历史显示民主是一个非常缓慢的过程，无论是在英国或美国都是如此，直到它们取得高度经济增长，人民受过教育之后才全面地享有普选权[①]。

李光耀引用伦敦经济学院一名已故政治学教授埃利・克多里的话说：

> 一个合乎宪法的平民政府已经被证实为无能、贪污、无法处理第三世界经济或应付一个充满深仇大恨、恐惧和对抗的四分五裂社会的弊病和冲突……（1988 年 8 月 21 日，《星期日电讯报》）

① 例如，英国 1215 年签署大宪章，1928 年妇女才有投票权；1948 年废除牛津和剑桥大学毕业生所拥有的额外投票权。美国 1776 年独立，1788 年只有缴交产业税或人头税的富人才有投票权，1920 年妇女有投票权，1965 年黑人获得了投票权。

如果世界出现持续的经济萧条，没有人可以保证目前的民主政体能够继续生存。各国的所有人民都需要有好的政府。一个国家必须先有经济发展，民主才可能随之而来。除了几个例外，民主并没有给新的发展中国家带来好政府。民主没有导致经济发展（戈尔巴乔夫的民主改革即是一例——笔者注），是因为政府并没有建立经济发展所需的稳定和纪律。

虽然民主与人权都是可贵的意念，但我们应该明白，真正的目标是好政府。

总的来说，我认为要取得一个行得通的民主体制，比在人权这方面取得进展来得更艰难。给予人权更大的尊重是一个可贵的目标。唯一实际的前进办法，就是采取逐步渐进的方式。文明行为的标准，因一个民族的历史与文化而异，同时也取决于社会中的人民所习惯的阻吓或惩罚程度。”

没有人可以忽视一个社会的历史、文化和背景。几千年来，各个社会都以不同的速度和不同的方式发展。他们的理想与标准也各不相同，20世纪末期的标准并不是放诸四海而皆准的标准。

民主政体的弱点是，人人平等而且都有能力为共同利益做出相等贡献的假定是错误的。

少数资本家所把持的政体

从以上的引文中，我们可见李光耀对西方的民主自由和人权的看法，主要可归纳为四点：(1) 民主与人权是可贵的；(2) 民主的实践有其历史文化背景的差异而呈现渐进发展的方式；(3) 西方民主并非放诸四海而皆准；(4) 经济和文化条件是民主发展的基础。读者可以不同意李光耀的见解，但很难推论说他“尤其痛恨民主、自由和人权”。卜大中所谓“价值中立地来说”，其实只是一种不自觉的自大心理和偏执西方价值的普遍性之投射而已。

卜大中以今日西方民主的价值，苛求东亚国家不够民主，他未能检视英美民主发展史也是一步一步从威权中逐步解放为全民的民主。即使今日的美国，你能说它是全民的民主或多数人的民主吗？迈克尔·帕伦蒂在《少数人的民主》一书中即指出：“民主不是座谈会，它是一个权力系统；言论自由本身并无多大意义，它与结社自由、政治组织自由一样，只有在它能对当权者发挥监督功能，使当权者对大众选民负责任时，这种言论自由才有意义可言。”“一个政治制度是否民主，并不只看它的程序，而应看它的输出而定，亦即看它的实际物质利益、政策代价，以及它所宣扬的社会正义和不正义而定……一个政府的政策如果不平等，老百姓是不会有好日子过的，因此，不论它是否有激烈竞争的选举，它都不能算是民主制度。”帕伦蒂提出马克斯·韦伯数十年前所提的问题：“在高度发展的资本主义下，真正的民主和自由怎么可能产生呢？”他认为：“自由和民主在资本主义的社会里最多只能以十分稀薄及边际性的形式存在；只有在权力资源握在人民手中时，政治体系才属于人民，而人民也才能在其公、私社会中实践他们的民主。”美国这种少数资本家所把持的政体，使民主党和共和党已成一丘之貉，各种政治运动大多集中于运动的策略，演讲人的心态往往是好听就赢人、大声就有理，再加上新闻报道一味偏重策略的分析，民众也就无从判断候选人所说是否属实与合理，责任政治也就难以形成（参考贾米森《肮脏的政治》）。由以上的说明可知，美国人所谓的民主、人权和自由，我们不否认也有某些可取之处，但若将之视为放诸四海而皆准，具有普遍完美的价值，恐怕才是一种伪论述，或是一种神话。

从西方价值的桎梏中独立出来

英美两国是民主国家的典型代表，现在西方国家也有一种伪论述，认为民主国家的政治比较没有侵略性，因而像个传教士一样要改变别人的信仰，以便使那些看不顺眼的国家也能跟他们具有同样的西方民主价值。但是，看看这两个民主国家的历史，英国在1840年以枪杆子逼迫中国人购买鸦片；美国在1865年南北战争结束后，也开始“关怀”中国的事务，八国联军它也有一份；珍珠港事变前，它对日本侵略中国袖手旁观，并未主持正义；这次刘泰英的政治献金丑闻，也暴露了美国政治的“市场经济”行情，哪有什么道德和正义可言？由此可见，在西方文化尤其是美国价值强烈影响下的台湾，对现阶段所谓的“中国威胁论”“民主的普遍价值”“儒回文化联合起来与西方文化斗争”等说法，才是一种真正的“伪论述”。

中国尚未真正崛起，顶多只是正在崛起中的区域强权而已，尚未威胁到哪一个国家，而提倡“中国威胁论”者这种无知的排华和神经质的被迫害妄想与冲突的行为只会使自己成为围堵中国、迫害东方的弱势文化者而已。因为一百五十多年来，中国及亚洲地区是西方帝国主义的受害者，迄今后殖民时代仍未真正摆脱西方价值的桎梏。如果东方人还不从西方价值的桎梏中独立出来，而自甘于尾随西方文明的附骥，那不仅是幼稚无知，而且还是一个永远未成熟的人格被殖民化。

亨廷顿在1993年的《外交事务季刊》发表《文明冲突论》一文说得好，这两三百年来的世局，尤其是资本主义与共产主义的斗争，只是西方文明内部的冲突。中国的内战，即国共两党近百年来的斗争，只不过是“插花”而已，不论资本主义与共产主义都是西方价值的意识形态。中国人的内战，仍未摆脱西方文明的价值冲突，而卷入其纷争中。自1991年苏联解体，东西方冷战结束，西方意识形态对立之争也结束了，中国重新恢复儒家思想的研究①，走有中国特色的社会主义市场经济，这是中国人三四百年来首次摆脱西方文化价值的桎梏，摸索出一条正在行走且将近二十年来证明为一条合适的路线。笔者认为，邓小平自1978年搞改革开放路线，比苏联的戈尔巴乔夫1985年后的“新思维”的改革路线不仅在时间上要早，而且先从经济改革着手，有别于戈尔巴乔夫先从政治改革着手，更具稳定与正确性。如果在这个时候，中国经济发展尚未成熟，文化教育条件亦不足的环境下，贸然依照美国的民主人权标准搞政治改革，恐怕将会经济衰退，甚至使中国四分五裂，此正好迎合了西方反华势力的价值，得到他们的虚伪赞赏，而自己已经成为一个民穷财尽的落后国家，中华民族的复兴遥遥无期也。

后冷战时期，资本主义与共产主义对立之争已然结束。西方文明长期以来在牛顿物理学典范的主导下，以追求最后可实证的真理为目标。资本主义社会自孔德（Auguste Comte，1798—1857）（1853年出版《实证哲学》）以来，尤其自20世纪20年代以来所流行的逻辑实证论，以实证最后真理为目标，这是一种决定论的观念。在20世纪50年代已受波普尔的否认论所驳斥，到了20世纪60年代，逻辑实证论（后来已改为逻辑经验论）已经被驳斥而衰退了。从20世纪70年代开始，西方的哲

---

① 请参考杜维明教授的讲演《中国知识分子的儒学研究》，《交流》杂志第二十九期，1996年9月。

学和社会科学才有种种反实证论观点的“百花齐放”“百家争鸣”，新物理学典范终于逐渐产生强大的影响力，催促资本主义以追求最后真理或最后实体的愿望终于破灭。这个时候，中国终于觉悟，摸索出了一条可行的社会主义市场经济的政治路线，如政治哲学大师约翰·罗尔斯（John Rawls）在《正义论》（A Theory of Justice）所言：

> 虽然资本主义经济学家一直谨慎探讨市场经济在某种意义上是最好的设计，但资本主义与市场经济的结合只是历史的偶然，因为至少从理论上讲，一个社会主义政权也能运用此一制度的好处，其好处之一即是效率。

新旧物理学典范变迁的六大趋势

中共召开的十四届六中全会通过“加强精神文明建设”，实际上即肯定了有中国特色的精神文明，即恢复以儒释道为主流的中国精神文明建设。这一东方价值是合乎当代新物理学典范的世界观，并表现在新旧物理学典范变迁的六大趋势：

（一）从物质是静态的构造到物质是动态的存在趋势。

（二）从时空的绝对性到时空的相对性。

（三）从因果的决定论到因果的概率论。

（四）从机械的公约主义到有机的全像图。

（五）从强调理性思考的直线关系到重视直观智慧非线性的生态体悟。

（六）从心物二元，主客分离到心物一元，主客交流。

因这六大趋势，当代顶尖的物理学家如海森堡（Heisenberg）、普里高津（Prigogine），以及菲杰弗·卡帕（Fritjof Capra）等人皆对东方文明的传统价值给予高度的肯定。例如海森堡的“测不准原理”凸显了以下四个特征：

（一）语言或概念对真实的描述是有限的。中国老庄道学所谓“道可道非常道，名可名非常名”即与此相通。

（二）概念或状面（Aspects）皆是成对互补的。此与中国传统伦理思想的有机关系是相通的：“任何事皆无法就其本身来界定，而必须依它与其他事物的关系来界定。”

（三）主客交融互涉。量子力学打破“价值中立”的神话，此心物一元论亦即中国儒释道思想之精髓。

（四）强调“互补性观念”。此与中国《易经》阴阳互补的观念均为一种非线性的思考方式。

以下笔者引用几位物理学大师的话，作为见证：

（一）**美国物理学家欧本海默**（Julius Robert Oppenheimer）：原子物理学中说明有关人类理解的一般观念之新发现不在于事物的本质，完全不熟知，完全未曾听闻的，或新奇的。即使在我们自己的文化中也有其历史，而在佛教及印度思想中，也有很重要的核心地位。

（二）**丹麦物理学家波耳**（Niels Bohr）（1922年诺贝尔奖得主）：

为了与原子论做比较……（我们必须回到）认识论的问题上，而早已为佛陀与老子所探究者。

（三）德国物理学家海森堡（1932 年诺贝尔奖得主）：二战以来，理论物理学来自日本最伟大的科学贡献，可能是远东传统哲学思想与量子理论的哲学本质意义。

（四）比利时化学家普里高津（1977 年诺贝尔奖得主）：我们相信，我们正朝着一种新的综合前进，朝着一种新的自然主义前进。也许我们最终能够把西方的传统（带着它那实验和定量表述的强调）与中国的传统（带着它那自发的、自组织的世界观）结合起来。

从以上所述，可见现阶段的东方价值不是一种伪论述，是新物理学典范所肯定的价值，也是东西方两大文明合作的新契机，而这一东方文明的价值在三百多年遭受牛顿典范的压抑下不得伸展，因此中国文化也在三百多年来遭受严重的扭曲，使中国人失去了自信心。像今天卜大中之流，都是站在牛顿典范的立场来诠释东方价值的意义，看不懂也看不透东方价值的高明在何处，诚如牟宗三所说："中国文化未实现民主与科学乃是超过的不能，不是不及的不能。"这句话只有从新物理学典范的观点来理解才能贴切地体认。

中国的前途也只有重新恢复对自己传统文化的信心，在后冷战、后资本主义、后共产主义、后殖民主义、后现代社会中，重新诠释中国传统文明与西方文明的各种价值意义。一百五十多年来，我们中国人向西方学习形而下的种种器物层次的东西，连带地也失去了中国形而上的道学，今后还是要恢复孔子说的"下学而上达"，从最高的典范共识或中国的道统重新建立现代的学统和政统，以开启新"外王"（民主和科学），如此才能体会出，西方的资本主义、法治、管理系统等价值也有时而穷，不必像卜大中那样将其价值绝对化、普遍化。例如，前述韦伯所言在高度发展的资本主义下，并无真正的民主自由。法治的极致化发展，恰如一句玩笑话：“美国人可分为原告、被告和律师三类人。”十分贴切，法治若无人治配合，将导致人们“物化的思考（Reified Thinking）”。法规是人所创造的东西，反过来却限制人的主体性发展。同理，家族伦理观念亦非完全无用，美国克林顿总统现在不是要呼吁恢复家庭的价值吗？亚洲四小龙的经济发展与家庭观念也有正向的相关；至于层级驯服，西方社会没有吗？稍有常识者皆知，当今美国恰好是“民主社会，层级行政”，而社会的民主其实是少数资本家特权垄断的民主，层级行政却是美国人在公私部门组织内的实际生活写照。至于认命顺从，亦非是完全负面价值，这只是中国文化一开始走“人与自然和谐”的美学态度，而此态度极致发展的结果，难免有认命顺从的负面作用，就好像西方文化三百多年来走“人控制自然”的实证科学态度。虽然创造了西方的工业文明和资本主义文化，但其极致发展的结果，也导致生态环境的破坏、人文主义精神的下坠等负面作用。卜大中以牛顿典范的世界观，把东西方文明一刀切，好的一面都是西方的，坏的一面都是东方的，不仅是肤浅的，也充分看出他贫乏狭隘、言诡而辩的一种“伪论述”。

“大好人做了大坏事”

卜大中其他的“伪论述”还有“内部殖民”论，鼓动台湾站在美日等西方文明阵营这一边，作为他们的一颗战略性棋子。他认为这样，台湾当局就有拒绝中共“威权统治”的筹码和机会。说来说去，西方文明的价值都是对的，谁只要接受它的价值，就受到卜先生的赞扬，否则像李光耀那样，只是冷静分析，不同意西方文明民主人权价值的普遍性，就会挨他扭曲，被指责为“痛恨”民主自由和人权的价值，试问这是怎样的一种“价值中立”的陈述呢？

其实，笔者亦未赞成“威权统治”的普遍性价值，但在历史演进的过程中，它确有其局部性和阶段性的价值，不可一笔抹杀。蒋经国时代的威权统治创造了台湾当局经济繁荣的奇迹，而李登辉的“民主时代”却创造了台湾经济逐渐衰退、“修宪”和黑金治政的笑话奇迹，主要原因即台湾只有形式民主，没有责任政治的实质民主。换言之，即李光耀所提文化意识尚未成熟就走入民主政治的环境中。

问题是，威权政体亦有其极限，它欠缺外在社会力量的制衡，而内部的政治精英又常受权力的诱惑，容易自甘腐化。如何使威权政体转型为具有实质意义的民主政体，则有待政治思想家和实际政治人物的深思和创造。不能在中国不到二十年的改革开放中，在亚洲后殖民统治五十年左右，就苛求他们一步到位，立即走上西方的民主体制。如果这样做，那就不是有智慧的政治人物。笔者认为像戈尔巴乔夫那样的人只是“大好人做了大坏事”，虽然赢得西方的虚誉，却是当今俄国民不聊生的罪魁祸首，得不到俄国人民的衷心敬仰。

老实说，就决策规则而言，选举只是五种之一，其他四种是层级节制的决策规则、市场交易的规则、契约、共识。这五种决策规则，视不同的场域、事件性质、人员素质而有其优劣点。选举规则并非是最好的，它是以数量来决定品质的决策方法，除非投票当事人文化素养高，否则其决定的品质必然是粗糙的。当一般人对问题性质既无兴趣参与，又无专业知识的判断能力，此时最好的决策方式是采用层级权威的规则。由此可见，政治上的威权统治亦非一无是处，当视时机、条件、文化与经济背景等因素而定，但长久的威权统治必定失败腐化，此亦有逻辑上的必然性。卜大中嘲笑中共领导层集体歇斯底里的精神病态，以及中共的“内部殖民”作风，则已是脱离论政者应有的知识忠诚态度，是一种情绪的、偏执的言诡而辩，更因无知于东方价值和西方价值的演变趋势，于是就形成了他一套看似严谨却又禁不起分析的“伪论述”。

人先要立其本

最后，笔者要引用几个资料，提供卜大中与读者共同参考：

美国哈佛大学、密歇根大学和约翰·霍普金斯大学几位专家的调查研究发现：“移民子女愈认同祖国文化遗产者，成绩最高；与美国人认同者，表现最差。”(《联合报》1985 年 4 月 14 日，张作锦专栏)

美国管理大师彼得·德鲁克（Peter Drucker；1909—2005）说：“我不认为亚洲企业已经找出了所有的经营之道，不过我推测，十五年后市面上会有很多书在研究中国式管理的秘诀，就像十年前有一大堆书在研究日本式管理一样。”“中国从科举官僚时代开始，老百姓只得设法运用各种关系，也就是整个家族网络，才能生存。我们虽然不知道你们会怎么做，但是你们动员家庭、善用家族关系的优异能力，未来正可派上用场。”（《跨世纪新思考——专访管理大师彼得·德鲁克》，《天下杂志》，1994 年 11 月 1 日）

陈寅恪：“天理人事之学，精深博奥者，亘万古、横九垓而不变，凡时凡地均可用之，而救国经世尤以精神之学问（谓形而上学）为根基……佛教于性理之学（即形而上学）独有深造，足以救中国之缺失。”

从以上资料可见，东方价值在一百五十多年来饱受西方文明的冲击，并非如一般既不通中学又不通西学者，随随便便就文化的表象而轻率下断语就能扭曲的。一个人先要立其本，先认同本国文化，再批判吸收外国文化，才不会随波逐流。只见人家好，自己的都不好，这已失客观立场，绝非做人应有之态度。

美国哈佛大学教授亨廷顿的“文明冲突论”，是西方价值霸权的沙文主义。卜大中不是西方人，当然无权充当西方沙文主义。他的反亚洲价值论，反映着他的思想被西方沙文主义所西化。所以，那只不过是狐假虎威的西化沙文主义而已。

东方价值以中国文化为主要大动脉，我们要记取西方“文明冲突论”的策略意向，但更要站在民族文化自信心和世界各民族平等的立场强调“文明多元论”。只有东西方两大文化体系求同存异，相互合作，截长补短，相互辉映，才是人类和平应走之路。不能也不应该站在单一文化立场，无知地嘲笑或贬抑另一方文化的价值。①

《海峡评论》第 72 期，1996 年 12 月版

---

① 本文写完后，适逢亨廷顿在今年 11/12 月号的《外交事务季刊》上发表《西方文明独特，但非四海皆准》一文（《中国时报》1996 年 11 月 18 日摘译）。亨廷顿在此文中提及“多元文明”一词与本文主张相同。他在文中已认知到西方文明的衰退，主张在多元、多文明的世界中，西方的责任在保护自己的利益，不在促进其他民族的利益，也不在为与西方利害关系不大的民族排难解忧。亨廷顿这个主张是诚实的，但过去的历史，西方有促进其他民族的利益吗？难道他们对亚洲国家的殖民侵略也是一种“促进其他民族的利益”吗？这和日本人说，他们侵略亚洲，是为了解放黄种人，有何不同呢？读者必须注意到，这根本是三四百年来的西方文化是一种进取的或侵略性的文化，而东方文化采取守势因应而已。如今东方民族所争者，亦不过是“平起平坐”而已。

中国文化第三波的崛起与中国前途

冷战结束后，苏联解体，人类文明史又进入另一个新阶段。资本主义与共产主义意识形态的斗争终于结束，全世界各国都在探索一条超越以上两种意识形态，而具有本身文化特色的新政治经济体制。

中国内战的实质是西方文明的内战

一百五十多年来，中国人从“自强运动”和“立宪与革命争议”中探索中国未来的道路，从西化派、俄化派、日化派，乃至于传统派的争论中，结果形成了“共产主义”和“资本主义”国共斗争的两大阵营，中华民族再度陷于国家分裂状态中。一边是“左派”的“全盘西化论”，向俄国人一面倒；一边是“右派”“全盘西化论”，向美国人一面倒，两边都失去了“有中国特色”的文化精神。诚如亨廷顿近年来在《文明冲突论》一文中所说：“近百年来的国共内战，实际上只是西方文明的内战而已。”

这种西方文明的内战，主要是指双方所奉行的意识形态，原本是西方文明的一对孪生子，而我们中国人却因失去对中国文化精神的自信心，“抛却自家无尽藏，沿门托钵效贫儿”，以西方文明的意识形态为师，结果造成中国人的自相残杀。

社会主义与市场经济结合是中国发展的正确道路

经过四五十年来实践检验真理的结果，中国人从黑暗中摸索出一条道路，开始从“文革”时“批孔扬秦”的错误中猛然觉醒，走“改革开放”的“社会主义市场经济”之路，并加上具有“中国特色”的文化精神，的确是一条正确的道路。美国著名政治哲学大师约翰·罗尔斯在《正义论》中有一段话：

> 虽然资本主义经济学家一直谨慎探讨市场经济在某种意义上是最好的设计，但资本主义与市场经济的结合只是历史的偶然，因为至少理论上讲，一个社会主义政权也能运用此一制度的好处，其好处之一即是效率。

约翰·罗尔斯从理论上得到社会主义市场经济是可行的一条新道路，正好与邓小平先生从实践中得出社会主义与市场经济的结合是一条中国未来的道路，不谋而合。而中国人今日更有信心，从全盘西化中觉醒，要走“有中国特色”的“社会主义市场经济”道路。这一政经制度乃是中国人远从鸦片战争一百五十多年来，近从新中国成立以来，不断摸索、追求所总结出来的。

所谓有中国特色，即恢复中国文明的自信心，理解到西方文明价值并未有“普遍性”。美国知名学者亨廷顿就在1996年出版的《文明的冲突与世界秩序的重建》一书中指出下列各类，充分说明西方文明并未见有普遍性。

- 美国道德衰退严重，不足以成为普遍性的价值。
- 多元文化论经常是“种族中心的分离论者”，把美国搞成四分五裂。
- 自由主义将是下一个倒下去的骨牌。
- 西方文明只有独特性，没有普遍性。
- 帝国主义就是普遍主义必然的逻辑结论。
- 东亚的成功主要是其文化强调集体性而非个己性。
- 随着物质的成就，文化的自信也跟着来，“美国模式或盎格鲁—撒克逊的发展模式，过去盛行四十多年的政经现代化的方式已经行不通了”。

由此可见，所谓西方文明价值的普遍性，不过是因为人类最近四百年来，由于西方文明的崛起，而流行起来的价值。这使一般没有比较文明史知识背景的人，误以为这种普遍流行的价值具有恒常性，而忽略了各自文化的差异性。随着西方文明衰退的“危机意识”，亨廷顿也认识到西方文明只有独特性而无普遍性，他说：

> 西方文明之所以珍贵，并非因为它很普及，而是因为它很独特。因此西方领袖主要的责任不在试图依西方的意象重塑其他文明，这已经不是其正在没落的力量所能为，而在保存、保护和重建西方文明独树一帜的特性。而由于美利坚合众国是西方最强势的国家，责任自然大部分落在它头上。
>
> 在这个时代，美国既不宰割也不能逃离这个世界，不管是国际主义或孤立主义，也不论是多元化或片面行动都不能符合其利益。唯有远离这些背道而驰的极端意识形态，采行大西洋主义政策，和

欧洲伙伴密切合作，以保护及谋求它们共有的独特文明的利益和价值，最符合美国利益。

不仅亨廷顿有此“危机意识”，美国哈佛大学教授阿匹亚（Kwane Authory Appiah）、盖茨（Henry Louis Gates）在合编《全球文化辞典》（The Dictionary of Global Culture）时也提出同样的观点：“下一世纪全球二十大都市都不在欧美，基督教文明将不再主宰世界，而退居非主流地位的事实。西方操纵世界的五百年历史就要画上句点了，但西方人到底准备好了没有？”

可悲的是，台湾的李登辉，最近几年来的言论充分凸显了“思想的依赖性”，以为西方文明具有普遍性的价值，对于衰退中的西方毫无知觉，兹举例如下以为佐证：

- 李登辉最近接受美国《华盛顿邮报》的采访时指出：“亚洲人的价值观与西方人不同的说法，根本就是无稽之谈。”
- 李登辉常常“以美国为中心”“相信美国会介入台海争端”“主张中共应承认‘台独’，建立‘中台联盟’”“中共应率先提案让台湾加入联合国”。
- 李登辉在 1995 年 10 月 6 日向“校园青年领袖”介绍日本博报堂特别顾问冈崎久彦所著《世纪末的省思与希望》这一本鼓吹台独的“外来理论”。
- 连战在“行政院长”任内答复“立委”质询时，曾经一方面强调西方的政治价值如民主、法治、人权有其普遍性，一方面又说不赞成以中国的国情有其特殊性，因而排斥西方价值的普遍性。他又提出“两岸的争议是民权主义，不是民族主义”。

从以上台湾领导人的思想中，读者可以体会他们心目中只有“西方文明价值的普遍性”，根本就没有“中国文明价值的普遍性或独特性”的想法。这样子盲从西方，却毫无中国文化精神价值的领导人，我们又如何期望他们建设“有中国特色的政经体制”？随着西方文明的逐渐衰退，他们对中国文明价值的自信心何在？这不是“沿门托钵效贫儿”又是什么呢？

中国文化具有强大的创新能力

西方文明内的欧洲国家其历史尚未结束，从过去的文明史来看，一切伟大的文明都曾经过一度的发展、兴盛、衰败，而最后灭亡，唯一的例外是中国。而中国文化的发展则独具两波，从殷商西周至五胡乱华为第一波；由五胡乱华以至最近为第二波（雷海宗《历史的形态与例证》一文）。每一波的演变，均经（一）封建时代，约六百年；（二）贵族国家时代，约三百年；（三）帝国主义时代，约两百五十年；（四）大一统时代，约三百年；（五）文化衰亡时代，时间不定等五个阶段。中国文化之所以独特，即在其第一波文化演变衰败灭亡后，又再重生。第二波开始直到今天，正好是第二波文化即将结束和第三波文化即将崛起的转折点。吾人不知，何以中国文化独具此一特色？何以此文化内在自动创生的能力如此强劲？此则难以解释，吾人只能知其然而不知其所以然。

从中国文化史看来，第一波文明衰亡后，经过印度文化东来的刺激后，经消化而演变成为第二波文明；当前中国文化第三波的发展，则是吸纳西方文化后，从中国文化体系内自动创生的新文明。此一文明的盛世，照过去的演变经验看来，至少大约有两三百年的时间。

笔者之所以作此一趋势分析，乃是从比较文化史的观点所得出的结论。从1600年起，中西文化发展到了一个分水岭，西方文化由衰退而复兴，此后三四百年科技进步，经济繁荣，文化思想派别林立，主导全球文明，形成资本主义和共产主义两大阵营；至1991年冷战结束，西方企图围堵崛起中的第三波中国文化，因力不从心，始改为与中国“全面交往（comprehensive Engagement）”的“一个中国政策有利论”，并于1997年10月邀请江泽民主席到美国国事访问（state visit）。

中国文化第三波的崛起已经到来

从这一角度来看，伟大的政治家应看出第三波中国文化崛起的机运已然来到，这是中国文化整合中、西、印三支文化优势的大创造时代的来临，也是中国文化的价值重新为世人所重视的时代的来临，例如：

- **美国物理学家欧本海默**：“原子物理学中说明有关人类理解的一般观念之新发现不在于事物的本质……而在佛教及印度思想中，也有很重要的核心地位。”
- **丹麦物理学家波耳**（1922年诺贝尔奖得主）：“为了与原子论做比较……（我们必须回到）认识论的问题上，而早已为佛陀与老子所探究者。”
- **德国物理学家海森堡**（1932年诺贝尔奖得主）：“二战以来，理论物理学来自日本最伟大的科学贡献，可能是远东传统哲学思想与量子理论的哲学本质意义。”
- **比利时化学家普里高津**（1977年诺贝尔奖得主）：“我们相信，我们正朝着一种新的综合前进，朝着一种新的自然主义前进。也许我们最终能够把西方的传统（带着它那实验和定量表述的强调）与中国的传统（带着它那自发的、自组织的世界观）结合起来。”

从以上引文可见，当代物理学的世界观，与中国传统儒释道思想的世界观是相通的。20 世纪的物理学发起“典范革命（Paradigm）”，与“牛顿物理学典范”观察世界的方式大大不同。四百年来牛顿典范盛行，此一世界观与中国传统文明的价值是大相径庭的。必得在 20 世纪的新物理学发起世界观的大革命，现代人才重新理解到中国传统的文明价值，如“曲线思考”“自由意志论”“时空相对论”“心物一元论”等都是当代新物理学家所肯定的价值观念。

由此可见，清朝灭亡，并非亡于其本身腐败的问题，而是亡于西方文化的发展已然凌驾中国文化的事实。可悲的是，当时清朝皇帝对此一文化发展趋势并无警觉或认识，因而因应不得其法，终至腐化而灭亡。所以，文化战略的警觉看似不如政治、军事、经济等战略重要，但若无此一体认，政治、军事、经济策略上的因应，充其量只是头痛医头、脚痛医脚而已。

1949 年新中国诞生后，以毛泽东为首的第一代领导人擅长以政治和军事治国，这是任何开国的政权必然的事实。第二代以邓小平为核心的领导人，生聚教训，开始“拨乱反正”，并于 1978 年 12 月提出“改革开放”政策，加速经济建设，成就斐然，使中国逐渐开创小康的局面。此后，以江泽民为核心的第三代领导人，则以政治、经济、文化三方面的连环发展为重心，尤其是警觉到文化建设的战略意义，中国文化第三波的崛起当可预期。

此即下列四个事实：

（一）此时为鸦片战争一百五十多年来中国人的国防力量最为强大的时候，已无列强侵略中国的顾虑。

（二）此时为一百五十多年来中国人的经济力量最富庶的时候，为中国人有史以来生活最好的时候。

（三）此时为一百五十多年来中国人才最多最丰富的时候，几乎西方学术各个学门，皆有中国人才在研究。

（四）此时中国大陆外汇存量为世界第二位，香港地区为第三位，台湾地区为第五位。香港地区是亚洲与世界金融中心，中国大陆的重工业和国防工业以及廉价劳动力、充沛的资源，台湾地区优越的地理位置，形成了中国第三波文化崛起的庞大竞争力最有利的因素。

中国文化第三波的崛起，除了有此文化内众力的动态整合能力，使台港澳地区及中国大陆结合成为统一的文化体系外，并具有对抗西方文明价值的实质力量。我们当谨记孟子的一句话：“以力服人者非心服也。”中国文化第三波的价值是“以道德服人”的王道思想，也是中、西、印三支乃至回教等文化的相容并蓄。道并行而不相悖，这即是中国人的“文明多元论”，而非衰世中的西方文明的“文明冲突论”。

吾人相信，第三波中国文化的崛起，也是中国统一的必然趋势，这对中国人或全世界各民族人民来说，都是有利无害的。

香港《中国评论》第1期，1998年元月

中国人有争取不做奴隶的权利：驳余英时对中国民族主义的扭曲

余英时反中国的言论在台北《中国时报》《联合报》刊出后引起海内外中华儿女的愤慨。台北政大公共行政系教授吴琼恩接受本刊编辑专访，批判余英时对中国民族主义的歪曲，以下为专访全文：

反“台独”乃是反帝国主义

问：在后冷战时期，原先被美、苏两极对抗压抑下去的民族意识兴起，而被冷战对峙分断的中国民族主义的接续，是否能像余英时所误解的“反‘台独’难道就是反台湾”“反分裂难道就是反民主”？

答：二战结束后，两大集团的冷战形势崛起，双方斗争的焦点在于资本主义与共产主义的意识形态之冲突。斗争结果，虽然苏联解体，但美国的资本主义也出现了严重的危机，经济不景气，财政严重赤字，社会治安败坏及精神生活的空虚，愈益明显。

两种意识形态的对立，都根源于一种思想的错误，即人类社会有最后真理或普遍性真理可以追求，其实这只是三百多年来牛顿物理学典范下所流行的世界观。

因此，冷战结束后，有的学者如日裔美籍福山，认为历史已终结，今后将是民主时代的来临，这未免太天真了。不过，可以看出，后冷战时期是一新秩序重组而尚未成形的空档时期，无所谓极左与极右这样二元对立的绝对性存在。丹尼尔·贝尔（Daniel Bell）认为社会条件的进步，使得意识形态已经终结了。这个看法并不正确，因为人类的阶级斗争并未结束，而是阶级斗争已无法取得普遍性的真理特质，资本主义与共产主义皆无客观的终极实体（Reality）可以追求。在这种情况下，各国交往一方面基于互利互助的需要，另一方面又基于自保自助的本能需求，民族意识的兴起是很自然的一件事。尤其是中国，在历经一百多年来西方帝国主义的侵略、割地赔款、丧权辱国的集体记忆的作用下，面对国土分裂、国家尚未统一的情境，自然要归咎于帝国主义的霸道所造成的悲剧。这种民族求进步的精神，绝非任何武力所能压抑的。

“台独”问题的产生，应追溯其源，若非西方帝国主义的侵略，中国即使再衰弱，也是求合不求分的。“台独”之所以成为问题，是中华民族内部有少数人对国民党和共产党的失望，不愿再做中国人，而另觅他途的结果。但是，他们因缺乏独立建国扎实的理论基础，又不得不利用外国势力，以逃避国共两党的压力。因此给予帝国主义反华势力利用的机会，以制衡国共两党，所以“台独”问题追根究底，是国共内战的产物，给予帝国主义有可乘之机。

所以，反“台独”乃是反帝国主义，切断“台独”的后援力量，它绝非反台湾，因为台湾本来就是中国的一部分。两岸的文化生活也没有什么了不起的差异，国民党喜欢就表象的差异扩大宣传，其实，从两岸中国人的“思维倾向（Mindsets）”来看，根本同质性大于异质性。两岸目前只有和平统一，才能避免反华势力的挑拨利用，而“台独”必须勾结帝国主义才有行动的能量，这根本即是反台湾的，也是反中国的。

而台湾的民主建设，也必须在中华民族独立自主的前提下才有可能凝聚精神力量。因为民主并非移植西方形式上的选举就够了，主要还需文化意识的提升，否则选举运作的结果，必将弱肉强食，缺乏平等精神及责任意识。而文化精神的内众力，当然要以中国文化为基础，否则依靠外来文化，未蒙其利，自己的思想精神先已四分五裂了，还谈什么民主建设。

中国：下一个经济超强

问题是，经过一百五十多年来中国文化的衰退，她还有整合西方文化的能力或生命力吗？如果没有，以中国文化为基础则是一句空话。很幸运的，从当代新物理学的发展，我们已了解到，中国文化的高明，的确有整合中、西、印三支文化的能力。这一点，我们将在其他各点问题中提出进一步的解释。

问：余英时认为中共的意识形态已从斯大林式的“一国社会主义”转向希特勒式的“国家社会主义”“以民族统一代替阶级斗争”，请问这种说法有何盲点？

答：中国社会政治在转型中，正如美国社会也在转型中，这是后现代社会尚未形成新秩序的过程。但是，余英时把中国社会的转型，描述为从斯大林式的“一国社会主义”转向为希特勒式的“国家社会主义”，这一点吾人不能苟同。余英时既未到大陆仔细观察，又欠缺经济学的观点，才有这样滑稽的看法。

如果要以希特勒式的“国家社会主义”来观察，则中国早已不是这样的社会。但是，若把时光倒退几十年，当时的中国，的确比希特勒的德国还糟糕，但现在已经不一样了。曾经担任美国总统卡特（Carter）的国家安全顾问欧·维伦（William Overholt）博士在其名著《中国：下一个经济超强》(China：The Next Economic Superpower）一书中有这样的话：

> 二十年前的中国是一幅极权主义的图像，在控制个人的程度上，比希特勒的德国还要糟糕……今天中国虽然仍是一威权体制的国家，但乌云已开始散去，人们的言论已有相当的自由；甚至政府官员在陌生人面前，也可以尖锐地批评他们的上层领导，这在以前必将处死刑。极权主义的面向已消逝，生产建设的时间较多，而政治课已少多了，较重视效率与专业，较不重视政治的正确性。数百万的外国人游览中国，传播外国的理念。外国杂志与新闻普遍可见，懂英文者也能在旅馆的书店购买《亚洲华尔街日报》或《国际先驱论坛报》……官员与政府机关不再是神圣不可侵犯。最近，党提名的地方官员候选人，也常在选举中落败。

从以上的引文可见，中国绝非希特勒式的“国家社会主义”，也可见余英时的“反共”偏见极深。他是先有这个“信念（Believing)”才看见他所认定的“世界”图像，所谓眼见为实（Believing is seeing）即是此意。

冷战已结束，冷战后的新秩序尚未形成，而“中国特色的社会主义市场经济”也在“摸着石头过河”的过程中。以学术言之，在实践中创造理论，则现阶段中国在迈向富强的征途中，反思批判过去，放弃阶级斗争，以中国文化为基础作为凝聚民族统一的精神力量，又有何不对呢？李登辉抄袭余英时的观点，认为民族主义是对外不对内，这是一种无知。我未见政治思想史专家有哪一个人会说民族主义只对外不对内的，何况今天帝国主义尚未消失，有帝国主义就有民族主义，这是下面还要谈到的。

李登辉偏要打破“现状”

问：余英时使用“台独”人士标准修辞说中共处心积虑要“并吞台湾”，否认台湾问题是中国的内政，却又期待透过落实“一中一台”“两个中国”来避免海峡危机，这是否缘木求鱼？台湾民主化、本土化的政治合理化真能保障台海和平吗？

答：据我所知，中共目前的主要战略价值，是先把经济搞上去，不急着统一台湾或“并吞台湾”。换言之，维持蒋经国所留下的现状最好，在“一个中国”的原则下，促进两岸的探亲、旅游、经贸和文化交流。等到2010年中国的经济有了相当基础后，台湾自然要随形势向大陆靠过去。但李登辉偏要打破这个现状，搞“两个中国”或“一中一台”的把戏，他认为“务实外交”和“重返联合国”是给台湾人民争尊严，这其实是政治领导人的误导。

一个人的尊严不是建立在他的“外在价值”上，有钱有势而无文化教养，是不可能赢得“尊严”的。君子是“不言而信，不比而周，无器而民滔乎前”（庄子），君子也是“不怒而威”（荀子）的。中国文化所谓的尊严是建立在“内在价值”的基础上，“内养足，不怒而威；内养不足，怒而不威”。所以，台湾把尊严建立在“外在价值”的争取上，而又不自量力，行其所不能行，这哪有什么尊严可言？这简直是“蚍蜉撼大树”的作为。也可见无道的政客，内养不足，根本不知尊严的内在价值是什么，一味地往外追求，其实只是自卑心理的反射而已。

所以，如果想要走“一中一台”或“两个中国”的路子，不仅在国际上走不通，更增加两岸关系的复杂性和危险性。这是底线，说穿了就是“你要不要做中国人”的问题，而中国只有一个。要求和平，这是两岸中国人都衷心盼望的一件大事。

台湾的本土化如果是以中国文化为基础，批判选择美日或其他外来的文化，则应能维持两岸的和平往来，良性互动。台湾的民主化走得比大陆快一些，但如果只停留在“黑金政治”，或缺少“责任意识”的“宪政”制衡架构，则这种民主化是无法赢得全体中国人的信赖，也就难以“以理造势”了。如果这种民主化，同时也是脱离大中华民族主义精神的话，不但无法凝聚文化意识的上扬，它将永远得不到认同，两岸也就永无和平可言。

“西方不能垄断一切价值”

问：余英时说大陆和台湾现都不存在“帝国主义侵略”的问题，难道军事—政治殖民主义之外，文化帝国主义、传播帝国主义与电子殖民主义等文化霸权不是一种变相奴役吗？

答：从西洋政治思想史的角度来看，帝国主义有军事的、政治的、经济的、文化的帝国主义四种，二战以前这四种帝国主义是都存在的，冷战时则是意识形态的斗争最为激烈，冷战后虽然已无资本主义与共产主义对立斗争的情况，但文化上的斗争已然开始，亨廷顿所谓的“文明的冲突”即是一例。

南方朔在《战云下的民族主义与帝国主义》（《明报月刊》，1996 年 3 月号）一文中说得好：“第三世界国家在近代普遍深陷在一种不对等的权力结构中，它只会被西方强权所定义，自己则缺乏权力来定义强权。”

美国思想家爱德华·萨义德（Edward Said）也说："除非现实的权力关系出现改变，否则后进国就只能局限在这个说法和那个说法之中，而无论哪种说法，都只不过是旧说法的反刍。"亚非民族主义其实只是对欧美宰制的反应而已，现在虽无殖民侵略问题，但争取解释权的文化斗争则为当前的现实。新加坡李光耀反对西方媒体的垄断解释权；马来西亚总理马哈蒂尔说："西方不能垄断一切价值。"亨廷顿在 1993 年夏季提出儒家和回教文化联合起来对抗西方文化，这都说明了政治、外交、经济、军事的斗争，其利益冲突是表面现象，各文化内在的深层结构或世界观或典范的斗争才是本质，这一点下面还会谈到。

但是，亚非拉百年来的痛苦经验，已经得到启示和觉醒，外来势力的干涉与外来文化价值的压迫，使他们失去自主性。以中国为例，中国人忽而西化，忽而俄化，都是徒慕外来文化，对自己的本土文化失去信心。方法学大师保罗·费耶阿本德（Paul Feyerabend）在批判西方的科学沙文主义和理性主义之后，认为现代人必须尊重原始人的世界观，现代人的世界观并不一定比原始人的世界观优越。

现在美国人也犯了这个毛病，总以为人家反美不理性，老是以民主、自由、人权、知识产权、环境生态等理由干涉第三世界国家，喜欢把民族主义视为不理性的、盲目的反美。在这样的情况下，李登辉从政治利害反对民族主义，我们可以理解。最没出息的是余英时，他仍与西方一鼻孔出气，说来说去都是为西方文化霸权合理化，企图说服亚非国家默认这种文化霸权的流行。其实追根究底，当代西方文化霸权的盛行也不过三四百年的事，没有理由会永远盛行下去的，随着美国近年来经济严重的不景气，它的定义权也将逐渐衰弱。

问：美国 1972 年虽在《上海公报》确立“一个中国”原则，但在与中共关系正常化过程中却明示要和平演变中国的社会主义制度，后冷战时期更提出所谓“全面交往（Comprehensive Engagement）”政策，请问这是否是一种文化霸权的强制，要中国人接受“美国价值”？

答：这当然是一种文化霸权的强制，美国对中国已无法采行有形的围堵或封锁政策，但无形的渗透，从文化上渗透美国价值，将中国的发展掌握在他们的手中，则是持续不断的工作，这就是文化帝国主义。余英时还说帝国主义侵略不存在，简直是睁眼说瞎话，不得不令人警惕他的心机深沉。

1907 年老罗斯福总统正式退回庚子赔款，以培植中国留学生，通过对中国将来的领袖们在思想上和精神上的控制，将中国的发展掌握在他们手中。美国对余英时，日本对李登辉都是这样的产物。真正了解中国文化的人，在方法论上必是超越实证主义者，对儒释道的内省真理（Intentional Truth）必有真修实参的体悟，这种人也就不易成为西方文化精神中的俘虏。

美国价值受到挑战

1991 年 12 月 7 日，前美国驻华大使李洁明在哈佛大学的“艾可论坛（ARCO Forum）”表示：“我们提供奖学金给中国学生，邀请政府官员来美国等做法，就是要和平演变中国。”

1993 年夏季，亨廷顿发表《文明冲突论》，也是警觉到“美国价值”已受到儒家和回教文化的挑战。美国人总以为他们的文化价值有其普遍性、永恒性，这是一种盲目的我执中心主义。20 世纪的新物理学已启示我们，科学不是在追求真理，而是追求接近真理（Verissimilitude），一切的文化价值如民主、自由、人权等，在不同时空条件下而有其相异的意义，这也是释义学（Hermeneutics）给我们的启示。

美国人的口是心非也是有名的，其文化战略更是深谋远虑，试看1972年2月27日的《上海公报》原来的记载：

> 中美两国的社会制度和对外政策有着本质的区别。但是，双方同意各国不论社会制度如何，都应根据尊重各国主权和领土完整、不侵犯别国、不干涉别国内政、平等互利、和平共处的原则来处理国与国之间的关系。国际争端在此基础上予以解决，而不诉诸武力和武力威胁。美国和中华人民共和国准备在他们的相互关系中实行这些原则。

既然双方都应不干涉别国的内政，但读者请看1993年1月13日美国国务卿克里斯托弗所说的外交政策：

> 我们的政策是设法通过鼓励经济和政治自由化来促进中国从共产主义向民主的和平演变。

这就是美国价值的文化侵略，中国人不需要美国人的干涉或和平演变。中国历经一百多年来的惨痛教训，即使不走共产主义，也不必美国人来指点走什么路，何况美国的民主选举愈来愈商业化、广告化，也愈来愈缺乏责任政治的实质内涵。美国的这种游戏规则有其普遍性吗？兹介绍美国宾州大学贾米森（K.H.Jamieson）博士的名著《肮脏的政治》，即清楚看到这种民主政治之虚伪假象。

中国有悠久的文化，有丰富的治国经验。西方政治经验的优点，我们都要学习，但首先要对自己的文化价值有信心，从传统出发，再创造一个适合中国风土人情的政治制度。我们不需要美国人来和平演变，美国人这种自大心态，就是孟子所说的“人之大患在好为人师”。美国人应先把自己的经济搞好，把青少年问题搞好，把种族纠纷搞好……你自顾都不暇，哪还有时间和平演变他国的内政？这不是笑话吗？

中国自 1978 年改革开放后，美国价值乘虚而入，这一代中国青年还以纽约的自由女神像为精神标杆，可见思想和精神仍牢牢地被掌握在美国人的手中。中国人的民主自由，应是中国人思想的精神独立后的创造物（Artifacts），这一点不可本末倒置。

如此还像个中国人吗？

问：美国自 50 年代即与中共秘密接触，上百次的华沙会谈，始终因中共抗议美国占领台湾，干涉中国内政，要求美国承认“一个中国”原则，而推迟到 1979 年才正式建交，这种坚持有无意义？

答：这种坚持当然有意义。国共斗争根本是一内战嘛！不管双方的称呼是什么，都不能改变这一内战的本质。国共内战历时甚长，数十年来也都各自依恃外国势力的介入，不过当中国民族主义觉醒时，自然体认到外国力量不足为恃。只有自立自强，才是自救之道，这是中华民族自救运动的最后结论。所以，“一个中国”原则应是国共双方所公认的原则。在 1979 年中国与美国建交之前与之后，都是一个中国原则，只不过代表这一个中国者有所更换而已，这也是政治的现实。

美国人不是支持民主国家吗？但在“国家利益”（注意：不是民族利益）的考量下，它还是不得不向中国“磕头”。1972年的《上海公报》，还不是为了联中以制苏，现在苏联解体，双方的斗争自然会浮现出来，原来的次要矛盾上升为主要矛盾，因此经济战和文化战就冒出来了，什么知识产权、人权、文明的冲突等等，都是这一斗争的现象。而在这一斗争中，台湾是一张可利用的牌，台湾何去何从？如果还看不出中国人崛起的机运和美国势力衰退的征兆，甘愿成为美国人的一张牌，迟早不得好下场。余英时说中国人“羡憎交织”，其实，美国人正走下坡，有什么值得羡慕的呢？当然也不值得憎恨，中国只要对自己的文化有信心，今天不必要憎羡他人了，埋头苦干，继续努力，21世纪的中国人很有希望和机会出头。台湾只有坚持一个中国的立场，才有真正的前途。那些受西方人思想洗脑，精神已被俘虏的官员，最可悲的一点是，满脑子只有权力欲，一点中国文化的兴趣和认识都没有，如此还像个中国人吗？

问：美国既然在文化和经济上采取“全面接触”，培植亲西方的领袖，以和平转化中国，这可说是一种精致的帝国主义，站在中国文化的立场，应如何因应？

答：从前面所提美国的文化战略可知，今日世界仍存在着比军事帝国主义还可怕的文化帝国主义，他们美国人想洗中国人好几个世代的脑，真是可怕啊！

美国是典型的资本主义国家，过去他们的资本家在国内如何洗别人的脑，今天就会重施故技，用来洗别国的脑。

意大利哲学家安东尼奥·葛兰西（Antonio Gramsci，1891—1937）

就提出“意识形态霸权”这个名词。统治阶级透过强调维持秩序、权威与纪律的需要，创造并持续这些信念系统，以求权力运用的正当性，并有意地使抗争和革命的可能性削弱。其做法是在学校、家庭与工作场所，以意识形态的霸权来促进统治阶层无形的权力运用，攻击或灌输工人的意识。因此，意识已非抽象和精神的东西，它是具有政治目的的具体力量。

葛兰西这个说法，可以提醒大家了解到美国今日搞和平演变的把戏。民族主义不仅是因外有帝国主义而起，它对内更有唤起民众争取民族自由，以求思想解放的意义。

西方美憎交织的情结

站在中国文化的立场，人类这三四百年来，是西方文化取得优势的一段时期，其特征是扩张的、进取的、苛求的、竞争的、男性主义的、理性的、分析的；而中国文化较重视的特征如内敛的、回应的、保守的、合作的、女性主义的、直观的、综合的等暂居下风。

所谓美国价值，如果仍未认识到牛顿物理学典范所带来的那些价值观念有其局限性，其发展的势用已呈精疲力竭，而仍继续发扬，则美国所代表的西方文化是没有出息的。现在它已在经济不景气，财政严重赤字，政客狡诈虚伪，青少年吸毒性泛滥等问题上，逐渐在腐蚀美国文化的精神。如果他们能觉醒新物理学典范下的哲学意义，如海森堡（1901—1976）的“测不准原理”和普里高津的“混沌理论”，都是东西文化会通的思想起点，从而采取互补互利互通的措施。在全球化已然来临的21世纪，双方平等交往，相互借鉴，不要自以为是，老提“美国价值”，则双方有水乳交融的可能。而中国文化本来是走美学欣赏的路线，其中天人合一的思想，更值得各民族、各文化相互学习。中国文化以柔克刚，以弱胜强，但此为“无为而无所不为”之意，并非西方“有所为而为”的工具理性的态度。

问：余英时说，“21 世纪是中国人的世纪”这句话，是中国人对西方“羡憎交织”的民族情结的具体表现，中共正挑动并操纵此一情结，你如何看待这个说法？

答：“21 世纪是中国人的世纪”哪里是中国人对西方的“羡憎交织”的情结？我要说，此一情结早已成为过去式，余先生的偏见极深。

中国人百年多来受东西方帝国主义的欺侮，余英时为何对这种霸道、惨无人性和毫无民主人权修养的做法不作一语谴责，反而责备中国人“羡憎交织”的情结？儒家讲中庸之道，喜怒哀乐发而皆中节谓之和，中国人对西方人霸道的作风恨一下有何不对？而他们的确有许多地方比中国人进步，羡慕一下也是人之常情，我们羡憎交织的情结有过分吗？相反的，美国人“羡慕”中国庞大的市场商机，“憎恨”中国人日渐富强，经常有意无意地提出“中国威胁论”“和平演变论”“分裂中国论”和“文明冲突论”，这些不都是西方人严重的“羡憎交织”的情结吗？

何况“21 世纪是中国人的世纪”这句话最早也不是中国人提出的。21 世纪初，美国老罗斯福总统就曾说过：“19 世纪是地中海世纪，20 世纪是大西洋世纪，21 世纪是太平洋世纪。”欧美投资家看到中国的崛起，既羡慕又感叹地说：“90 年代这一太平洋世纪已提早来到了。”而英国史学家汤因比对中国 21 世纪的崛起早就有预见。

由此可见，20 世纪初期，中国人忙着对抗东西方帝国主义，哪有心情想到 21 世纪是中国人的世纪？最近几年，两岸交流增加，中国大陆进行改革开放，有了这个客观存在的远景，才有了“21 世纪是中国人的世纪”的说法。这是乐观的期许，自信的语言，岂是“羡憎交织”的情结？

问：最近中国民族主义崛起，它是否为一可怕的力量？对台湾有威胁吗？

答：两年前李登辉把“委任直选”改为“公民直选”，甚至早在 1988 年李登辉和平继任时，中共也并未害怕台湾的民主选举，中国大陆也已实施地方上的选举。中共所担心者，乃台湾借民主选举搞脱离中国的把戏而已。

中共原来对李登辉怀有甚大、甚好的“寄望”，但两年前他与日本司马辽太郎对话，充分暴露李先生的“皇民化”思想，这才激起中国民族主义蓄积已久的传统因素。所以把中国民族主义再度崛起归咎于中共的挑动和操纵，其心可鄙。

永远支持当权派的余英时

从中国近代史来看，中国民族原本一盘散沙，孙中山于1924年讲《民族主义第一讲》时，还认为中国民族的团结仅及于家族和宗族，尚未及于国族。真正有了国族主义，是因日本侵华而起，这是谁挑逗的吗？这是中华民族内在具有的文化内众力的发酵。之后国民党已国不成国，而新中国成立后，历经抗美援朝战争、对越自卫反击战、中苏冲突等，都有民族主义崛起的条件因素。只要有外国势力的介入，中国就自然有民族主义力量的崛起，这也就是苏联会垮而中国不会垮的道理。1996 年 3 月美国想介入台海局势，自然就有中国民族主义再度崛起，以后都会如此，不需要谁来挑动与操纵。

台湾只要“认祖归宗”，承认自己是中国人，就没有危险，如果要否定自己是中国人，或则表面承认，但里子仍是依恃美国人或日本人的文化价值，则相当危险。兄弟打架，娘舅仲裁，谁也没话说；如果要依仗外人、外力，谁也不服谁，那就很危险。即使你是喝洋墨水的博士，中国人这个根本精神，你也必须吃透在心，才能开启和平之门。

问：1995 年 7 月到 1996 年 3 月，中国的导弹演习是一侵略性的民族主义吗?

答：我没有义务也不愿意为中共讲话。但作为一个中国人，请问老兄，中共这三波的导弹演习，侵略了谁的领土？没有嘛！它只是打退美国霸权主义的心态和“台独”分裂国土的主张而已，可说只是“点到为止”，这仍然是百年多来中国自卫性的民族主义，以保卫领土的完整和主权的不容分割为目的，就这么单纯。

余英时站在美国人的立场，有意误解这种自卫性的民族主义为具有侵略性。他说：“至今中国人在潜意识里，还不能接受与其他国家平起平坐的事实。”真是岂有此理！中国人怎会不接受与其他国家平起平坐呢？一百多年来，中国人争的就是“为求中国之自由平等”及“以平等待我之民族”。那些崇洋媚外的买办政客和买办学者，才会觉得中国人争取不受奴隶、宰制和压迫的权利，是一种侵略性的行动，侵略到他们所依附的帝国主义特权，使他们的买办生意再也做不下去了。

有买办性格的人，永远是支持当权派的人，余英时当年捧蒋介石和蒋经国的文章，和现在捧李登辉的文章，都是同一性格的表现。如今他依附美国为生，捧美国的立场，也是这一性格的表现。将来中美之间不平等的权力结构关系发生改变时，我们再来看看他会捧谁，这或许是一个十分有趣的话题。

《海峡评论》第 68 期，1996 年 8 月

人类有史以来最大的玩家：中国的崛起与西方的没落

——评亨廷顿新著《文明的冲突与世界秩序的重建》

1997 年 1 月下旬，笔者重返母校美国奥斯汀德州大学拜望老朋友，顺便到书店购买刚出版的新书《文明的冲突与世界秩序的重建》。

本书出版以来争议颇多，已有南方朔先生在报纸上的简评，但该简评未中要害。《海峡评论》9 月号（总八十一期）有陈平博士《打不赢，就入伙：评亨廷顿的文明冲突论和后冷战时代的世界格局》，鞭辟入里，允为上乘之作。本文书评侧重引介该书要点，并略作批评，以供读者参阅。本文分六大部分评介：一、后冷战的国际政治格局；二、西方文明的崛起与衰退的危机意识；三、现代化并不等于西化；四、中国文明的再度崛起；五、如何保卫衰退中的西方文明；六、结语。本文较忽略该书第十和第十一两章有关回教世界的内容，但相关部分仍会偶尔提及，而将重点集中在中、西文明之消长问题。

一、后冷战的国际政治格局

亨廷顿认为近百年来的资本主义与共产主义意识形态的斗争为西方文明的内战，随着冷战结束，意识形态的斗争也终结了，取而代之的是文明之间的冲突。不同文明国家之间的斗争成为国际政治、经济的主轴，而相同或相似文明之内的国家则较易合作。

（一）文化认同界定了国家在世界政局中的地位及其敌友关系

冷战结束后，亨廷顿认为在新世界中，“文化认同是决定一个国家敌友的核心要素”。“过去问：‘你站在哪一边？’如今要改口问更根本的问题：‘你是谁？’”“冷战秩序结束后，世界各国不但开始发展新的敌友关系，也重新挑起老旧的敌我意识。他们要寻求归类，他们要和同质文化和文明的国家结盟，政治家祭出‘更大的’文化社会，民众也会和这个跨越民族国家畛域的大社会认同，包括‘大塞尔维亚’‘大中国’‘大土耳其’‘大匈牙利’‘大俄罗斯’‘大阿尔巴尼亚’‘大伊朗’和‘大乌兹别克’。”

（二）文化同质性助长合作，文化差异加深冲突

亨廷顿指出文明内的“我们”和文明外的“他们”是人类历史的常数，其行为差异源于四大因素：(1) 对被视为极为不同的人的优越感（及偶尔出现的自卑感）；(2) 对这些人的恐惧及不信任；(3) 语言及文明行为定义的差异，导致沟通困难；(4) 不熟悉其他人的想法、动机、社会关系和社会习俗。

（三）区域是不同国家间的合作基础，但只有在地理和文化合而为一时才适用

地缘的邻近性不会产生通性，反而可能因为少了文化而适得其反。“区域性组织成立的历史和目标也许举足轻重，整体效率则和其成员文明之多元成反比。大体而言，单一文明组织做事比多元文明组织成功，政治和安全组织以及经济组织都是此理。”“在东亚，一如其他地方，文化通性是重大的经济整合的先决条件。”“日本独树一帜的社会和文明，使

其在和东亚发展经济关系，以及和欧美各国处理经济纷争时遭遇种种困难。”“如果经济整合有赖文化的同质性，日本身为一个文化独立的国家，未来经济发展也会陷于孤立。”“在即将出现的世界，贸易模式必定会受文化模式影响。商人和他们可以了解并信任的人打交道；同样，国家也会支持或参加由他们了解和信任的同质国家所组成的国际组织。经济合作源于文化的同质性。”

（四）相同文明内的核心国家是维持国际新秩序的主要因素

“一个文明是个大家庭，核心国家就像家中长辈，可以作为他们的亲属后盾并维持秩序。少了那层关系，一个更强势的国家解决区域冲突及维持秩序的能力将受到限制。”“当某些文明没有核心国家时，要在文明内建立秩序，或在不同文明间谈判维持秩序，相当困难。”“由于非洲和阿拉伯世界都没有核心国家，解决苏丹内战的计划更加错综复杂。”亨廷顿认为，回教文明内由于没有核心国家，回教国家引发冲突的可能性相当大。巴基斯坦、孟加拉以及斯里兰卡都不会接受印度调停南亚秩序。同样的，由于日本文化的孤独性，日本也无法扮演东亚政治的调停者。亨廷顿指出：“中国先于20世纪70年代与美国结盟，1980年代与美国维持等距外交，冷战结束后，中国又鼓吹中国文化，像核心国家的文明磁铁，吸引所有其他华人社会的向心力，并恢复19世纪所丧失的历史定位，而跃居东亚霸权。”亨廷顿认为“大中华因此不只是抽象的概念，而是个快速成长的文化和经济事实，同时也开始变成一个政治事实”，“大中华经济共荣圈的出现，得力于家庭和个人关系的‘竹子网络（Bamboo network）’和共同的文化渊源”，“文化共通性有助于经济的发展”，“东亚的经济越来越以中国为核心，也越来越为华人控制。来自中国香港、中国台湾和新加坡的华人提供促成中国大陆经济于20世纪90年代成长的资金”。两岸同文同种，根据亨廷顿的文明理论，到了21世纪初叶，台湾可能屈于挟制，或经由通融，或两者双管齐下，而和中国大陆更紧密整合。

（五）后冷战世界冲突的导火线：西方的狂妄自大、回教的不容异己及中国的专断独行

亨廷顿认为西方文化的普世企图、西方势力的相对没落及其他文明在文化上越来越强大的自我肯定，都造成西方与西方以外世界的关系普遍困难。中国与回教世界挑战西方文明，与西方可能维持紧张而高度敌对的关系。拉丁美洲与非洲仍依赖西方，冲突较小。至于俄罗斯、日本和印度，他们和西方的关系则徘徊在西方和中国两大文明之间。所以，21世纪的全球制度、权力分配以及各国的政治和经济，基本上是要反映西方的价值观和利益，还是要由回教和中国来塑造?

二、西方文明的崛起与衰退的危机意识

西方文明的崛起大约经历四百年。从欧洲基督教国家在八九世纪之交开始发展出独特的文明，直到公元1500年欧洲文艺复兴，社会开始多元化，贸易扩增及技术成就都为全球政治的新纪元奠基。西方文明大致上到了1600年才逐渐开始主导这个地球，成为一强势的文明，在此之前，她是落后于中国文明和回教文明的。亨廷顿引用杰弗里·帕克（Geoffrey Parker）的话说：“在很大的程度上，西方的兴起全靠力量的运作，而欧洲和他们在海外的对手在较量军力时，欧洲渐占上风……西方于1500—1750年缔造第一个真正的全球帝国，关键正是兵力的改善，

当时称之为‘军事革命’。”亨廷顿结论指出：“西方赢得世界并非靠思想、价值和宗教胜人一筹，因为其他文明国家因而归顺者少之又少，而是靠其在运用组织暴力上的优势。西方人经常忘了这个事实，但非西方人无时或忘。”由此可见，西方文明的崛起是靠霸道的“以力服人，非心服也”，这是四百年来在牛顿典范支配下的西方文明，把驾驭自然和开发自然的心态转移到对人文世界的控制，其文化潜意识是一种“自我中心幻觉”所表现出的“偏狭傲慢”，以为世界绕着它转，并有一个“不变的东方”（汤因比的批评）。这种偏狭傲慢反映在学术界就形成了“西方史观”，忽略了“文明的多样性”。

从道家观点来看，或从混沌理论的非线性观点来看，自我中心的思维倾向终究不符合宇宙演变的轨迹，其将引起反弹是自然的现象。经过四百年的横冲直撞和傲慢的偏见，自认为“白种人负担”的西方文明开始呈现精疲力竭的走势。一般西方人尚未有此忧患意识，西方文明的爱国主义者亨廷顿开始“唱衰”了。其主要的结论：“总而言之，整体而言，西方在21世纪最初数十年仍是最强势的文明，之后西方仍可能在科学人才、研发能力和民间及科技创新上大幅领先。但其他权力资源的控制，越来越分散于非西方文明的核心国家和其他重要国家中。西方对这些资源的控制在20世纪20年代达到最高峰，此后便不规则地大幅走下坡。”“西方垄断的时代即将过去，同时，西方的式微和其他权力中心的兴起已经促成全球本土化的进程及非西方文化的复苏。”亨廷顿在最后一章中也对美国近年来所表现的西方道德败坏、文化自杀和政治不统一问题忧心忡忡，他提出这些道德没落的表征包括五个方面，例如犯罪、吸毒和暴力的增加；家庭衰退包括离婚率提高、私生子及未成年怀孕和单亲家庭数量增加；社会资本流失，义工成员减少，人际信任降低；工作伦理普遍低落，个人放纵主义抬头；对学习和知性活动的热情降低，学生成绩低落。

面对上述西方道德的衰退，亨廷顿忧心忡忡地指出，如果儒家与回教的道德优势成为趋势后，西方能成功地因应这些问题吗？如果因应失败，西方文明将来影响其他文明或社会的力量也就衰退下去了。此外，亨廷顿也忧心地指出，美国国内存在许多人假借多元文化之名抨击美国和西方文明认同，否定美国有任何共同文化，而鼓吹种族、族群和其他次国家的文化认同和团体。美国人若不再以西方文明为核心，多元文化论将使美国四分五裂，国将不国矣！这是亨廷顿的忧虑，也是一种“唱衰”，足以对那些迄今仍执迷不悟的西方派或提出“五一俱乐部”的人产生醍醐灌顶之功效，也足以对台湾岛内失去文化自信心的“蛋头学者”或毫无中国文化意识的“独派”政治人物来一记当头棒喝。

三、现代化不等于西方化

读者如果翻阅20世纪60年代的现代化理论，几乎可以发现，西方理论的“傲慢”与“偏见”实际上是西方文化中心论的翻版。例如市场经济、个人主义和政治现代化，尤其是帕森斯（T.Parson）的结构功能论，雷格斯（D.Easton）的行政生态学，伊斯顿的政治系统论，好像西方文明的种种都是美好的，非西方社会若要现代化只有照单全收。台湾当时的学术舆论也犯了这个毛病，例如逻辑实证论、全盘西化论等都是对中国文化失去信心后的表征。实际上，西方学者的普世论（Universalism）以及台湾学者和大陆学者的“河殇”论，都未理解到西方文化的盛世只是人类历史上有限的时空现象，也是四百年来牛顿典范盛行的结果，哪有西方文化普遍真理的价值？

随着爱因斯坦典范的崛起，最新物理学的世界观与中国儒、释、道的传统世界观相通，再加上西方势力相对的没落、回教人口的激增和中国经济的崛起，西方人终于醒悟："帝国主义是普世论必然的逻辑结果。""西方所谓普世论，对其他地方而言是帝国主义。"这也就是说西方文明的种种现象并不代表普遍的真理，有其文化上的局限，想要以自以为是的民主、法治、人权和个人主义等观念强迫他人遵守并纳入体制内，就西方人而言是基督教传播福音"己所欲施于人"，对非西方人而言则是"帝国主义"，也不是儒家"己所不欲勿施于人"的宽容态度。

近代西方文明崛起之前，人类已有许多优秀的文明创造了光辉灿烂的历史。美国人喜欢像个传教士那样鼓吹人权，这在非西方国家看来却是"人权帝国主义"。当亚洲国家经济日益茁壮时，秉持独立自主的精神，以其过去光辉的文明史，将更有信心创造具有自己文化特色的政经文化制度。这一点美国前总统尼克松看得很清楚，他在 1994 年曾说："以中国今天的经济力量，美国大谈人权已是无礼。十年之内，这些说教将变得无关宏旨，二十年内将成为笑话。"当西方对亚洲人的筹码已逐渐流失时，提倡人权有效吗？最近几年西方在联合国机构提倡民主和人权的议案往往徒劳无功，几乎全军覆没，可以想见，"西方的傲慢"或"白种人的负担"那样的自负已经愈来愈行不通了。

亨廷顿书中已承认现代化不等于西方化，西方文明只有独特性而无普遍性，他这方面的论述大体可分为四方面来分析：

（一）全球本土化趋势

西方价值观被日本、中国、新加坡、印尼和马来西亚等亚洲国家坚定地排斥。一个主要由西方意识形态主导的"进步时代的结束"，正迈向一个多元和多角文明互动、竞争、共存和彼此包容的时代。这个全球本土化的进程，广泛表现于世界上很多地方的宗教复兴上。尤其是亚洲和回教国家，拜经济和人口成长之赐，其文化再生最显著。

（二）全球宗教的复兴与世界的非世俗化

20 世纪后半叶，由于现代化的结果，人民从乡村生活移居到都市生活，失去了传统定位的意义。他们必须与无数陌生人互动，重新建立关系，因此需要新的定位来源和新的道德戒律，并在疏离的社会关系中寻求生命的意义和目标，而宗教正好扮演了这一角色。从美国大学校园掀起宗教的狂热，到日本的欧姆真理教、韩国的统一教，乃至台湾近年来的青年出家热和宋七力、妙天禅师等神棍的诈财或骗色案，都说明了人民不只靠理性生活。现代化的理性化和世俗化过程，的确绷紧了人们的神经，而社会变动之急剧快速，也使人们难以预料或评估行动的后果，全球宗教的复兴良有以也。

宗教的复兴运动是对世俗主义、道德相对论、利己主义和消费主义等“现代主义”的反动，同时也是反西方的。“宗教和现代化国家的发展也不是不相容的。”“宗教不管是本土化或外来的，都为现代社会崛起的精英阶层提供生命的意义和方向。”“宗教并非人民的鸦片，而是弱者的维生素。”

非西方宗教的复兴是反西化最有力的证言，它并不排斥现代事物，而是拒斥西方及和西方有关的世俗、相对论和退化的文化，即对“西毒”的排斥，这是在文化上独立于西方的宣言：“我们会现代化，但我们不是你。”

（三）亚洲的自我肯定

中国的文化民族主义开始成形，人民渴望回归纯正的中国文化，中共领导人在共同的中国文化而不是在外来的西方概念中寻求正当性。

20 世纪初，中国的新文化运动和五四运动有打倒孔家店和把线装书丢到茅厕里的主张，后来中共的“批孔扬秦”运动及知识分子的“河殇”等皆贬抑儒家思想，认为这是中国落后的根源。风水轮流转，到了 20 世纪末，中国政治领袖和西方哲学家、社会学家不约而同弘扬儒家思想是中国进步的源头，新加坡政府更大力提倡儒家思想，学术界也开始研究亚洲四小龙与儒学的关系。

亚洲人的自我肯定来自于四大要素：第一，亚洲人的经济快速成长，在世局上会越来越有分量；第二，亚洲人相信经济的成功多半来自于亚洲文化比西方文化优越，而西方文化与社会日益衰败；第三，亚洲人也认知东亚各国社会文化之间的差异，但他们也有重要的共通性，尤其儒家思想为区内大部分国家所共用。第四，东亚各国坚称英语系民族发展的模式已不管用了，取而代之者是东亚模式。亚洲人也相信，亚洲价值放诸四海皆准，把亚洲全球化。从墨西哥到智利、伊朗、土耳其和俄罗斯等国，如今竞相向这套成功的东亚模式取经，虽然过去无数代祖先都试图向西方的成功借镜。

（四）日本的再亚洲化

日本的经济发展并非模仿西方文明和自由市场经济，其经济理论和运作方式使西方观察家无所施其预测。当中国经济崛起，取得在东亚地区的霸权后，依日本的靠拢而非制衡的文化，日本人会“训练有素地”针对中国的崛起修正其路线，使其国家利益大于成为西方文明成员的定位。

总之，亨廷顿警觉到，如果非西方社会要现代化，必须照自己的方式而非西方的方式去做，强化并善用自己的传统、制度和价值观。政治领袖如果目中无人，自以为能从根本上重新界定他们的社会，注定要失败。政治领袖可以改写历史，但不能逃避历史，他们制造了分化的国家，而不是西方式的社会，他们的国家感染了文化分裂症，这将变成永远鲜明的特色。

李登辉“经营大台湾”近十年来，一心一意想“去中国化”，修改教科书，徘徊在“日本化”和“美国化”之间，使台湾感染了文化分裂症。想想亨廷顿的忠告，能无愧乎？

四、中国文明的再度崛起

早在近代西方文明崛起之前，回教文明与中国文明早已有辉煌灿烂的文化创造力的表现。中国文明的衰败固然有其内生因素，而外发因素更为重要。西方文明自1600年以后，以牛顿典范主导西方乃至全球的文化演变趋势。这一典范的世界观，是“主客二分”“心物二元”“体用为二”的思维倾向，着重直线思考和实证分析，这样的思维方式与中国传统哲学的“主客不分”“心物一元”“体用合一”就有着根本上的距离。难怪民初以来，许多学者深受牛顿典范的影响，看不懂中国传统文化的精髓，而轻易地贬抑之。此一情形直到20世纪爱因斯坦典范崛起并渐渐取得主导优势后，才在中西方知识分子中发生了根本性的转变，而爱因斯坦典范是与中国传统儒释道思想相通的，这就使中国文明的传统文化意义取得现代人的重新肯定和赞赏。

随着1978年十一届三中全会，邓小平的改革开放政策，以及1992年十四届大会所确立的“社会主义市场经济体制”，中国人终于摆脱西方人的桎梏，走有中国特色的社会主义现代化道路，经济快速成长使中国逐渐成为东亚区域性的强国。

中国这一崛起的历史机遇不同凡响。放眼全球各文明地区，只有中国文明区曾经吸收并融会了印度文明的佛教思想，一百五十多年来又吸收西方文明的精华。如果中国文明自春秋战国时期自发创造的文明为第一波文明，则中、印文化的整合当为第二波文明，至宋朝达于顶峰。此下则为中、西、印三支文明的融合创造期，当为第三波文明，此为世界各文明区所无的机遇。中国文明创造了第二波文明，自然有能力再度崛起，创造第三波文明，而超越汉唐盛世，成为人类有史以来最大的玩家。李光耀在1994年曾说："中共崛起的幅度太大，今后三四十年，世界必须寻找一个新的均势。我们不可能假装只是另一个玩家，这是人类有史以来最大的玩家。"亨廷顿说："如果中共经济再发展十年，而这种可能性似乎颇高，如果中共在权力交接时维持统一团结，东亚各国和全世界就必须对这个人类历史上最大的玩家所扮演的越来越决断的角色做出回应。"亨廷顿此一看法颇为持平，幸而言中。1997年9月中共的十五大顺利圆满完成，以江泽民为核心的领导群已经形成，中国的前途正应了李光耀和亨廷顿之言，值得对中国仍有成见者深思。

中国文明的再度崛起，必须记取西方文明崛起时"以力服人"的霸道作为所带来的祸患，例如过度经济增长所形成的生态环境的破坏，侵略亚非弱小国家并殖民统治和过度的个人放纵主义所带来的道德衰败等现象。中国文明的再崛起则应以儒家的集体主义、宽容和谐的精神、天人合一的生态思想为指导，吸收并融合创造出相容并包、广大和谐的新文明，以王道取代霸道，再为人类做出新的贡献。

亨廷顿认为中国崛起后，日本将修正路线"脱欧入亚"，美国则巧妙运用越南和印尼作为主要的制衡者，美国如不愿和中国对抗，就必须放弃其世界主义，学习和中国相处，并忍受本身左右太平洋彼岸情势的能力大幅削减。不管走哪一条路，都要付出重大的代价。最危险的则是美国未做清楚的选择，然后在不曾仔细考虑是否合乎国家利益又没有准备出师奏捷的情况下，莽莽撞撞与中国发生战争。这一段话，也可用在李登辉身上，如果台湾的两岸政策未做清楚的选择，反而刺激挑拨中国大陆，又无准备打一场生死大战的决心，莽莽撞撞与中共发生战争，其结果不问可知将是相当悲惨的。

五、如何保卫西方文明?

亨廷顿在本书中处处流露对西方文明衰退的忧心和对美国国力下降的危机感。他对中国的崛起深感恐惧。冷战后，美国已无苏联的大患，欧洲也没有强权，美国似乎是世界唯一的超强。然而，众人皆醉他独醒，亨廷顿深谋远虑，他始终认为："世界各大文明的核心国家都卷入全球战争虽然极不可能，但也不能完全排除其可能性。"他又认为："全球跨文明战争比较危险的来源之一是不同文明及其核心国家间权力均势的变动。长此以往，中国的兴起及这个'人类有史以来最大的玩家'越来越专断的行径，将在21世纪初对国际安全造成严重的威胁。鉴往知来，中国跃居东亚和东南亚主导强权对美国最不利。"

原来中国的崛起对美国最不利，所以要保卫西方文明。但以美国为主的西方文明可曾反思百年多来的西方文明对中国文明和回教文明的威胁？美国难道还要继续独霸全球？凭势力，还是凭"以理服人"来对待世界各国？

亨廷顿说："西方文明之所以珍贵，并非因为它很普及，而是因为它很独特。因此，西方领袖主要的责任不在试图依西方的意象重塑其他文明，这已经不是其正在没落的力量所能为，而在保存、保护和重建西方文明独树一帜的特性。而由于美利坚合众国是西方最强势的国家，责任自然大部分落在它头上。"然而如何保护美国的利益呢？亨廷顿又说："在这个时代，美国既不宰制也不能逃离这个世界，不管是国际主义或孤立主义，也不论是多元文化或片面行动都不能符合其利益。唯有远离这些背道而驰的极端意识形态，采行大西洋主义政策，和欧洲伙伴密切合作，以保护及谋求他们共有的独特文明的利益和价值，才最符合美国的利益。"

为了保卫西方文明和美国与欧洲国家的利益，亨廷顿在本书最后一章提出了一些战略与战术，笔者归纳如下：

甲、战略：

(1) 在未来，避免重大的跨文明战争，需要核心国家戒急用忍，不要介入其他文明的冲突。这种"排除条款"是多元文明、多样世界下维持和平的第一要点。

(2)"共同调停条款"，即由核心国家彼此谈判，以围堵或停止他们文明中不同国家或团体间的断层线战争。

(3)"共通性条款"，即所有文明的人民应该寻找并试图扩大和其他文明的人民所共有的价值观、制度和做法。

乙、战术：

(1) 扩大政治、经济、军事的整合，并协调他们的政策，使其他文明无法利用他们之间的歧见。

（2）欧洲联盟和北约应接纳中欧西缘的国家，包括波罗的海三小国、斯洛文尼亚和克罗地亚。

（3）鼓励拉丁美洲“西化”，同时尽可能使拉丁美洲国家和西方结盟。

（4）限制回教和华人国家部署传统和非传统武力。

（5）延缓日本脱离西方、拥抱中国的进程。

（6）接受俄罗斯为正教的核心国家及主要的区域强权，对南疆的安全可以行使合法的权益。

（7）维持西方对其他文明在科技和军事上的优势。

（8）承认西方干预其他文明的事务，也许是一个多元文明世界动荡不安和引发全球冲突唯一最危险的根源。

看了以上一系列保卫西方文明战略和战术的清单，读者有何感想？作为一个中国人，可以体会出亨廷顿的心机多么深沉，他承认西方在衰退中，美国已不行了，所提出的方案策略顶多只是自保而已，格局甚小，仍是西方文化自我中心论的我执境界，没有宏观全球和四海之内皆兄弟的儒家襟怀，也没有佛家众生平等的气魄。

作为即将崛起的中国文明的一分子，笔者期望中国领导人也要深谋远虑，为人类前途提出更精彩周全的战略战术，以保卫人类各个文明“道并行而不相悖”，以王道政治为理想，制订各个文明或国家相互往来的游戏规则。笔者也要奉劝台湾当局，不要再模糊“一个中国主权论”，也不要流于“统独”意气之争。中国人就要回归中国文明的正统，不要去做假日本人或假美国人，要做一个真正的中国人，这才是台湾同胞的出路。

六、结语

本书精彩之论甚多，亨廷顿以“文明典范”取代“国家典范”来分析后冷战时代的世界政治现象，其思想主轴承袭了1918年斯宾格勒的“西方文化没落说”及数十年后汤因比批判西方的“自我中心幻觉论”，而警觉西方文明的衰退，以其忧患意识而思预防，企图保卫此一独特的西方文明。

然而，亨廷顿的见解仍有其局限，兹略提三点如下：

（一）亨廷顿虽以“文明典范”作为分析的出发点，却未见西方文明四百年来盛行与衰退的“典范移转”过程，即从牛顿典范转移(Paradigm Shift) 到爱因斯坦典范这个过程对人类文明的思维倾向的深刻意义，所以只能见文明的表象冲突，而未能深入核心思想，以觅求文明合作之道。

（二）文明的兴衰与冲突之源有文化因素，也有经济因素，而后者的重要性不亚于前者，甚至更为重要。此为亨廷顿所忽略者。

（三）亨廷顿的文明冲突论使笔者想起梁漱溟先生在1921年发表《东西文化及其哲学》一书。梁先生提出西方文明的特征是“意欲向前要求”，中国文明是“意欲调和持中”，而印度文明则为“意欲反身向后”。四百年来的西方文明的根本核心即盲目的我执中心和浓厚的占有欲。西方社会科学中以“自我利益”为基本假定的理论预设亦与此有关。西方社会科学兴起“超越自我利益”的“灵性需求”（马斯洛的“第六个需求”），和新物理学典范相呼应，并与中国传统文化的世界观和人性论相通，或可促成中西两大文明思想的“高峰会合”，奠定双方文明合作的基础。

总之，以“文明典范”作为后冷战时期政治、经济、文化的观察起点有其优势，它使我们看到了一些重要现象，但也有其局限性，即遮盖了我们所能见到的其他现象，不可尽信。此书提醒我们身为中国人的光荣和绝不可逃避的重大的文化责任。

面对中国文明的再度崛起和西方文明的衰退，处此关键时刻，我们中国人和中国文明何去何从？我们应该深思熟虑拿出对策来以因应未来的挑战。

《海峡评论》第 82 期，1997 年 10 月

中国文化第三波的崛起及中华民族对世界新秩序的忧患意识

一、前言

在20世纪最后一个年代（90年代），世界潮流向资讯化、全球化和民主化的方向发展。此时正值冷战结束不久，世界新秩序在形成当中，过去四百年的“欧洲中心主义”或“西方文化中心主义”，首次面临了中国文化由衰而盛的契机，两种文化霸权竞争的趋势引起举世有识之士的瞩目。新加坡资政李光耀更将中国的崛起称呼为“人类有史以来最大的玩家”[①]。

中国的崛起与中国文化的复兴是相互依存、同时并起的，不仅具有地区性意义，更具有世界文明史的意义。这也是人类历史上中国文化首次面临全球化意涵的关键时刻。

公元1995年1月30日中共中央总书记江泽民在农历春节除夕代表中共中央和国务院发表新春对台讲话，提出八点有关“现阶段发展两岸关系，推进祖国和平统一进程的若干重要问题”的看法和主张。其中第六点是：“中华民族儿女共同创造的五千年灿烂文化，始终是维系全体中国人的精

---

① 李光耀这句话的全文，请见后面所引的内容。

神纽带，也是实现和平统一的一个重要基础。两岸同胞要共同继承和发扬中华文化的优秀传统。”

两个多月后，李登辉在4月8日以兼“国家统一委员会主任委员”身份，主持“国统会”改组后的第一次会议，并在讨论议程结束后发表谈话，提出六点主张（简称“李六条”），回应江泽民的“江八点”。其中第二条是：“博大精深的中华文化，是全体中国人的骄傲和精神支柱。我们历来以维护及发扬固有文化为职志，也主张以文化作为两岸交流的基础，提升共存共荣的民族情感，培养相互珍惜的兄弟情怀。在浩瀚的文化领域里，两岸应增加各项交流的广度与深度，并进一步推动资讯、学术、科技和体育等各方面的交流与合作。”

两岸领导人对中国文化的回归与认同的意义不同凡响。自1840年鸦片战争以来，中国文化处于衰退中，面临西方文化的侵袭，中国几乎将要亡国灭种。中国人对自己的文化认同也出现严重的危机与自卑感，始而要“打倒孔家店”“线装书丢到茅坑里”，继而又要“批孔扬秦”“破四旧立四新”。幸赖两岸实践的结果，中国人终于重新体认中国文化的优越性不是轻易用打倒或批判的手法就能消灭的。

1991年8月，苏联解体，人类文明又进入另一新的阶段，资本主义与共产主义意识形态的斗争已经一去不复返了，诚如亨廷顿所说：“这二三百年来的世局，尤其是资本主义与共产主义的斗争，只是西方文明内部的冲突。”①中国人追求国家现代化，沿门托钵效贫儿，始终未有信心也未认识到中国文明的思想核心。这种精神分裂，是民族的大不幸、

① 此段引文系大略译文，请见亨廷顿1993年在《外交事务季刊》所发表的《文明冲突论》一文，及1996年11月/12月号所发表《西方文明独特，但非四海皆准》一文。

是国家衰退的根源。

所幸到了 20 世纪最后的 90 年代，两岸的领导人终于摆脱西方文化价值的桎梏，能以中国文化为两岸的精神纽带，促进民族的团结，并在中国文化体系内追求中国特色的政治、经济制度，国家前途终于露出曙光。[①]

二、中国文化的转型及中华民族复兴的机运

中国文化的转型历经三大阶段和两次转型。从孔子承先启后自发地创造中国文化是为第一波或第一阶段；自东汉明帝永平十年佛教东来，与中国文化融合创造，至宋朝达到高峰是为第二波或第二阶段；大约到明末，公元 1600 年左右，中国文化开始衰退，西方文明崛起，迄今正是中国文化融合中、西、印三支文明综合创造而趋向整合即将完成的第三波文明或第三阶段文明。

这是就文化整体系统的全域观，若就社会政治形态之发展，也可综合为封建、帝制与民治三阶段，唐德刚有如下的一段话：

> 从封建转帝制，发生于商鞅与秦皇汉武之间，历时约三百年。从帝制转民治则发生于鸦片战争之后，吾侪及身而见之中国近现代史之阶段也。笔者鄙见认为此一转型至少亦非二百年以上难见肤浅也。换言之，我民族于近代中国所受之苦难，至少需至下一世纪之中期，方可略见松动。此不学所谓两大转型也。

① 李登辉的思想本质并未真正认识到中国文化即将崛起，仍徘徊在西方文化中心论的观点。

唐德刚认为从封建制到郡县制前后转了二三百年之久，从公元前4世纪中叶的“商鞅变法”开始，到汉武与昭帝之间（公元前86年前后）才大致安定下来。唐教授说：“自此这一秦汉模式的中国政治、经济和文化制度，便一成不变地延续下来，直到蒋中正、毛泽东当政，基本上还是照旧。所以毛泽东说：‘千载犹行秦法政。’这一秦汉模式延续到清朝的鸦片战争时期，之后在西方文明的挑战下，中国被迫做第二次的政治社会制度大转型。”

这第二次大转型是惊涛骇浪的，唐德刚称之为“历史三峡”，要通过这可怕的三峡，大致也要历时两百年。他说：“自1840年开始，我们能在2040年通过三峡，享受点风平浪静的清福，就算很幸福的了。”

中国的政治、经济与文化制度的转型，并无现成的历史成例可以追寻，真是“摸着石头过河”，只有依赖中国人自己去创造发明，别无他法。

自马克思、恩格斯1848年共同发表《共产党宣言》整整100年以来，中国政经体制发展，卷入了资本主义和共产主义意识形态的斗争，耗尽了民族惨烈的牺牲，直到1949年两岸在冷战僵持的局面中实验各自的政经制度。台湾在戒严令的威权统治下，取得了经济发展的辉煌成就，但在政治发展方面，却在1987年7月15日戒严令解除后走向不成熟的民粹政治，距离负责任的民主、法治政治尚有一段遥远的距离。民族精神方面，则因“统独”、族群、政党等三大斗争而扭曲变形，一方面台湾民族主义建立不起来，另一方面又害怕与中华民族主义结为一体，始终徘徊在中国文化与西方文化两大体系之间，摇摆不定，甚至挟洋以自保，失去独立自主的精神意志，与前述“李六条”中的第二条所标榜“提升共存共荣的民族情感”相去甚远。

中共领导下的大陆自1949年建国初期恢复了民族自尊心，驱逐了东西方帝国主义，可惜50年代末期的“大跃进”和1966年开始的“文革”导致中国的政经体制在大破坏中惨不忍睹，中华民族心灵与文化精神俱受创伤，迄今仍见“文革”后遗症尚未完全消退。

所幸，1977年邓小平复出工作，1978年12月中共第十一届三中全会确立了改革开放政策，转移工作重心到经济建设，在政治体制下发展经济，成效卓著，迄今已达外汇存底3万亿美元左右，居世界第一位，并可能在公元2020年成为世界最大经济体系，超过美国。

1992年中共召开十四大，确立了“社会主义市场经济”体制，并极力恢复中国文化的传统，朝向有中国特色的社会主义政治愿景或政治路线前进。不管未来的发展如何，这是第三波中国文化体系内的政经制度的建构，创造性地融合了中、西、印三支文化素质，具有划时代的意义。

从表象看来，改革开放二十年了，中国的经济逐渐成长并迈向小康社会的理想，但是市场经济在政治体制尚未健全的情形下，仍充满了投机与腐化的现象，“一切向钱看”虽然夸大了点，却也能说明一些问题。

中华民族复兴的机运，虽以两岸共同回归中国文化为精神纽带，但最重要的乃是，双方必须建设有中国特色的政经文化制度。中国大陆所谓有中国特色的社会主义市场经济，其具体内容是什么呢？而台湾仍抱持西方文化价值的普遍性以指导政经方向，是否仍将停留在“沿门托钵效贫儿”的窘境，继续复制西方社会呢？凡此皆值得两岸同胞共同深思熟虑，以求适当的出路。

总之，经历了自鸦片战争以来160年的转型痛苦，中华民族复兴的机运已渐露曙光。香港与澳门的回归，充分展现了中国势力的旭日东升，因为只有那样才有实力收回失去的领土。台湾复归中国的统一，其关键亦在中国势力与西方势力的斗争。只要中国势力逐渐壮大，则中国的统一为期不远，反之则岂止台湾分裂而出，新疆与西藏乃至于中国本土亦将为列强所瓜分。

三、从各学科的典范移转看中国文化思想的现代意义

“江八点”和“李六条”都提出以中国文化维系全体中国人的精神纽带或精神支柱，然而中国文化思想的现代意义是什么？如果她与现代的学术思想成果毫无联系，则我们主观意愿上回归与认同中国文化也是枉然的。因此，必须从各主要学科“典范移转”角度来分析这一问题，才能反思五四运动时代提出的“科学人生观”或打倒孔家店的说法实在是一种误解。如果两岸中国人思想仍未能超越前进，谈什么经济建设和统一问题？

“典范移转”这一概念是由物理学家孔恩（Thomas Kuhn）于 1962 年出版的《科学革命的结构》(The Structure of Scientific Revolution）一书中提出后才流行起来的。

孔恩认为只有物理学才历经了从“牛顿典范”移转到“爱因斯坦典范”，并引起了世界观的大革命，其他学科均未达运用典范的成熟阶段，故处于“前典范”时期（Pre-Paradigm）。

典范是一世界观，或观察事物的最高共识单位。牛顿典范主张唯物论，认为物质是静态的结构，以及绝对的时空观念，因果关系的决定论和价值中立的神话。这一观察宇宙的世界观，到了 20 世纪初由于物理学理论起了空前的革命，渐渐地形成了新的世界观，例如 1903 年的相对论提出时空相对论；20 世纪 20 年代的量子理论提出心物一元论，打破了价值中立的神话；20 世纪 70 年代又有伊利亚·普里高津（1977 年诺贝尔化学奖得主）的“混沌理论（chaos Theory)”，打破了因果关系的决定论

或直线思考方式，形成了“爱因斯坦典范”。

“牛顿典范”到“爱因斯坦典范”的转移过程被孔恩称为“科学革命”。因此，由爱因斯坦典范来看，马克思的唯物论，以及社会进化五阶段的因果必然论，都是牛顿典范的思维方式，而所谓“科学的社会主义”，也不过是牛顿典范盛行时期的“科学”意义而已，并非爱因斯坦典范的科学意义。

牛顿典范认为科学活动是一种追求普遍真理的过程，而爱因斯坦典范则认为科学所追求的真理，严格言之并无普遍性，因而只是“接近真理”的过程。由此可知，今日中国许多学者仍未穿越社会进化论的观点，硬将之套入中国历史文化演进过程的解释[①]，这实在是一种教条主义。既不通当代物理学演变趋势，又不了解中国文化思想的现代意义，如此又如何形成超越西方文化的愿景呢?

中国文化思想具有时空相对论、心物一元论和非线性的曲线思考，西方许多物理学家愈来愈发现爱因斯坦物理学所代表的典范，竟然和东方文化系统中的儒释道思想，尤其是《易经》的哲学思想不谋而合，前述诺贝尔奖得主普里高津在1984年的著作《混沌中的秩序》(Order out of Chaos) 一书导论中提及人与自然的重新对话已经开始，人类在创造一个“新的自然 (New Nature)”，并引用庄子的一段话如下：

> “天其运乎！地其处乎！日月其争于所乎？孰主张是？熟维纲是？孰居无事推而行是？意者其有机缄而不得已邪？意者其运转而不能自止邪？”(《天运篇》)

① 对此一问题的批判，可参见唐德刚著《晚清七十年》一书。

普里高津对中西文化的会通抱着乐观的态度，他说："我们相信，我们正朝着一种新的综合前进，朝着一种新的自然主义前进。也许我们最终能够把西方的传统（带着它对实验和定量表述的强调）与中国的传统（带着它那自发的（Spontaneous）、自组织的（Self-organizing））世界观结合起来。"

从新物理学典范出发，我们才发觉中国传统的儒释道思想竟然是最古老也是最现代的世界观，中国人有此认识则何须对自己的文化自卑自贱呢？由此可知，五四时代的学者所认识的孔家店，只不过是以牛顿典范来批判中国传统文化，中国自 1978 年 12 月改革开放以来，虽然恢复对中国文化的研究与发扬，可惜在人文社会学科中仍常常看到中国历史的"奴隶制"与"封建制"这样的论述，令人遗憾。

笔者在此要呼吁学术界或政界人士，为中国统一前途着想，为中华民族大团结着想，为迎头赶上西方学术思想着想，我们要反思"马克思主义的普遍真理论"，但不反对研究马克思主义；批判以牛顿典范来理解中国文化，但不反对牛顿物理学，毕竟它是科学史演进过程中的一环或阶段，只要理解它的局限性就可以了。

从 1970 年开始，在爱因斯坦典范的影响下，西方学术界各学科也有了大转变。社会学形成了"实证典范""诠释典范"和"批判典范"相互竞争的局面，肯定人性的自主或自发性；政治学的行为主义是牛顿典范下的产物，也遭到严肃的批判，政治哲学再次崛起；心理学也历经弗洛伊德典范、行为主义典范、人本心理学典范和超个人心理学（Transpersonal psychology）典范，充分说明牛顿典范在方法论的产物——"实证论"已经没落，而心物一元论、时空相对论和非线性的曲线思考等观点愈来愈成为各学科盛行的思维模式。

关于新物理学典范与中国传统文化思想相通的学术论述，可从本体论、认识论、人性论和方法论四个方面去比较分析，这也是社会科学中国化的主要论述过程，由于篇幅有限，在此不赘述。

四、儒家管理哲学与国家竞争力的提升

国家竞争力的提升有赖于“心灵改革”，也就是“心智模式”的转换。英文所谓“metanoia”可译为“体悟生命的真义”。

就学习型组织而言，吾人透过学习扩大创造的能力，这是一种“创造性”的学习，而非仅仅为了生存所做的学习（survival learning）或适应环境的学习（adaptive learning）。从学习中我们再创造了自己，能够做出过去所不能做的，并重新认知世界及吾人与世界的新关系，成为生命创造过程的一部分，此即孔子所谓“学而时习之，不亦说乎”或儒家思想“苟日新，日日新”之含义。

组织中的领导人若能唤醒员工的共同愿景（Vision），运用各种方法吸引大家，将此愿景化为他们自己的愿景，并负共同责任以达成此一愿景，同时精益求精，以求自我超越，这种组织叫作“心智转换型的组织（Metanoic Organization）”。

由于中国近百年来内忧外患，中国人对自己的文化缺乏信心，复因三百多年来西方学术牛顿物理学典范的盛行，许多学者不经意地以牛顿典范的世界观为准则，批判中国文化思想，因此而误解本国文化的思想精义，结果造成了“抛却自家无尽藏，沿门托钵效贫儿”的窘境。

由于20世纪新物理学典范的崛起，中西方学术思想界愈来愈认识到中国传统文化中以儒释道为主流的价值观与当代物理学的世界观相通。

因此，今后国家竞争力的提升，实有赖于我们重新认识中国传统文化的精神要义，尤其是儒家的管理哲学。

美国哈佛大学教授阿匹亚盖茨在合编《全球文化辞典》时提出这样的观点："下一世纪全球二十大都市都不在欧美，基督教文明将不再主宰世界，而退居非主流地位。西方操纵世界的五百年历史就要画上句点了，但西方人到底准备好没有？"

最近，澳洲学者李瑞智和黎华伦在其合著的《儒学的复兴》一书中也提及："西欧智慧所制定的标准已指导世界五百年，我们看不出有何理由可以阻止儒家所提出的标准在将来的五百年引导环球村。"1988 年 1 月，75 位诺贝尔奖得奖者在巴黎开会结束时宣言："如果人类要在 21 世纪生存下去，必须回头 2500 年，去吸取孔子的智慧。"① 美国管理学大师彼得 · 德鲁克（Peter Drucker，1909—2005）推测十五年后市面上会有很多书在研究中国式管理的秘诀，就像十年前有一大堆书在研究日本式管理一样。②

中国式管理以儒家思想为核心，必须重新诠释其主要的现代意义，方能理解儒家管理哲学（儒释道三家精神相通，只不过各有偏重点而已）对国家竞争力的提升有何意义。

简单说来，儒家的管理哲学有四方面的现代意义：

（一）重视"内在报酬（Intrinsic Rewards）"的激励，批判技术理性或工具理性的泛滥

孔、孟、荀三家一再强调在学习中或工作中，必须体验其内在价值，

---

① 以上所引资料，请参考张豫生：《观瞻 21 世纪：中西文明交流的回顾与反思》，《海峡评论》杂志第 89 期，1998 年 5 月号。

② 见《天下杂志》1994 年 11 月号访彼得 · 德鲁克一文。

不为名利而学习，如此方能全神贯注投注其中。孔子曰："三年学，不至于谷，吾未之见也。"这是孔子感叹当时的学子为了功名利禄而学习，技术理性泛滥。他认为"学而时习之，不亦说乎"，亦是告诫我们学习的本身具有内在价值，必须随时温习以发掘新义，才会产生心灵的喜悦。交朋友亦应如孟子所说"古之贤王好善而忘势"或古之贤士"乐其道而忘人之势"(《尽心篇》)，如此才能"友其德"，以内在价值为朋友结合的基础，方能做到"有朋自远方来，不亦乐乎"。而一个愈有成就的人，往往也愈寂寞，有道的君子耐得住寂寞，因而能做到"人不知而不愠，不亦君子乎"的境界。凡此皆可见内在价值的体验的确是当代管理学所谓"专业精神（professionalism)"的基础，也是国家竞争力提升的根本动力，道家、佛家亦同此道理。

（二）重视全人的伦理价值优先于角色关系的功能价值

当代组织由于生产效率的考量，将内部结构分工，员工各以其专长负责有限范围内的事务，这样的管理容易造成本位主义的流弊，而且也易于形成庄子所谓的"一曲之士（One-dimensional Person)"，即赫伯特·马尔库塞（Herbert Marcuse，1898—1979）所谓"单向度的人"，以其有限的专业诠释复杂的社会世界，人际关系形成了角色之间的互动关系，人忘了他自己原是具备知、情、意的"全人（The Whole Person)"。

儒家思想强调"君子不器"(《为政篇》)，孔子也说："君子不可小知，而可大受也。小人不可大受，而可小知也。"(《卫灵公篇》）儒家并不反对"专业知识"的学习，但认为先要体会人是一完完整整的全人，必须在智、仁、勇三方面维持均衡。管理人员不仅要有专业知识，更须具备仁心、气度和承担责任的勇气，凡此皆非"一曲之士"所能为的，也可见儒释道的管理哲学对于国家竞争力的提升亦有相当重大的启示作用。

（三）忧患意识与责任意识的培育和修养

《易经》的忧患意识即儒家思想的核心要义。忧患意识不是危机意识，而是危机尚未来临即能未雨绸缪，预为防范。彼得·圣吉（Peter Senge）在《第五项修炼》一书中提到“煮蛙的故事”。把青蛙放在热水里，它会立即跳出，因为它有危机意识，能因应“突变”事故；但若把它放在凉水里加温，它会被煮死，因为无因应“渐变”的能力。换言之，青蛙有危机意识而无忧患意识。人之所以可贵，因为人不但具有动物性本能的危机意识，更能见因知果，防微杜渐，有忧患意识。荀子曰：“君子有三思而不可不思也：少而不学，长无能也；老而不教，死无思也；有而不施，穷无与也。是故君子少思长，则学；老思死，则毅；有思穷，则施。”（《法则篇》）中国当代管理能力的培训，尤须注意养成忧患意识，以培养长远的、宏观的视野。

至于责任意识，它更是面对不如预期所料的客观后果时的道德承担，这是一种“反求诸己”，不怨天尤人的道德情操。子曰：“事君，敬其事而后其食。”（《卫灵公篇》）孟子曰：“仁者如射；射者正己而后发；发而不中，不怨胜己者，反求诸己而已矣。”（《公孙丑篇上》）荀子曰：“故君子敬其在己者，而不慕其在天者；小人错其在己者，而慕其在天者。”（《天论篇》）儒家的责任意识是一种对自己行为后果负起责任的内在责任（Responsibility）意识，有此责任感自然会遵守外在责任（Acontability）的制度或法令，使组织内的管理走上正轨，有章法可循。

（四）儒家思想是一种非线（Non-linear）的因果关系思维模式，与当代混沌理论的思维模式是相通的

当代的混沌理论是一种非线性或非均衡的思维模式，宇宙万象介于

“秩序”与“混沌”之间，难以用直线的、理性的或数量的方法做出等比例的分析。长期以来，西方人在牛顿典范影响下，习惯于直线性的因果分析，以为一好事继续做下去必然永远有好结果，例如发展经济，改善物质生活，这是好事。儒家思想则认为，即使是好事，做过了头，也将变为坏事，例如经济发展过度了，破坏生态环境，即成为坏事，所谓“否极泰来，剥极必复”“阴极盛则阳生，阳极盛则阴生”。这种曲线思考或非线性思考的模式，不求过度发展，注意生态平衡的思想，即儒家有名的中庸之道，也是当代管理学家所重视的“圆圈型思考（Circle Thinking）”的主要精神。由此亦可见，儒家的管理哲学实在是具有现代的意义，我辈中国人不可妄自菲薄，胡乱诠释，而自卑自贱也。

五、中国前途及其对世界新秩序的意义

四百年来，人类前途大致上是由西方文化势力所主导，欧洲国家发明了民族国家、主权及权力均衡等观念，左右国际事务将近三百年之久。这些理念亦是在牛顿典范盛行时期所创造出来的，中国文化的理念并未能发挥她的影响力来指引全球人类的发展方向。

然而，随着爱因斯坦典范的崛起，中国文化精神日渐受到全球的重新认识，而中国三十年来的改革开放，以及恢复以儒家为主流的中国文化，使中国已成为区域性的强权，其影响力或顺从的范围正如旭日之东升，美国地缘政治战略家布热津斯基（Brzezinski）有如下一段话：“简而言之，中国人的影响范围——较正确的说法也许称为顺服范围——可以这样界定，即各国首都对于有关事件都会先问‘北京对这件事的看法如何’。”

不仅如此，中国将逐渐参与全球性的国际事务，提出主张，并有能

力改变国际上的各种“比赛规则”。李光耀在 1994 年就说：“中国崛起的幅度太大，今后三四十年，世界必须寻找一个新的均势。我们不可能假装只是另一个大玩家，这是人类有史以来最大的玩家。”

中国的崛起与中国文化成为强势文化是一时俱起、互为因果的，并无先后问题。这样的趋势引起了美国有识之士的忧虑，亨廷顿即认为后冷战的世界新秩序将是儒回两家文化与西方文化之间的冲突，他充满了忧患意识，企图延缓、保护西方文明的独特性。他说：“西方文明之所以珍贵，并非因为它很普及，而是因为它很独特。因此，西方领袖主要的责任不在试图依西方的意象重塑其他文明，这已经不是其正在没落的力量所能为，而在保存、保护和重建西方文明独树一帜的特性。而由于美利坚合众国是西方最强势的国家，责任自然大部分落在它头上。”

亨廷顿的战略思想是保卫西方文化的独特性，并承认西方文明的价值观并无普遍性，他曾说：“西方所谓普世论，对其他地方而言是帝国主义。”尤其是美国的人权外交，对非西方国家来说却成了“人权帝国主义”，其他如美式的两党制、市场经济、民主法治观念都需要在非西方文化系统内重新估量其实质意义。换言之，“全盘西化”已经毫无意义，中国的政治、经济、社会和文化制度应由中国人再创造，再发明，以因应第三波中国文化崛起时的新形势。

亨廷顿保卫西方文明的用心是一种美国式的爱国主义，但格局甚小，所提出的策略方案顶多只是自保而已[①]，仍是西方文化自我中心论的我执境界，没有宏观全球和四海之内皆兄弟的儒家襟怀，也没有佛家众生平等的

---

① 请参见吴琼恩著：《人类有史以来最大的玩家：中国的崛起与西方的没落》，《海峡评论》杂志第八十二期，1997 年 10 月号。该文并已收入吴琼恩著《轻舟已过万重山：两岸关系与中国前途》。

气魄。布热津斯基何尝是大格局呢？基辛格在《大外交》（Diplomacy）这本名著中说："在逐渐显现的世界秩序之中，不同于以往的情形则是：这是美国有史以来首次面临不能退出又不能主宰世界舞台的窘境……美国刚步入国际社会且正值年轻力壮，也有实力让全世界顺从其对国际关系的理想。到 1945 年二次大战终了时，美国国力之强，仿佛注定它要根据自己的偏好来塑造这个世界。"

美国总统约翰·肯尼迪（John F.Kennedy，1917—1963）在 1961 年也充满信心地宣称，美国强大到足以"付出任何代价，承受任何重担"，以确保自由的胜利成功。可是三十年后，基辛格说："美国已不具备完全可以实现它所有愿望的实力，因为有些国家已成长为强权大国。"无疑的，这个强权大国除了指中国还会有谁呢？然而，基辛格这种无可奈何的态度，只好求之于国际秩序的平衡，他说："而新出炉的现实需要之一，则是同时存在着几个实力相近国家，且其秩序必须建立在某种平衡（equilibtium）的观念之上，这正是美国历来难以接受的一种观念。"

美国已无力提出它的价值观来主导世局，西方文化的价值也不再具有普遍性。美国的道德优越性，面对儒、回文化的兴起，也不再具有说服力。它的国家利益是什么？亨廷顿以保卫西方文明的独特性来保卫国家利益。布热津斯基则以地缘政治的均势，东边拉拢日本，西边拉拢德国，以维持欧亚大陆块的稳定均衡，尤其中国更具有战略上伙伴关系的价值，他说："区域称雄的中国应该在传统的权力政治范畴内成为美国的远东之锚，协助培养欧亚大陆的均势，使欧亚大陆东边的强大中国与欧亚西边扩张中的欧洲相互配合。"

基辛格也有这种均势观念，他说："在下一个世纪里，美国领袖必须向民众阐释国家利益的观念，说明在欧洲与亚洲维持势力均衡为何符合美国利益。美国需要伙伴以便在世界若干地区维持均势，而且这些伙伴不能永远只照道德考量的原则去挑选，美国外交政策同样需要以清楚界定的国家利益作为基本指南。”

由以上引文可见，美国自 1912 年提出“威尔逊主义”以来，已渐渐地从美国价值观的普遍原则向后退却，而以维持“国家利益”“秩序”“均衡”等概念取而代之，换言之，“维持秩序”的重要性已超过“主持美国式的正义”，担当“国际传教士”的角色也已渐感力不从心。

此时此刻正是中国崛起，中国文化理念中重视人与自然、人与人、人与自己如何保持和谐均衡的智慧再度有了关键性的契机，而将这种智慧弘扬于世界，能对人类和平与精神生活境界的提升做出贡献。中国人应有如此的远大抱负，中国的领导人也应有如此宏观的愿景，才能激励 13 亿同胞（包括台湾同胞在内）自尊自重，充分发挥民族的创造力与爱好和平的传统精神。

结论：中华民族团结自强的战略与战术

中国文化四百年来日趋下滑，相对于西方文化的崛起，正值牛顿物理学典范日渐盛行。尤其自鸦片战争以后，国运不堪闻问，清朝之所以亡，主要是对中国文化衰颓之势毫无警觉，对西方文化的当扬势头毫无认识，以至于救亡图存运动一波未平又起一波，直到国共内战，两岸形成隔绝之势。冷战时期国共双方又为资本主义与共产主义意识形态作殊死斗争，那只是亨廷顿所谓的“西方文明的内战”而已，中国文化精神始终未能从被压抑状态中扬眉吐气。

冷战结束后，意识形态的冲突已成明日黄花，后现代社会左派与右派之分已成过去，中国何去何从并无现成答案。在西方文化区域内，各国寻求自保之时，已然丧失前瞻的愿景。中国人当思民族团结之道，从中国文化中汲取灵感，整合中、西、印三支文化，融合创造出21世纪的新中国，使中国特色的政治、经济、社会、文化制度成为具有人类普遍意义和价值的范例，此实为当代中国人应有的抱负。

在这样高度的文化战略下，为了中国文化第三波的发扬光大及其对世界人类的贡献，有别于亨廷顿只提出西方文化中心的自我防卫措施，笔者特在此文结论中提出今后中国或中华民族团结自强的战略与战术，以抛砖引玉。

甲、战略：

(1) 中国人今后应认识20世纪爱因斯坦物理学典范与中国传统文化的儒释道思想或世界观是相通的，对于西方文明正在衰退中的事实，不必感到骄矜自满，当怀抱忧患意识，求同存异，以王道思想感化西方文化中的霸道思想，避免发生跨文明的战争。

(2) 中国文化向来具有济弱扶贫的思想，这就是社会主义的精神，中国强盛后自然会扩大影响力，但我们应坚持不称霸的外交政策。管子说“欲用天下之权者，必先布德诸侯”，中国将以济弱扶贫的精神，建立四海之内皆兄弟的国际关系。

(3) 中国文化崛起与中国势力的扩大，象征国家统一的希望，两岸中国人当体认中国文明的共存共荣，逐步迈向统一的进程，把时间、精力和金钱用在中国的政治制度和经济、社会、文化的创造发明上，为人类立下光荣的历史范例。

乙、战术：

（1）中国当继续维持与周边国家的和谐关系，并鼓励日本早日“脱欧入亚”，或脱离西方拥抱中国，像孙中山先生当年那样，勉励日本不做西方霸道之鹰犬，而应做东方王道的干城。中、日双方应加强文化交流，消除敌意，扩大共识，中国也应敦促日本早日觉醒，不要成为西方国家制衡中国的一颗棋子。

（2）发起中国文化复兴运动，鼓励儿童读经，加强公营和民营企业干部的培训，以帮助他们树立正确的人生观，为民表率。培训内容除了以专业知识技能为主，更要扩大授课内容，使员工具备儒释道的基本精神，以改变人格气质。

（3）中国第三代领导人当继承第一代建国建军和第二代经济建设的成就基础，发展政治体制的改革，以确保经济发展的成果，并准备发展文化建设，以提升国民素质。

（4）中国文明的成就应成为东南亚国家的学习典范，把中国的影响力充分发挥出来，成为亚洲区域稳定均衡的一股文化势力，并遵行儒家“道并行而不相悖”的精神，以促进多元文明相互学习的胸怀和气度。

（5）维持中国对其他文明在科技和军事上的优势。我们有充沛的人力资源和深厚的民族智慧，应当精益求精，赶上并超越美国的水准，以便有能力维持国际社会的秩序，发挥王道政治的公道精神。

林毅夫返台事件与中共对台政策的行销策略

汤曜明抓住向高层表“忠孝”机会

1979 年 5 月 16 日晚间，“中华民国”一位驻守金门的上尉连长林正谊（即现今的林毅夫）游泳“叛逃”到对岸。在此之前，和林毅夫在金门同营的一名兵器连排长企图游泳到对岸，却被潮水冲回料罗湾，结果被捕枪决，林毅夫也在同僚面前痛骂叛逃排长不忠不义。有趣的是，当晚林毅夫就被台湾有关当局展开“雷霆演习”实施大规模搜索，并无结果，于是在 5 月 26 日依规定以“失踪通报”，次年 5 月 17 日以失踪满一年宣告其死亡。

许多高级将军曾经认可当年的林正谊投笔从戎就读陆军官校，称赞他是一位可歌可泣的有为青年，没想到后来这位所谓的有为青年，竟然另有抉择，“叛逃”到中国大陆去，其“识人之明”将“情何以堪”？如果台湾当局不赶快要求林毅夫家属“配合”他们领取实物配给及抚恤金，将无法掩饰“叛逃”的真相所带来的严重后果，只好谎报失踪了。二十多年后的今天，台湾当局反而要追讨抚恤金，岂不滑稽?

台湾当局不仅要追讨这笔抚恤金，还要骂人家不忠、不义、不孝与忘恩负义。由此可见，这些人品人论事，以本位主义和个人利害为出发点，与台湾当局各政党或各政治人物的品论标准没有两样，不值一顾。

说人家不忠、不义、不孝者，也未必能证明自己是大忠、大孝、大义者，将来在关键时刻是否能大忠、大孝、大义也都是问题。尤其是在目前国军不知为何而战和为谁而战的当头，还有尹清枫命案、拉法叶案等军纪败坏的严肃问题，岂能骂几句就证明自己已经尽忠尽职了呢？

林毅夫返台事件的意义诠释，必须放在两个角度来理解：(一) 动机；(二) 背景。这也是任何意义诠释时所必要的视角。笔者先从时空的背景说起，然后才从动机的角度去理解。

1979 年这一年是两岸关系非常重要的转折点。从这一年的 1 月 1 日起，“中华民国”与美国“断交”，美国国务院正式通知，“中美共同防御条约”将于 1980 年 1 月 1 日终止。中国国防部长徐向前宣布，自即日起，停止炮击大小金门、大担、二担、马祖等岛屿。

全国人大常委会发表《告台湾同胞书》提出：“实现中国的统一是人心所向，大势所趋。世界上普遍承认只有一个中国，承认中华人民共和国政府是中国唯一合法政府……台湾当局一贯坚持‘一个中国’的立场，反对台湾‘独立’，这就是我们共同的立场与合作的基础。”同时强调，实现祖国统一，“寄希望于一千七百万台湾人民，也寄希望于台湾当局；希望台湾当局以民族利益为重，对实现祖国统一的事业做出宝贵的贡献”。

这时候蒋经国先生在“中华民国开国纪念典礼”上声称，绝不会放弃一贯的反共路线，不到共产党政权彻底崩溃，反共奋斗绝不中止。

这一年的元月 11 日，台湾行政当局孙运璇就《告台湾同胞书》发表声明：“……和平、统一，确实是我们全中国人民的愿望，但要中共放弃社会主义制度……”他完全无知于孙中山的三民主义就是社会主义的精神，还在“资本主义”与“社会主义”意识形态的斗争中，“抛却自家无尽藏，沿门托钵效贫儿”，忘了自家中国文化的特色，陷入西方文明体系价值的内战之中而不自知。

品人论事总纠缠于本位主义

1978 年 12 月十一届三中全会确立“改革开放”政策开始实践，那时候只有极少数有远见的人，才会有信心看出中共决心“拨乱反正”。一般凡夫俗子是无能也无信心断定二十多年后，中国的经济建设会获得举世瞩目的成就，更想象不到中国的市场能够吸引全球各地的资本家“万国来朝”的荣景，真应验了《管子》中的一句话：“论至德者不和于俗，成大事者不谋于众”。一般人都是不见棺材不落泪，以小鼻子小眼睛来看事物，更以纠缠本位主义的利害观点来品人论事，哪有资格或能力批评德行或见识高人一等的人物的言行举止。

林毅夫“叛国”吗？不要说现在台湾地区有关规定仍是“一个中国”的架构，在 1979 年虽然发生以上所说的巨变，两岸仍然是在“一个中国”原则下的关系，既然是“一个中国”原则，何来“叛国”呢？

老实说真正叛国者是搞“台独”运动者，因为“台独”是背叛“一个中国”原则，“台独”分子也有选择权，但他们昧于时势，未把美国“不支持”或“反对”“台独”的精神充分体会而盲干。这种理想主义精神虽然可爱，其不自量力的固执却也其心可悯！

尤其是自 1991 年 5 月 1 日，李登辉公布废止《动员戡乱临时条款》后，才有后来 1992 年两岸的“九二共识：一个中国，各自表述”，以及 1993 年在新加坡的“辜汪会谈”。临时条款被废止，当时台湾行政当局郝柏村在 1991 年 3 月 1 日表示：“动员戡乱时期终止后，基本政策将由以武力与戡乱的方式统一中国，转变为和平民主统一中国。”既然要以和平民主的方式统一中国，哪能再以冷战时期双方对立互骂的姿态谴责林毅夫呢？如果军方对林毅夫返台不逮捕追究并进行法律追诉，则对军心士气、“国家认同”都会造成严重伤害的话，试问自1987年解严及开放探亲后，已有两千万人次，包括军方高级退役将领，国民党统治时代的政治犯，及许许多多在职的中、高级公务人员往返两岸，乃至于中共的党政干部来台访问，都不会对军心士气、“国家认同”发生严重伤害吗？真是岂有此理！

问题的根源是，你是从和平民主统一中国的角度，还是以动员戡乱的冷战角度来看问题，如果是后者，林毅夫返台可能就会有军心士气或“国家认同”的问题。如果是前者，则林毅夫返台，就有促进化解两岸僵局的作用，并进一步催生两岸谈判，也就没有什么“叛国”的问题存在。

这是从国家的角度来看问题。如果从中华民族的大孝大义立场来看，林毅夫的动机则很清楚，他说：“我记得我当兵的原因是，蒋经国先生曾讲过，不做被人欺负的民族的最后一代，这一代年轻人应为让中国成为一个意想不到的完美时代的开端而努力。”这就是民族大义的立场。林毅夫在1980年写给李建兴的家书中又说道：“台湾不该‘独立’，更不应该再次沦为次殖民地。那么台湾到底应该往何处去，这个问题长久以来，一直是我心中思索的主题。基于对文化、历史、政治、经济和军事的认识，我觉得回归祖国是历史的必然，也是最佳的选择方案。作为一个台湾人，我深爱这块生我、养我的地方，我愿为它的繁荣、幸福奉献一生的精力。但是作为一个中国人，我觉得台湾除了台湾人的台湾之外还应该能对中国的历史发挥更大的作用。长期的分裂，对台湾不利，对整个中国的历史更不利。因此如何在不损害台湾人民利益的前提下促使中国早日统一，是我辈有志青年无以旁贷的责任。”大哉！勇者智者之言也。

王永庆、张荣发、高清愿的呼吁

如果不站在中华民族大义的立场来诠释这个问题，则林毅夫成为一个狭隘意义上的“叛国者”也说得通，但是那些从狭隘意义上发言的人，将是一群不知自己处在何种时空位置上，既无搞“台独”的本事，也不愿搞统一运动，剩下的只有个人权力欲的追求，以及被政客耍弄名词、跟着起哄、毫无自立自主意识的可怜人。

至于从政权或政府的意义上来说，政府能做好事，也能做坏事，公民有不服从的权利，公民自可衡量两岸过去的成绩，以及将来的可能表现而自愿地抉择。两岸三通也不再是“通匪”了，何必再以泛政治的冷战思维来评论或谴责今天的林毅夫？这是从法律关系来诠释的，军人也必须服从现在“一个中国”的法律架构，不得像泼妇骂街似的说人家“不忠不义不孝”。

1979 年正是两岸政府“不完全继承”与“不完全丧失”统治权三十周年，两岸主权共享、治权分属的时代。经过三十年的检验，“中华民国”在民族问题上是失败的，她退出联合国，与美国和日本等重要“外交关系”已断，依靠冷战结构苟活而已。在民权问题上，蒋经国依旧是威权统治，民主政治未见实施诚意。在民生问题上，台湾因十大建设提高人民生活水准，跻身“四小龙”之一，外汇存底渐增，可谓成功。

但是，中华人民共和国政府在民族问题上是成功的，她跻身联合国五强之一，成为军事战略的重要大国。在民生问题上，开始以经济建设为中心，实施改革开放政策，前程似锦。

林毅夫面对上述两岸政府的现况，看出一个国家必先在民族立场上有了成就，结束鸦片战争一百四十多年来帝国主义的侵略，才能继续发展经济，并以国防力量保障经济果实；有了经济成就才有进一步的政治体制改革，循序渐进，按部就班。林毅夫在1979年就已观察到邓小平这一改革开放的卓识远见，十分不简单，其胆识与能力令人敬佩得很。而台湾在1979年虽有经济上的小成就，任何人一看便知这虽是台湾同胞的努力结果，但若无美国在冷战结构上的支持，台湾的经济也难有成就。即使台湾经济有所成就，但若在民族主义立场上不能有所表现，最后将落得依附美国，毫无防御实力以保障台湾的生存。不幸的是，自1979年以后二十多年来台湾的发展正是如此，尤其李登辉执政十二年，搞得台湾人早已四分五裂，军队流于不知为何而战，为谁而战。陈水扁上台两年后，台湾的经济与财政更加雪上加霜，每下愈况，前景黯淡。

台湾的经济与财政，只有回到中国民族主义的立场，以中国人帮中国人的情怀，才有可能挽回颓势，这也是王永庆、张荣发、高清愿等企业大佬一再呼吁"两岸同胞都是中国人"的心理转折过程。若由此观点切入，则林毅夫爱台湾也爱中国的立场，以台湾人帮中国人发展经济，将来中国人也会帮台湾人的思路，又与王永庆等企业大佬有什么不同呢？林毅夫只不过先走一步而已，难道台湾当局各政党以及军政要人，还要与大陆长期分裂下去吗？这种对台湾不利的事，如果硬拗下去，岂是爱台湾之道吗？

从以上中华民族的观点，吾人分析两岸都要结束资本主义与共产主义这两种西方文明价值的内战，以中国文明的价值特色，在实践中创造中国的未来。其次，从中华民族的大背景缩小范围，以建国的背景来看，两岸已到了中国近百年建国运动中的最后关头：要不要统一的问题。在一个中国原则下，林毅夫没有“叛国”问题，在动员戡乱临时条款废止后，更无法律问题。若从国家背景缩小范围，从政权的背景来看，两岸各有胜负，不过台湾早已失去民族立场，已无力保障自己的政治和经济的未来，林毅夫有选择自由，正如庄子所谓“窃钩者诛，窃国者侯”，只能以实用的角度作选择的标准。

CIA 收买了多少“叛徒”

最后，再从政权的背景缩小范围，以军事的观点来看林毅夫事件。两军对峙好比不良少年械斗，其中一方成员叛逃对方时，难免影响军心士气，叛逃的一方定会骂自己的成员不忠不孝不义，而对方则欢迎叛逃者。双方的表现都是本能的反应、低级的回应、庸俗谩骂。这种情绪如果没有光明正大的理论或理念作引导，将流于“怒而不威”，没有威信可言，则“人皆犯之也”。反之，若有理论引导则“不怒而威”，自然不必骂人不忠不孝不义了，其自信心已让他沉着稳定，胜券在握也。

林毅夫“叛逃”时，当时在蒋经国的领导下，虽然还有“三民主义统一中国”的雄心壮志，但军队已经外强中干，军纪也产生严重的问题。从现在回想那时候的情景，后来发展的海军尹清枫命案，以及拉法叶军购案都与当时的军纪败坏有关。更骇人听闻者，当时除了美国 CIA 早已控制台湾的核能发展，所谓张宪义叛逃案，在海军已有效忠美国 CIA 的将军做出“叛国”的行为。

曾任蒋经国机要的温哈熊在《温哈熊先生访问纪录》这部书中如此谈道：“经国先生后来年纪大了，身体不好，中央情报局驻台单位买通了我们这边十几个将官，都是宋‘总长’知道的人物……有位在中央情报局台北站工作的美籍华人还有点爱国心，调职返美后还写了封信给经国先生，信中列明被收买那十几人的资料，包括姓名、阶级……觉得这些人对‘国家’的忠诚实在有问题，所以打算在他的权限范围内提供我们资料。经国先生看完信后，又把这封信给当时的‘参谋总长’宋长志看。宋一看大吃一惊，因为名单中多是海军人士……（经国先生）叹了口气说：‘唉，这些人不是为了那几个钱嘛！’整个事件便低调处理了。”

由此可见，整个海军腐化到什么程度！为了那几个钱可以出卖“国家利益”，那后来的尹清枫命案及拉法叶军购案还不是为了几个钱嘛！当林毅夫昔日部分陆军官校同学及学生连队干部，联名发表《林毅夫这个人》声明时，指他为背弃黄埔人“升官发财请走别路，贪生怕死莫入此门”时，笔者只好感叹，这批黄埔人好可怜哟！你们的长官有几个人不想升官发财的？又有几个人不贪生怕死的？你们昔日攻击民进党人是“三合一”的“台独”分子，政权轮替后多少将领表现了“软骨症”的“气节”？升官发财与贪生怕死是人性的本能，有什么不对？问题是“取之有道”与“舍生取义”应以更高的价值标准，糊里糊涂不想升官发财，糊里糊涂不贪生怕死，不知为何而战，为谁而战，讲些没有自主意志的话，岂不悲哉！

军队不知为何而战，为谁而战，其原因即缺乏理论基础，三民主义不见了，反“台独”的结果，却让“台独”分子成为三军最高统帅，无可奈何！最后只好退而求其次，却对高层许许多多违反规定的言论默默承受窝囊气，可见军队的言论已失其威信，怒而不威的结果，只是逞口舌之快混日子而已，悲夫！没人会认真当一回事的，这是军队的危机，也是国家的危机所在。

林毅夫返台事件，使笔者想起孔子在《论语·卫灵公篇》的一句话：“君子不可小知，而可大受也。小人不可大受，而可小知也。”说林毅夫贪生怕死或升官发财都是从小人小知的角度去诠释，若没有大智大勇，林毅夫不可能有今日的成就。对于君子的评价当以大关节来理解，也就是从中华民族与建国运动的大背景来理解，不宜从政权与军队的小背景来理解。

“以治助乱，其罪大。”

对于“中华民国”的军队，笔者要引用八百多年前宋朝吕祖谦的一段话作为勉励：“观人之言，当考其所处之地，然后听其所发之言。苟失身于篡逆之区，虽有忠言嘉谋，未免为助乱也。以乱助乱，其罪小；以治助乱，其罪大。”寄语汤曜明，你要以乱助乱，还是以治助乱，还是为了升官发财或贪生怕死，保持沉默是金为好呢？

林毅夫是大智大勇者，他看到中国将要崛起的蛛丝马迹，所谓小小的、偶发的混沌，即将演变为时代潮流的大趋势，岂能“小知”哉！

君不见二十多年的改革开放，台湾人到大陆已达两千万人次，上海定居的台商有三十万人之多，准备移民大陆的台胞成为美加、新澳之外的第三选择，已达百分之十。

这说明了只要中国政府反求诸己，力求上进，则不必一天到晚“寄希望于台湾同胞”，自然会成为人心之所向。孟子说：“爱人不亲，反其仁；治人不治，反其智；礼人不答，反其敬。行有不得，皆反求诸己，其身正而天下归之。”（《离娄篇上》）荀子说：“自知者不怨人，知命者不怨天，怨人者穷，怨天者无志。失之己，反之人，岂不迂乎哉！”（《荣辱篇》）

管子曰：“君人者有道，霸王者有时。”“夫欲用天下之权者，必先布德诸侯。是故先王有所取，有所与，有所诎，有所信，然后能用天下之权。”“明大数者，得人；审小计，失人。是故圣王卑礼以下天下之贤而王之，均分以钓天下之众而臣之。故贵为天子，富有天下，而伐不谓贪者，其大计存也。”（《霸言篇》）庄子曰：“故圣人之用兵也，亡国而不失人心；利泽施乎万世，不为爱人。”（《大宗师篇》）

《海峡评论》第 229 期，2002 年 7 月

全球化浪潮下的两岸关系：反思与突破

一、两岸关系的中国性与世界性

两岸关系的发展起起伏伏，从短期来看，不过大海上的小浪潮，有起有落，有突破有僵局。但从历史的长河来看，最少也要从四百年来，中国文明由盛而衰，西方文明崛起看。迄今中国文明似将由衰而盛，西方文明价值由“普遍性”逐渐退居为“独特性”，而有亨廷顿倡言力保西方文明的独特性，以免衰退过早。

四百年来，中国文明在刚开始衰退的过程中，尚呈现政治和军事的强劲力道。1662 年明末残余势力郑氏政权尚能打败当时代表西方强权的荷兰（当时为世界第一流的海上霸权），取得“台湾者，中国之土地也”国际法上的承认。1683 年清康熙王朝打败郑氏政权，两岸关系统一了。由于康熙帝否决郑氏政权“称臣入贡”想成为“半独立半依附”的要求，只好以武力解决。武力统一的结果就是“一国一制”，1684 年，台湾、澎湖隶属于福建省，下设一府三县。

康熙统一中国后，第二年也就是 1684 年，调动郑氏政权的残余部队与北方的俄罗斯打仗，结果获得胜利，中俄双方签订了清朝 268 年中唯一的平等条约《尼布楚条约》。当时的俄国是世界一流的陆军强权，中国仍有实力打败俄国，足见当时中国政军实力尚未落人之后。

观察政军或经济实力是表象功夫，实际上，文化的衰退早已注定中国人面对西方文明的“牛顿物理学典范”将束手无策，因而轻贱自己的文明价值，从此丧失文化自信心。孙中山曾痛切指出：“中国人从经过了义和团之后，完全失掉了自信心。一般人的心理，总是信仰外国，不敢信仰自己，无论什么事，以为要自己去做成，单独来发明，是不可能的，一定要步欧美的后尘，要仿效欧美的办法。”

这种“抛却自家无尽藏，沿门托钵效贫儿”的心态，使中国人丧失了可大可久的“立国大道”，始终对于自家的“中国特色”自惭形秽，迷信西方文明价值的普世论。

然而，西方文明的价值，尤其是 2002 年 2 月 22 日美国总统布什在清华大学所鼓吹的“美国价值”，有什么普遍性呢？请看亨廷顿的结论：“西方赢得世界并非靠思想或价值或宗教胜人一筹，因为其他文明国家因而归顺者少之又少，而是靠其在运用组织暴力上的优势。西方人经常忘了这个事实，但非西方人无时或忘。”“西方所谓普世论，对其他地方而言就是帝国主义。”

这也就是说，西方文明的种种现象，尤其是代表西方文化盛世的最后一个强权“美国”的价值，并不代表普遍的真理，有其文化上的局限，若想以其自以为是的民主法治、人权、个人主义等价值观强迫他人遵守，就西方而言是基督教传播福音“己所欲施于人”，就非西方人而言则是“帝国主义”，也非儒家“己所不欲而勿施于人”的宽容态度。

反思两岸中国人有多少人站在中西文明盛衰起伏的高度来前瞻两岸关系呢？联邦、邦联、欧盟经验、民主、人权、两德模式、屋顶理论等概念，虽可供参考，本无可厚非，但总觉得缺乏“六经皆为我注脚”的气魄，说到底，还是对自己的中国文明价值高明的一面没有充分体验，因而无从生起“信心的力量”，突显有中国特色的两岸关系。

郑氏政权欲求“一国两制”而不可得，康熙帝武力统一的结果是“一国一制”，这时的两岸关系尚未牵动复杂的国际关系。反观当前的两岸关系，则有中国性与世界性的两重向度，这都是中国人渐渐地有力量有信心突出中国价值的普遍性与差异性，而非受西方文明价值所宰制、所臣服的边缘价值；后者则因两岸关系随着经济全球化改变，牵动复杂的国际政治经济体制，比起将近四百年前的两岸关系的解决更加诡谲复杂，更考验中国、中国人、中国文明是否能再度崛起，使人类历史文化再度成为由中国文化所引导的世界。

二、解决两岸关系的策略性思考

从文化宏观的角度，亨廷顿看出西方文明价值已无普遍性，他的文化战略是如何延缓西方文明独特价值衰退的时程。亨廷顿是西方文明，尤其是美国价值的守护者、爱国者，但从中国文明的观点来看，当中国文明逐渐由衰而盛，中国人的政经和军事力量必有能力保护中国领土的完整性，美国也无法或难以在两岸关系中投机取巧、渔翁得利。

在这样的文化背景上，来观察当代海内外的中国人如何提出两岸关系的策略性思考是十分有意义的事。吾人将从卡尔·波普尔的否认论，先论述各种主张的思维盲点，然后再点出一条或许可行之路，以就教于学界先进。

自陈水扁于 2000 年 5 月 20 日上台以来，迄今浮现在有关两岸关系议题的各种策略性思考，有如下几个论述，兹一一说明并分析如下：

（一）未来的“一个中国”论

这是投机取巧的论述。陈水扁说“一个中国”原本不是问题，那就是“一个中国”是过去式或未来式，现在是有问题的。但是，“台湾共和国”尚未成立，也没条件成立。“两国论”自 1999 年 7 月 9 日提出后，也无法“入宪”，那就剩下“一个中国”才是架构，而且这一个中国的主权是与中华人民共和国的主权重叠，1971 年以前，由“中华民国政府”代表“一个中国”行使主权；1971 年以后，由中华人民共和国政府代表“一个中国”行使主权。台湾当局强调“主权”互不隶属，政府互不代表“一个中国”行使主权，那只是政治上主观的坚持，并非当前“宪法”的精神，也非联合国及国际法上的意涵。所以陈水扁说“未来一个中国”论是违背“宪法”精神的，也无实力让联合国或国际强权改变“一个中国”原则论。所以，陈水扁的话是空话，政府若根据空话而运作，必然是空转也。

（二）中央与地方的安排论

许多政客又说“一国两制”是中央与地方结构的安排。这种说法的盲点在于你是要统一呢还是要“独立”呢？如果要统一，那就没有中央与地方的安排问题，试想如果“反攻大陆”成功，或“三民主义统一中国”成功，台湾地区不是地方政府，那又是什么政府呢？那时中央政府不是在北京，就是在南京，或者其他地方如西安，恐怕绝不会定都于台北吧！哪有这么“神经”的设计呢？台湾当局不应糊涂地在“中央与地方”的结构安排上做文章，而应要求台湾人如何有权利参与中央政府的运作，这也是我们主张“主权重叠”，不放弃大陆主权，反对主权割裂的原因。

（三）搁置主权争议论

台湾反对“一国两制”者，又提出搁置主权争议，事实上这种说法，一方面有鉴于主权分割论的不易实施，另一方面又无能力提出有关主权的充实论述，更不愿提出“主权重叠”论，在此矛盾心理下，干脆就“搁置主权争议”。这是一种没信心、没出息的说法。原因是如果“中国”（台湾加大陆都属于中国的一部分领土）没有明确的“主权”范围与内涵，她还能对外代表国家吗？民进党不是口口声称，台湾问题国际化吗？既然要国际化，那中国的主权是很明确的，不是“无主之地”。民进党想要国际化，结果却希望搁置主权争议，又把台湾问题压缩退回“国内事务”的争吵。否则，一旦台湾问题国际化，主权问题的解决，必然是大陆得胜，台湾失败。

（四）并吞“中华民国”论

反对“一国两制”者又说，“一国两制”是要并吞“中华民国”，这又是一种矛盾的说辞，是一种不想统一，但想要“台独”又做不到，而做出的表面推托之词。

如果要统一，当然“中华民国”的“国号”会消失，难道还有“反攻大陆幻想症”？如果要“独立”，则“中华民国”的“国号”也会被“台湾共和国”的“国号”并吞掉。两岸要统一，台湾可向中国大陆要求“共议国号”，“中华民国”与中华人民共和国的国号都消失或被并吞，取而代之者是，双方共议新的国号，这就没有什么并吞不并吞的问题。

如果不想统一，又不敢“独立”，只好借壳上市，以“中华民国”为保护伞，暗中搞“两国论”之实，所谓“可做不可说”，这种拖延战术，实际上对美国最有利，对台湾最不利，主要原因是台湾在全球化后，经济上越来越依赖大陆的市场经济。所以，“并吞中华民国”论也是一种不合理性的说辞。

（五）“国中有国”论

提出这一看法者是中国的一位资深学者春炬，并经丘宏达为文所支援的看法。这一看法以保留“中华民国”作为国家统一的底线，反对“一国两制”，也不接受国号改为“中国”，因为如此统一后，台湾只能是中国的一个省或特别行政区，台湾人民只能直选省长或特首。

他们主张在国际上坚持“一个中国即中华人民共和国”的原则，“国中有国”既非国外有国，也非国中并列的两国，亦非一国之中央与地方的关系，而是一个大国之中包容一个小国，所以并非变相的“两国论”。

这种“国中有国”的方案，在台湾方面保留了“中华民国”，但是名义上不再坚持“中华民国”是独立主权国家，而在实际上都享有很大的内政外交独立自主权，同时又与中国大陆紧密连成一体，合为一国。可以说“国中有国”不是国协、邦联或联邦，而胜似国协、联邦或邦联，也不是原来台湾所提出的“一国两府”，而是“一国两府”的新模式、新方案。

这样的主张也有盲点。虽然有一些台湾人留恋“中华民国”的“国号”，但不能据此为解决的理由。因为不少“台独”分子早就想拉下“中华民国”这块招牌，更有不少人借“中华民国”这个壳暗中实行“独台”或“两国论”。“中华民国”已成利用的“工具”，怎会油然对之生起敬意呢？

何况，台湾有不少人认为“中华人民共和国”具有苏联附庸国的意味，大陆十三亿人民恐怕留恋其国名者也不少，他们的领导人愿意改国号为“中国”，具有正面的意义，何以又主张在国际上坚持“一个中国即中华人民共和国”？既然名义上不再坚持“中华民国”是独立主权国家，又如何在实际上享有很大的“外交”独立自主权？

中国统一以后，台湾是不是中国的一个省或特别行政区，不是问题的重点。台湾本来就是中国的一部分，何以还要统一以后“国中有国”呢？岂不滑稽。问题的症结是台湾人要向北京争取统一以后的政治地位，这就要逼使中共加速政治体制改革，使台湾人成为新的中国主人翁的地位，可以参加各项政治地位的公平竞争，此点后面当再详述。

（六）“中华邦联”论[①]

持此论者是2002年4月9日去世的余纪忠先生。他所主张的“中华邦联”体制类似苏联解体后俄罗斯与乌克兰在“独立国协”中的关系，各自居有平等的地位，对内维持现有的体制，拥有完全的自主权，对外在国际上互有法定的地位，彼此协调共同的国防与外交政策。

余纪忠认为台湾不可能接受联邦制，因为那等于国内的一个省，或美国联邦的一个州，与一国两制下的香港特别行政区没有太大的差别。因此他建议：“两岸在重申‘一个中国’之后，先行订立廿年和平条约，大陆保证不以军事挑衅，对台湾参与国际组织不加干扰。台湾则在建立大中华经济圈的共识下，与大陆采取互惠互补的经济合作与交流。在这个过程中，双方经由关系的改进，互信的建立，从而推进‘中华邦联’的组成，化干戈为玉帛，应为中国历史上之一大盛事。”

余纪忠这个想法，主要是为台湾地区争取独立自主的政治地位，“一国两制”的“两制”含义相同；至于两边在各自独立自主的情况下，又维持共同的国防与外交政策，实际上就是与“一国两制”的“一国”同义。

其实，邦联者，国与国之关系也。目前“中华民国”在“宪法”层

---

① “中华邦联”论的主张，请见《中国时报》2002年4月10日余纪忠纪念专刊。

次尚为“一个中国”架构，此与“中华人民共和国”宪法为“一个中国”架构相同。既然“一个中国”已是存在于两岸的现实，它有实质的主权范围的意涵，不必再将此“一个中国”先剖分为“两邦”，然后再来谈“中华邦联”，这样绕圈子实为多此一举。关键不在“台湾地区的政治地位”，而是“台湾人”的政治地位，而这种政治地位不是中共片面的施舍，乃台湾人要凭实力去争取得来的。

最后一点，双方既是一国架构，也就不适宜采用订定廿年和平条约了，因为“条约”是国与国之间的法律关系，这是中国大陆所不愿意的。台湾若想成为“中华邦联”体制之一成员国，不妨先修改“宪法”第四条再说，但如此一来所引发的政治成本恐非各政党所承担得了。

（七）“和平统合两岸异制”论①

这是林洋港先生所主张的。他坚持尊严，以对等相处为原则，使台湾成为自治邦，拥有自治自立地位，“国号”“国旗”“国歌”都可以改，从新来过。

林洋港认为：“我们不要主张邦联、联邦之类。影响大陆内部体制的，我们不要主张，以免使中共方面僵硬起来。”林先生这个说法最接近中共的“一国两制”，只不过台湾地区不是港澳的“特别行政区”，而是“台湾自治邦”，就此而言，又有点类似“国中有国”的主张，但林洋港的观点是国号一致化后，台湾成为自治邦，不是“国中有国”仍保留两个“国号”存在那个状态。

---

① “和平统合两岸异制”论，请见林洋港《两岸交流新思维：兼谈“和平统合两岸异制”》，《两岸双赢》月刊，2002年4月号。

三、我们的基本态度与主张

中国的问题理当由中国人自己想办法来解决。历史的教训，凡依靠外国人者终无好下场。

今日两岸关系的困境，其近程原因是国共内战遗留下来的问题；其远程原因则是大约1600年以来中国文化由盛而衰，难以因应西方文明的崛起所引起的。中国的崛起，中国文明的再度复兴，就看两岸关系如何解决了。

吾人分析以上解决两岸关系的七种策略性思考，具有相当的代表性，前四种思维所谓“未来的一个中国论”“中央与地方的安排论”“搁置主权争议论”“并吞中华民国论”都是一种消极逃避的态度，与陈水扁两年前的就职演说提出“四不一没有”同样是一种拖延战术，无心解决两岸之间的问题，也拿不出具体可行办法。后三种思考所谓“国中有国论”“中华邦联论”“和平统合两岸异制论”，其立论内容或有不同，明显可见具有积极的解决问题的态度，此一态度是健康的、可赞叹的。

同样的道理，2002年1月24日章念驰先生发表《统一是中华民族复兴的艰巨伟大过程》(《香港大公报》)，章先生认为：“统一虽是中国的家务事，但全世界都在看中国用什么办法统一，这事关中国的前途与命运，事关中国的形象。事实证明，台湾问题并非我们的包袱，而是促进中国现代化的动力，中国现代化也为中国统一找到了载体。”

这句话说得好像很有气魄，但他又说：“台湾问题最终解决要依靠台湾民众的进一步觉醒，让他们感受到统一的好处，摒弃‘台湾独立’与‘对抗一中’的错误，这才是两岸关系的核心问题。”“只有真正地寄希望于台湾同胞，努力争取台湾同胞对我们政策的认同，争取分分秒秒的时间，我们才能实现统一的宏愿。”

章念驰把话说得十分漂亮，但他把实现统一的宏愿寄希望于台湾同胞，这个说法在中国大陆十分普遍。笔者认为这仍是“自我中心”“一厢情愿”的论述态度，与前节所述七种策略思考中前三种消极的态度几乎相似。

章先生没有跳出自我中心的立场来看两岸关系，他未能充分体会台湾人已当家做主，可以在政治上解决自己的命运，虽然民主政治尚未成熟，民粹政治的阴影挥之不去，面对外国人始终未能树立民族尊严。但是，从台湾观点来看，中国大陆至今还是一党治国，人民虽有了民族尊严，在政治上却无法决定自己的命运。各个专业社群的独立性也未能受到应有的尊重，如此自省反思之不暇，哪来闲工夫寄希望于台湾同胞呢？中国真正做到现代化了，大陆同胞根本就不必寄希望于台湾同胞，两岸自然很快就会和平统一。

解决中国统一问题，基本态度不是台湾人寄希望于大陆同胞，也不是大陆人寄希望于台湾同胞。双方应各自努力反思并提出“立国之大道”，发表中国前途的康庄愿景。

管子曰：“夫欲用天下之权者，必先布德诸侯。是故先王有所取，有所与，有所诎，有所信，然后能用天下之权。”（《霸言篇》）

庄子曰：“帝王之功，圣人之余事也。”只有真正体悟淡泊权力者，或尊重知识比权力重要者，才能抓住立国之大道。

所以，我们提出两岸关系僵局的突破，不是“非此即彼”的思考，而是“两者皆可”。台湾人的问题出在“民族意识”的异化，大陆人的问题出在“民主意识”的觉醒不够，双方都要将心比心，设身处地为对方的利益来思考，如何将两岸关系目前“一国两制”的现状就地合法化，然后寄希望于自己，问问自己的立国大道是什么。先把正确的原则抓住，则不必寄希望于台湾同胞，台湾同胞必然心悦诚服也。

基于以上的态度，我们以民族深情，更以民主思想提出以下几点主张，以供两岸同胞进一步政策思考：

（一）把“一国两制”转化为两岸中国人的“一国两制”

中国者，中国人的中国。台湾人也是中国人，两岸要统一成为一个国家，那就只有一部宪法，这部宪法应列明台湾与大陆的关系为一国两制，由两岸制宪代表共同参与讨论其内涵，取得共识，既合乎民族情，亦合乎民主程序正义原则。

（二）把争取“台湾地区”的政治地位，转化为争取“台湾人也是中国人”的政治地位

两岸统一后，台湾地区的政治地位，已有“中国”宪法的保障，台湾人对外享有中国的国际地位与民族尊荣，对内享有独立自治的权利，均受宪法保障，而非大陆单方面的施舍。

（三）应改变统一以后谁也不吃掉谁的消极主张

国家实施民主政治有其按部就班循序渐进的日程，台湾人虽不干预其进程，但中共应知政治体制的改革成效，其争取民心的认同，远远超过单方面寄希望于台湾同胞。中共应寄希望于“立国大道”的实践，不要再寄希望于台湾同胞，自然会赢得台胞民心的认同。

（四）中共应认知“欲用天下之权必先布德诸侯”的道理，积极主动地解决台胞现阶段所遭遇的各种问题

台湾学生在大陆就学收取高额学费，台商在大陆、在国际各种投资经商的保护等，诸如此类问题，均应把握原则主动积极为台胞解决，以争取民心。

四、两岸关系僵局的突破：一个俗民方法学的观察

俗民方法学是社会学家哈罗德·加芬克尔（Harold Garfinkel，1917—2011）于20世纪40年代提出的研究方法，主要是从一般社会文化体系中以日常生活处理事务的一套实际的、常识性的方法论作为研究对象，探讨人们各种世俗活动的秩序与意义是如何形成的。

从俗民方法学的角度来看，北方人做生意往往先有意向后，再进一步谈生意，亦即先确立原则再谈内容细节；台湾人做生意，往往没有原则，比如他去看房子，不一定要买或不买，他与房产代理人东拉西扯，可能买也可能不买，一切要看双方互动过程中的种种情势而定，最后才会有买或不买的结论。两岸关系的僵局从这个角度就能看出端倪。北京要与台湾先确定“一中原则”然后再谈内容细节；台湾则希望北京不要强迫我们先接受“中国人”或“一中原则”，也不要未谈判就已有“一国两制”的结论，那样好像已设立了罗网叫人跳进去，已无尊严可言，除了投降别无选项。

其实，双方谈判必须站在“对等”与“尊严”的立场。

基于这个道理，北京似可反其道而行，不强迫台湾人承认是中国人与否，只要台湾人“不否定”自己是中国人，也不必公开诉诸语言文字

表态，只要默示“不否定”自己是中国人，则无妨开始谈判。同理，只要在不违反一个中国原则下，即可开始谈判。中国政府势大力大，当抱“以大事小”之仁心，即要“反求诸己”，而非“寄希望于台湾同胞”那种消极的语言，或可开启两岸接触谈判的契机。

五、结语

1895 年台湾人怀着悲痛与无奈的心情，接受《马关条约》割让台湾的噩耗，虽有奋起抵抗日本帝国主义的勇敢台湾人，但也有依附日本皇民化的“三脚仔”，民族精神严重挫伤。

1945 年历经八年抗战胜利，台湾光复，重归祖国怀抱。由于接收工作失败，紧接着“二二八事变”，不久国民党内战惨败退守台湾，又有白色恐怖的高压统治，使台湾人第二次隔离于祖国大陆。因为有外力的利用，形成“台独”的势力酝酿发展，终于有今天岛内的“渐进式台独”或“文化台独”。

台湾人并非天性就不爱国或不承认为中国人，今天的现象由其客观形势所造成。现在，台湾人又要第三次面对祖国大陆了，其心情之复杂，充满高度不确定感和不信任感，中国政府应有耐心包容之，绝不可以恐吓、威胁逼其就范，亦不能只停留于“统一对台湾同胞有什么好处”那种功利思想或者“寄希望于台湾同胞”那种语言。

管子曰：“明大数者，得人；审小计者，失人。是故圣王卑礼以天下之贤而王之，均分以钓天下之众而臣之。故贵为天子，富有天下，而伐不谓贪者，其大计存也。”（《霸言篇》）

管子这句话是说，明立国建国大道者，得人；打小算盘者，失人。

中国政府如果做到立国建国大道时，即使攻打台湾，也没人骂中国政府贪心，能够这样子，就表示中国政府善用大计，存有高明的战略也，台湾人必将箪食壶浆以迎王师。

此文为两岸关系研究会论文，刊载于《腾飞与堕落：突破两岸关系僵局的新思维》，台北：海峡出版社，2004年。

国清才子贵，家富子弟骄：文化建设的重要性

大家好，因为过年以后到中国人民大学当客座教授，所以一直到 3 月 14 日才回到台湾来。这段时间没有机会看到台湾的报纸，对于有关部门弊案了解得并不是非常详细，所以对于今天这个题目并不是很适合来谈。

刚刚许多位专家分别从政治面、法律面来谈这个问题，我想他们都谈得很好，本人因为在学校执教，虽然对于这些问题时有耳闻，但仍不熟悉。

由于这几年来研究两岸关系问题，所以今天想从一个文化的角度来谈两岸关系。有一句话叫作“国清才子贵，家富子弟骄”，这句话的意思是说国家政治清明时，读书人受到重视；家中富裕，子弟自然比较骄傲。这个问题值得我们思考，为什么国家动乱的时候，知识分子受到忽略不被重视？从鸦片战争以来，知识分子虽然救亡图存，做了一些启蒙的工作，但实际上在内忧外患时，军人会获得较多的重视。因为国家有迫切的危机，国家安全当然摆在第一位，知识分子当然不会受到那么多的重视。但国家安全过度强调，必定会使人权受到迫害，这一点是它负面的作用。

随着天下底定，例如国共两边隔着海峡两岸逐渐稳定下来，就会来发展经济，经济起来以后，接下去负面的事情，如贪污、腐败，就一件件发生了。这也就是说，台湾经济在发展一段时间之后，贪污腐败的事情必会来到，但有远见的政治家应该要看到文化的层面。

国家危急的时候，如果有文化的观念，主政者仍会尊重人权；在发展国家经济到某一个阶段的时候，就会看到国家需要做一些精神、文化层面的建设，使国民知道人生的目标不是只有赚钱。有这一层面的认识，才是第一流的大政治家。

百年来国家分裂，遭受各种内忧外患，袁世凯、蒋介石等都是有帝王思想的人，这是时代的潮流，一时摆脱不了。我们可以看出来，许多政治人物对于权力的饥渴是无法摆脱的，自古以来很少人能够淡泊权力，为国家为人民做一番大事，实现这样的高标准是很难见到的。

庄子曾说："帝王之功，圣人之余事也。"帝王拥有最高权力这样的功业，对于圣人来说，权力是多余的。所以以这样的标准来看后来的政治人物，如蒋介石对于知识分子表面上是非常尊重的，但实质上并不然，因为他并不知道如何去尊重知识分子，这是文化上的素养还不够。接下来蒋经国发展经济建设，成绩斐然，大家有目共睹，可惜的是文化上的素养仍嫌不足。因为他只会结交民间十二位友人，但从未曾听说过结交哪一位知识分子。他内心深处是鄙视知识分子的。

知识分子分为两种，一种为有专业的知识分子，在他的专业领域他可以应付得非常好，但专业领域外的一切就不及格了，这种知识分子我们称为单向度的知识分子。另一种为有道的知识分子，他们有文化素养，并具人文精神的终极关怀，这样子的知识分子比较缺乏。

前几天我遇到王作荣先生，和他交换名片之后，他得知我曾评论过他的书《壮志未酬》。在《壮志未酬》一书中，几乎没有一个人才是他看得上的，所以我写了一篇《今古茫茫貉一丘，功名常笑烂羊头》的文章，来评论他的大作。王作荣说当年蒋经国派蒋彦士还有他和一些人去考察李登辉，而他考察的结果在我看来是有一点滑稽的，他说什么李登辉具有美国博士学位，有宗教信仰，没有儿子，从这来看李登辉必定不会有私心。有博士学位是评判一个人担任事务官的资格而非政务官，有宗教信仰更是不足以判断一个人是否有私心。在一个人修行尚未得道之前，他也是会去做很多不好的事情；一个人有没有私心若只看他有没有儿子，实在是不太客观。现在看来，这些考察李登辉的人，也不怎会看人，看人不光只是从形而下去看，必须看他有没有道。日据时代，李登辉以讲日本话为光荣，当时他不敢和日本人说要本土化、讲闽南话。现在才讲本土化就是一种虚伪、欺骗。

戴国辉尚未去世之前四个月，在一次聚餐中，他告诉我这一生最后的一件事，就是要全面批判李登辉执政十二年的虚伪。真正的行家戴国辉就知道在李登辉执政中有许多虚假的面貌。我很早以前就知道李登辉是一个虚伪的人，从文化的角度就可以知道了。庄子曰“外重者内拙”，一个人太重视身外之物，表示这个人有自卑感，没有自信心。要是懂得这句话，判断一个人就很清楚了。

我觉得很遗憾的就是，许多政治人物都没有把提升文化水准当成要务之一。以孙运璇先生为例，他卸任后就曾经说过在他执政时，拼命地发展经济，却忽略文化建设工作。第一流的人才在事情尚未发生之前，就会事先防范，第二流的人才是在事情发生之后，再加以弥补；第三流的人才是在事情形成一个主流之后，才来叹息。因为平常没有注意文化的素养，所以不了解文化的重要性，而所谓的重视文化不是形式上修盖图书馆就好了，而是要去重视形而上的东西。

民国初年以来，国家受到西方帝国主义的侵略，这时国家需要军事，需要国防，无可厚非；等到第二阶段，两岸相对稳定情况之下，国家必须要发展经济，这也是没有错的；现在这个时代则看到许多政客，是既贪权又贪钱，根本就没有文化的教养，所以我们这一代最重要的就是去从事文化的建设。

现在中国大陆有一些政策，就是在提高知识分子的地位，主政者这样的方向是正确的，但对知识分子的价值仍是从实用的角度看，还是不够的。但是开始重视知识分子是因为知识经济时代来临了，可以将知识转为利润，这样的看法仍嫌狭隘。然而重视知识提升，加强文化工作，先从实用的角度起步也对，我相信中国大陆的下一代是会有许多大政治家的出现。但慢慢一定要走到精神文明建设才可以，这对两岸都是很重要的。唯有如此才能进步到“国清才子贵”的境界，国家才会强盛，谢谢大家。

台北《国是评论》，106 期，2002 年 5 月

有反斯有仇，仇必和而解

——评章念驰大作《统一探究：两岸关系与中国前途》

章念驰兄在去年（2001 年 12 月）由上海东亚研究所出版的大作《两岸关系与中国前途》，早在今年（2002 年）1 月下旬《海峡评论》杂志社应邀访问北京、上海两地参加座谈时，即得到章兄的厚爱，赠送六本给本社。本人返台北后即先睹为快，现在得知念驰兄将在海峡学术出版社出版台湾版，本社深感荣幸。

我与念驰兄早在两岸刚刚开放不久的 1990 年 1 月，经已故台湾大学教授缪全吉的介绍，而结识于上海。当时同行赴上海访问者有舍弟琼妤作陪，后来琼妤弟赴上海从事企业发展，与章兄时有往来。1995 年春季，念驰兄与严安林博士来台湾，《联合报》的刘国瑞先生与琼妤陪同章兄赴南园参观，返台北时途经我家一起午餐闲聊，始渐渐了解到章兄家学渊源，乃国学大师章太炎之孙，并在汪道涵身边从事两岸关系的研究。本书涵盖七年之间共五十四篇文章，都发表在中国大陆和港台两地的重要报刊中，具有相当的可读性和参考价值。

念驰兄的文笔精简流利，思虑周密，为国家的和平统一工作精思力践，那种爱国心的确令人十分感动。他说：“吾治画最动情，治史最动义，治两岸关系最动心。”他是抱着对国家的赤诚之心去治两岸关系的，他说：“中国人爱国家与维护国家统一的决心是不容低估的。”

章念驰这个爱国的赤诚，可以说是中国人自鸦片战争以来，为了救亡图存、挽救民族命运的伟大民族精神的原动力。无论是推翻旧中国的国民革命运动，还是建立新中国的新民主主义运动，都是可歌可泣、惊天地泣鬼神的伟大爱国主义精神。从毛泽东、邓小平、江泽民三代人所力图解决的两岸统一问题，以至于第四代领导人胡锦涛即将展开的新时代，必然要接续面对的两岸关系问题，都是延续这一民族的爱国情操。所以，章念驰的心情可以说是具有充分历史意识的传统精神，没有这个传统精神作为核心，是难以深入理解他的文字意义的。同样的，在中国现代化大工程的历史要求下，他们也深知探究两岸关系，必须放在全球国际战略的大格局下，与时俱进，才能正确而有效地诠释两岸关系的真实意义。章兄的文章，其精彩处即在于“传统与创新”的辩证综合，我阅读之后，的确获益匪浅。

诠释一个问题的意义，不仅可从正面或反面的角度去观察，也可从主观面和客观面去理解。章兄的论文以及中共的对台政策所有论点，虽然自认为“和平统一,一国两制”已经是“仁至义尽的做法，目的是把人民的利益高置于政党与个人之上，为了中国人21世纪的福祉，为打破两岸关系的僵局提供一个契机”。所不解的是，我们已经仁至义尽了，两岸关系一切维持现状，谁也不吃掉谁，为什么台湾人还不能领情呢？其实这个问题，站在“打天下”的观点来看，我大你小，我已经替你设身处地安排好了“一国两制”，不管是“邓六条”还是“江八条”，都是从这种“主观面”一厢情愿地提出解决办法，其用心是爱国的，思虑是周详的，令人着实感动万分。但是，这种一厢情愿的解决办法是无济于事的，除非台湾被逼得走投无路，最后无可奈何如美国的唐耐心所发表的文章《如果台湾选择统一，美国应否在意？》，到了那个地步，台湾已是兵临城下，俯首就擒了，那又何必搞什么和平统一的工作呢？

从“治理天下”的高度来看这个问题就有意义了。《庄子·大宗师》：“故圣人用兵也，亡国而不失人心，利泽施乎万世，不为爱人。”《庄子·应帝王》：“夫圣人之治也，治外乎？正而后行，确乎能其事者而已矣。”如果从这个高度来论两岸关系，中共确实尚未把握到国家统一的治理精髓，简而言之，约有以下几点观念上的问题值得商榷。

（一）知识经济时代，早已超越资本主义与社会主义对立的时代

换言之，当年，国共内战所追求的这两条路线，乃是西方文明价值相对而生的产物，难怪亨廷顿要讥讽国共内战都是西方文明的内战。在知识经济时代，一种新社会形态正在转变当中，传统公有或私有的所有权形式，在新经济中已经不合时宜且没有效率，我们必须创新所有权的形式，超越资本主义和社会主义的对立，而进入后资本主义或后社会主义。这就要这一代的中国理论家重新思考、重新创造，不要再死守旧时代的教条了。

（二）两岸关系是全体中国人的两岸关系

如何把两岸关系，转变为全体中国人的两岸关系，这一转折就需要依靠“公民参与”的机制。

在政策制定过程中，让台湾人参与其中，这就需要一个制宪过程，把“和平统一,一国两制”的主观意愿，透过两岸的制宪代表，充分讨论后，写入宪法之内，才比较能得到台湾人民的尊重。从政治的角度，而非民族主义的角度，考虑政治参与的问题，并从此立下一个良好范例，作为推动中国政治现代化的一个历史经验，全面开起中国政治体制改革的契机，实为上上之策。

2008年北京奥运与中国的和平崛起

"北京共识"与"华盛顿共识"的较量

楔子

2008年北京奥运会，是中国五千年来的第一次盛会，也是人类历史走上全球化时代将近三十年来，中国开始发挥大国影响力的起跑点，更见证了中国一条奇妙的规律：只要政治安定三十年，经济自然繁荣起来。中国改革开放三十年不到，2005年外汇储备已是世界第一。台湾从1949年到1979年三十年的岁月，竟成为亚洲四小龙之首。这说明了中华民族创新、勤奋、刻苦、耐劳以及求新求变的务实性格。

笔者8月7日受邀抵达北京参观翌日的奥运开幕式。我怀着兴奋愉快的心情，颇有参与历史盛会之感，见证中国从苦难中，终于有能力、有信心，号召全球"各路诸侯"来到首都北京观看人类史上的一场大竞赛。中国的文明原是世界最先进的水准，何以四百年前由盛而衰，而西方文明又在人类历史长河中拔地而起，终于主导人类文明三百年的发展方向？西方文明盛世，先由葡萄牙、西班牙，次由荷兰，中经法国、英国的崛起，最后由美国代表西方文明的盛世，自二战后延续至今，现已呈衰退之势。

我带着复杂的心情来到北京。想到美国随着西方文明衰退后，下一个即将诞生的强权是谁？中国有能力领导全球人类发展的方向吗？这不仅是军事和经济能力的问题，更是文化理念推陈出新、继往开来的大问题。中国崛起后，难道像一些学者所言，仍将延续西方三百年霸权主义殖民统治，或资本主义再扩张的所谓全球化过程？中国有没有能力从西方文明累积数百年所创造的“华盛顿共识”中逐渐突破、创造，并形成“北京共识”，而普及于全球人类，再回头到人类各支原始的传统文化精神，那种将印第安文明和中国文明、印度文明，乃至于基督教和回教文明的精神，大而化之以综合创造中国的第三波文化方向，领导人类文明的走向？

万国来会・北京欢迎你

这次北京主办奥运，在开幕式的各种节目表现中，张艺谋把中国传统文化中的四大发明和中国人的丝路与海路探险，结合当代科技与人文精神，充分展现中国文化的伟大、包容、气度，足以综合他人之长处，以整合创造新的文化方向。

从历史观之，当中国本土的第一波文化，由孔子集大成，开启了中国文化的精神方向，到了魏晋南北朝，第一波文化精神方向由盛而衰，道家思想盛行，并遭遇印度佛家文化东来，两相结合创造了第二波中国文化的精神方向，而于宋朝达到顶点。宋后第二波文化方向开始衰退，西方文明开始有崛起的迹象。到了1642年英国大科学家牛顿的诞生，注定了人类文化精神的转变，将主导西方文化发展的进程。而随着西方的崛起，东方文明的高明文化理念，暂时屈服而为世人所忽略，诠释人类文化发展的意义，逐渐习惯于从西方的观点出发，谈民主、人权、自由、个人主义、集体主义等局部概念，几乎都是连带着整个西方文化的意义而发挥的，乃至于有人用嘲笑的口吻讥讽鸟巢体育馆是所谓的“殖民地美学”这种莫名其妙的批评。更有人批评北京把三十万农民工赶出地下人行道，是一种罔顾人权的措施。笔者只想对那些执着西方文化理念的空想自由主义者奉劝一句话，我们也要追求自由与人权，但不是局部思考地追求，而是生态地、有机地、系统地追求，要把它放在中国文化整体发展的文明意义中来考量，这就要从科学哲学的角度，质问西方文明的最终极假定的世界观或典范是什么意义。也就是那个具有普遍性的最高共识理念是什么？把它找出来，才能了解所谓的“华盛顿共识”为什么会逐渐走下坡，而“北京共识”为什么会逐渐普及为世人所回归与认同。明白这个关键区别，才能感受张艺谋推出孔子“三人行必有我师焉”的学习精神，以及“四海之内皆兄弟也”的包容和谐精神，并昭告世人：中国早就有科技创新的精神，经过百年来西方文明的冲击与压制，中国人还是有能力吸收、整合西方文明的“奇技淫巧”，创造第三波中国文化，并预示人类全球化后的文化精神走向。

只有从“北京共识”的这种文化高度，才能真正体会出这次北京奥运会对中国和平崛起一出场所揭示的“和谐”理念对全球化后人类文明走向的意义。

“北京共识”的形成，不仅是中国改革开放三十年政经与军事实力的展现。如果没有正确的、符合人类需求的文化发展理念（亦即软实力（soft power））作为引导，这种政、经、军的硬实力，最终将发展为霸权主义的殖民统治。

1964 年日本举办奥运后，经济崛起；1988 年韩国举办奥运后，韩剧随其经济兴盛而流行。可惜日本与韩国，人口与土地面积太小，日本模式与韩国模式虽能流行一时，终不足以引领风骚，领导亚洲各国，遑论形成什么共识，以与代表西方文明最后阶段的“华盛顿共识”相抗衡或相较量。人类历史的发展，早已证明梁漱溟所言：“中国文化是一早熟的文化。”所谓早熟即这种文化精神的基本假定，一开始就走“天人合一”“身心一体”“心物一元”“知行兼备”的路子，开创中国文化第一波与第二波的格局或方向，这自然是早熟的文化精神。相反的，从欧洲基督教国家在八九世纪之交开始发展，经十五世纪的文艺复兴，社会开始多元化、贸易扩增与科技贡献，到了十七、十八世纪逐渐形成人类的新典范共识——牛顿典范。

牛顿典范主导人类文明发展的方向，以驾驭自然、开发自然的心态，转移到对人文世界的控制，其文化潜意识是一种“自我中心幻觉”所表现出的“偏狭傲慢”，以为世界绕着它转，并有一个“不变的东方”（汤因比的批评）。这种偏狭傲慢，反映在学术界就形成了“西方史观”，忽略了“文明的多样性”，自认为“白种人的负担”，延续到今天乃有所谓“华盛顿共识”。至今尚未超脱西方文化“自我中心”“天人对立”的基本精神，自然形成人类社会冲突对立的“疏离感（The Paradox of Alienation）”与全球暖化的温室效应。

对于后者美国人已有觉醒，关于前者则至今尚未充分觉悟。美国遭逢“911”事件，一直到攻打伊拉克，进退两难，充分显现美国人所谓“华盛顿共识”，不过是“偏狭傲慢”的自我中心幻觉的现实化，其共识的核心价值不外是冲突、制衡、均势外交、以力服人……亨廷顿反思四百年来西方文明的精神，总结出：“西方赢得世界并非靠思想或价值或宗教胜人一筹，因为其他文明国家因而归顺者少之又少，而是靠其在运用组织暴力上的优势。西方人经常忘了这个事实，但非西方人无时不忘。”（《文明的冲突与世界秩序的重建》）不仅西方人经常忘了这个事实，那些沉浸西方文明价值已久的人，以及从胡适以来到今天环绕马英九周围的许许多多留美博士与硕士，又有哪些人记住这些西方殖民主义血淋淋的教训？还有那一大串国民党与民进党的领导人，糊里糊涂地参与奥运盛会，凑凑热闹者有之，酸溜溜地诋毁者亦有之，有多少人真正体会到，这次奥运是要唤醒世人重新恢复到中华传统文化所追求天人之间的和谐、人与人之间的和谐，乃至于人与物之间的和谐，必得超越西方文明这个只有独特性而没有普遍性的特殊文化，人类才有希望拯救地球，解放深陷冲突、制衡、均势泥淖中的“疏离感困境”。至于怎么拯救，怎么解放，美国前副总统戈尔的《不愿面对的真相》，以及胡锦涛提出“和谐世界”“和谐国家”“和谐社会”，不仅与北京奥运会的精神相通，也是人类原始传统文明，包括印第安文明、回教文明、佛教文明、中国文明等古老文明的基本价值。而起源于八九世纪之交，主宰人类近三百年的西方文化，只不过在人类历史长河中一时独特的文化现象，是西方人自我中心幻觉的过度膨胀。环顾当今世界，也只有中国才有硬实力与软实力的基础，指出人类未来超越前进的文化方向。当然要怎样才能天人和谐、人与人和谐、人与物和谐，超脱近代西方文明人宰制天、宰制人、宰制物的自我中心幻觉，则需要人类的共同创造，中国人不过开个头，指出前程方向而已。

因此，这次2008年的北京奥运会，在开幕式中，中国人所表现的创新、和谐、学习等文化精神价值若无创意、人才、管理能力和雄厚财力与民族热情的支撑，也就无法号召各国、各地区领导人来到北京，形成中国五千年来第一次万邦来朝的气象，而且八十多国家与地区领导人无人否定“和谐精神”之不是。这种“默会知识（Tacit knowledge）”的逐渐形成，在现在和将来都将成就“北京共识”，取代“华盛顿共识”的动力来源。

中国人必须恢复孙中山所谓的“民族自信心”，更要进一步恢复“文化自信心”，不要忘了梁漱溟所警示的“中国文化是一早熟的文化”。当早熟的文化，历经西方文明活泼的、进取的、扩张的、自我中心的宰制和羞辱后，中国人已学会他们那一套科技成就及其相关的制度与文化理念，并反思其发展限度，已有能力整合中、西、印三支文化的价值，并旁及回教文化和其他弱势文化价值，四海之内皆兄弟的文化包容度，**中国文化第三波的崛起，也就不会重复西方文明四百年的老路子，而是重新回归人类各支原始文明共同追求天人和谐、人与人和谐、人与物和谐的基本精神，结合现代科技，调整人类社会的合理性政经文化各项制度设施，再度解放人类文化的精神桎梏。**

佳评如潮，“北京共识”逐渐形成

科学史大师托马斯·库恩（Thomas Kuhn，1922—1996）在1962年提出“典范”这一概念时，曾说明新典范取代旧典范时并非逻辑上的推理决定对错，而是一组信念或世界观的选择，难免要经过政治的斗争。在这个革命时期，自然出现百家争鸣的现象，虽然莫衷一是，但典范不同，并非一般观念的差异，而是最高共识单位的转换，好比佛教八大宗派，各自修行方法不同，但人皆有佛性、众生平等这个核心概念皆为八大宗派所共认，这个带有普遍性的最高共识单位，即此所谓典范。当发生典范革命时，历经一段时间的争吵或斗争，就会出现“典范移转”，最后新典范诞生，取代流行已久的旧典范。

在最高共识单位的认同，即中国文化所谓的“和”，也是此次奥运在表演活字版印刷术所表现的“和”的意义。在最高共识单位的“和”字下，是允许角度的不同、方法的不同，或技术的不同，此即所谓“和而不同”，儒家主张“道并行而不相悖，万物并育而不相害”，这种肯定多元价值的信念，即其最高共识单位，乃是以仁心仁性为大本大原的，其精神为德性之一元，而无“一元”与“多元”的矛盾。《春秋公羊传》：“人统之正，托始文王。”保住了“人统之正”，才能保住多元价值，这才是真正的和而不同。这种人统之正，以波普尔的话来说：“开放社会的新信念，也是唯一可能的信念是人道主义。”（《开放社会及其敌人》）如果没有求和谐的“人道主义”，所谓“多元价值”也就成为一种没有价值的多元。西方文化四百年来所走的路线是“个人主义”，虽非无所贡献，其人性之根源却是“自我主体性”的保障，久而久之形成了“主体性”的过度膨胀而不自知；相反的，儒家文化一开始即呈现了“互为主体性”的仁心与仁性的扩展。这种文化精神，最适合克服人与天之间的疏离、人与人之间的疏离、人与物之间的疏离，正是以儒家为主流的中国文化精神，切中西方文明四百年的发展方向所遭遇到的瓶颈要害，足以超克之、解放之、拯救之的良方解药。

在胡锦涛“和而不同、求同存异”的号召下，中国历经七年的准备，到了今年又遇到雪灾、四川震灾等一连串的天灾人祸，再加上西方人士有唱衰的、看笑话的、不愿合作的一群人，从旁抵制与搞鬼，中国皆一概包容之、忍耐之、不予计较之，充分展现崛起中大国的气象与气度。这就是引导人类未来发展方向，扭转西方文化已走向发展尽头的困境和悖论，也只有五千年历史深度与中国文化精神的高度，才足以承担这一文化重任。**中国人何其有幸？当恢复民族自信心与文化自信心**。

在“北京共识”逐渐形成过程中，且看各国领导人对奥运开幕式及相关活动的评价：

美国总统布什： 中国政府和人民给世界各国人民奉献了一场壮观、成功的奥运开幕式，其精彩程度令人难以置信。

俄罗斯总理普京： 祝贺北京奥运会开幕式取得圆满成功，期待着俄中两国运动员取得好成绩，并为全世界体育爱好者带来更多快乐。

法国总统萨科齐： 很荣幸来华出席北京奥运会开幕式，并对中国人民为筹办奥运会所做出的巨大努力和杰出贡献表示钦佩。我深信，2008年8月8日将标志着中国的伟大复兴。

日本首相福田康夫： 奥运会是各国人民欢聚一堂的体育盛会，也是世界各国超越国境，加强相互理解和信赖的难得机会。

澳大利亚总理陆克文： 北京奥运会开幕式非常隆重，独一无二，令人耳目一新，十分震撼，特别是主火炬点燃的方式很有创意。

韩国总统李明博： 开幕式规模宏大，井井有条，富有中国传统气息，同时也展现了很高的现代科技，全世界人民都会对此感到惊奇。作为亚洲人，我对北京奥运会开幕式的成功举行感到自豪。

以上六国领导人的评论，已足以概括此次奥运会开幕式所表现的核心价值：中国传统与现代科技的结合、创新、和谐、相互学习、互为主体性等“北京共识”的具体内容。开幕式在艺术层面的杰出表现受到了全球范围内的一致公认，甚至有人担心这一艺术成就是今后奥运会开幕式难以超越的。“鸟巢”观众们无论是对历尽波折的伊拉克，还是对美国代表团表现的巨大热情，让《时代周刊》感到“出乎意料”。对中国一向不十分友好的日本东京都知事石原慎太郎也深深感受到十三亿人的震撼力。《洛杉矶时报》称，遭受百年屈辱的中国人，现在有足够的自信，愿意甚至渴望与世界共同分享这份荣耀。《环球时报》8 月 10 日的标题“开幕式为中国赢得尊敬”，已足以概括全球的舆论趋势，不必再旁征博引了。

然而，“北京共识”的崛起，好比新典范取代旧典范，必然会面对信仰旧典范者的呛声，例如信仰“华盛顿共识”的一些美国人及倾向“台独”的《自由时报》，还有长期依附“华盛顿共识”买办型的所谓学者专家，仍然心有所不服。因为典范的移转，牵涉利益重组与思维方式的调整，没有相当的修养，是难以办到的，除非他们逐渐凋零萎缩。新典范的崛起已成气势，用不着对他们赶尽杀绝，留存余地让他们在狭窄的场域内相互取暖，以对照新典范的诞生与盛行。兹摘录若干杂音，仅供读者们参考：

> 北京奥运会将成为中国的集权资本主义模式有力的推广平台。（迈克尔·莫兰，《决斗中国模式》，美国外交学会网站，2008 年 8 月 7 日）
>
> 美国负责公共外交的副国务卿詹姆斯·格拉斯曼表示，尽管人们严重关切中国的影响力，但中国模式仍“在一些圈子里益发令人不安地流行”。（同上）
>
> 当北京奥运的奖牌统计结果出来时，中国很可能会高居榜首，取代德国、俄罗斯和美国这些传统体育强国。那将是一种胜利。但真正的竞争是赢取那些依然贫困绝望的众多国家的民心的竞争。新美国基金会的帕拉格·卡纳认为，中国、欧洲和美国今后将在巴西、南非、印尼和乌克兰等世界中等国家当中争夺影响力。当这些国家看到本国经济相对衰退，他们还会听取西方自由民主的建议吗？还是流光溢彩的场馆、喜气洋洋的奖牌赢家以及中国的经济崛起将诱使他们产生别的想法。（同上）

如果亚洲的集体主义社会在经济上崛起并挑战西方，那会发生什么？一种新的全球对话正在出现。北京奥运会开幕式就是这种对话的宣言。这是中国主张的一部分；发展不只能通过西方的自由途径获得，也可通过东方的集体途径实现。近来许多科学研究证明，西方个体优先的观念是一种错觉，中国人首重社会背景是对的。中国的崛起不仅仅是经济事件，还是一起文化事件。和谐集体的理想说不定最终会与美国梦一样充满吸引力。（大卫·布鲁克斯，《和谐与梦想》，《纽约时报》，2008 年 8 月 12 日）

以奥运会为契机，中国进入新时代，这预示着一直韬光养晦的中国现在将毫无保留地展现自己的光彩。那么，中国如此强大的力量将用于何处？中国将何去何从？在中国面前有攻击性民族主义和合作的民族主义两条路可走。显然中国的选择将会大幅改变东北亚和朝鲜半岛乃至世界的秩序。中国将选择合作性民族主义，让国民在经济上更加富裕，尊重现有的国际制度和惯例……中国正为获得 21 世纪的主导权而努力。（尹永宽，《韩国应该如何面对奥运会后中国的选择》，韩国《中央日报》网站，2008 年 8 月 11 日）

北京奥运会正在“纠正”西方对中国的歪曲报道。英国《独立报》9 日的社评中告诫国人不要再戴着有色眼镜看中国。（《真实中国令世界亲切》报道，《环球时报》，2008 年 8 月 13 日，第一版，本段引文在第六版续文中。）

结语

“北京共识”的崛起必能先克服杂音，中国文化的和谐理念将大放异彩，并影响人类数百年的文化发展方向。

“北京共识”的崛起，是否能成为人类最高的共识，取决于：（一）中国的政治经济军事的实力是否具备富强的基础；（二）中国的文化精神理念的正当性（Legitimacy）如何，即对西方文化崛起后，其文明价值盛行三百年左右的根本预设，能否取而代之，以救其偏、补其弊？关于这两点，中国恰逢其时其运，并有其实力与正当性。

然而，以中国的文化价值预设了天与人的和谐、人与人的和谐、人与物的和谐。但是能否从此出发，以建构并超越西方盛行三百多年的政治经济制度，并适应当代复杂的环境？此则有待于当代中国人，甚至于西方人共同创造之。依笔者之见，第三波中国文化的崛起，必须融合创造人类各支文化的价值而有机地整合，此即将共产主义的理想、资本主义的经营效率、社会主义的福利平等、中国文化的精神价值四者熔为一炉，成为有机的文化生命。

但是，这样的整合只是发展方向的指引，仍嫌空泛。如何具体落实到制度与器物层次的运行，需要进一步的创造功夫。以我中华民族之优秀，历经忧患之考验，再加上文化底蕴之深厚，相信不久的将来必会出现许多类似牛顿、哥白尼、伽利略、爱因斯坦、洛克、卢梭、哈耶克、康德、马克思、韦伯、海德格尔、胡塞尔、哈伯马斯等各领域的学术思想家，以解决种种的思想与制度问题，并普及于全人类，相互借鉴、相互学习。

《海峡评论》第213期，2008年9月

危机与转机：中国前途与政权正当性的史观重建与突破

楔子

本社执行编委福蜀涛介绍上海华东理工大学社会与公共管理学院曹锦清教授接受采访时谈执政党政权合法性的《中国仍需整体感，当代仍需历史观》一文。近日得空方阅读完毕，十分欣赏。这是笔者将近二十年来阅读有关中国前途论述最有理论深度与文化创见的一篇文章，笔者不敢掠美，特先向读者简述要点，再予评论。

曹锦清论述的要点

曹教授认为中国是一个历史感很强的民族，很早就建立了史观文化的意识。史观至少是汉民族对自己文化的认同（基础）（本篇括弧内字乃笔者所加，后面同此），西风东渐，在文化转轨的过程中，中国从何处来，要往何处去。这些问题就成为中国知识分子最迫切需要思考的大问题，而重建史观就成为夺取天下的非常重要的任务，也是政权正当性的理论依据。

当中国前途徘徊在十字路口的时候，大致上有三种不同的叙事。第一种是马克思主义的叙事；第二种是王朝更替（回圈）说；第三种则是从传统到现代的自由主义叙事。三种观点中，只有马克思主义的唯物史观具有史观，它解答了中国从原始社会、奴隶社会、封建社会一路走来，将往资本主义社会、社会主义社会，以至于共产主义社会发展。于是中国共产党的反帝反封建的救国运动，取代了中国国民党，吸引了无数彷徨无告而又苦闷的知识分子跑到延安去，因而取得胜利。主要原因是毛泽东的《新民主主义论》回答了中国从何处来，要往何处去，中国现在在何处的大问题。

中国共产党取得胜利，毛泽东执政将近三十年，吾人将如何看待这三十年，是肯定还是否定，这就牵涉到当前执政党政权的正当性问题了。

1979 年以后，从计划到市场，从公有到私有，从人治到法治，在市场化过程中，权力大面积的腐败。他们认为走政治民主化的道路，宪政民主会不会引起民粹主义？能不能解决腐败问题？会不会引起中国的分裂？这些问题都是右翼新生企业家的忧虑。左翼一般有民族主义关怀，希望政治稳定，民主渐进，以维持经济的持续发展。但中国特色的民主究竟是什么，一直缺乏理论基础。

1987 年十三大报告“社会主义初级阶段”的理论，延续了马克思主义的原来历史叙事，但默许私有经济成为社会主义经济的补充成分。这一理论为当代现实改革服务，在政治上是正确的，在的经济上也是有效的。但理论所带来的问题也很多，所涉及有关各点如下：

1. 民营企业家认为中共搞的就是资本主义，难以说服工人阶级的长远利益，是由中国共产党来代表。

2. 社会主义既然有初级阶段，逻辑上就还有中级阶段和高级阶段，但在1987年以来未见任何官方档案里，出现这个叙事。

3. 如果出现这样的叙事，那现在新生资产阶级和先富起来的人将来怎么办？

4. 如果社会主义初级阶段延长一百年，不问中级和高级阶段，不再问共产主义，那么你的信仰支柱在哪里？

5. 中国共产党原来是代表中华民族守护这个民族整体利益的执政党，但市场经济、私有制的（分析单位）是个体，每个人都有自己的利益，执政党也在谋求个人利益的最大化了。

6. 中国传统家族、国家（国族）、天下这三个整体所构成的中华民族历史文化的总整体，分散成为追求个体欲望满足，此是中国有史以来三千年文化未有之大变局。

7. 中国共产党没有告诉大家，这些从农村、从家族而来到城市的许多个体，今后要往何处去？史观的丧失带来了迷茫，执政党必须义不容辞承担重建整体感和历史感的责任，来实现振兴中华民族复兴的目标，以取得执政的正当性。

8. 一个稳定的执政集团，承担民族重任，完成中华民族社会转型的历史重任，也就成了中国共产党当代和未来的天命。**这个天命，首先就是恢复中华民族在亚洲的大国地位，这样就与中国传统的历史文化记忆衔接起来了。**

9. 中国进入现代化以后，应和西方人走的路有所不同，中华民族如果能够提供一种新的活法，达到人与自身、人与人、人与自然的三个和谐，一定会对整个人类社会产生影响。

10. 中国知识分子面对当前西方文明的理论资源缺乏一种历史文化的自信，整个政界和知识界基本上还没有站起来。西方五百年的大国崛起是对内掠夺、对外扩张的战争史。中华民族的民族整合或民族认同尚未彻底完成。中华民族的生存意义，绝非只为谋求个人物质的生活利益，还有个人以外的整体感和民族共同体的历史意义，凡此绝非西方GDP、人均GDP、人均消费、城市化率、人均寿命、平均教育程度等几个指标来衡量的过程。我们应该重新认识中国，超越西方中心论的观点，以中国为标准，把中国当代放到中国历史长河中去重新认识。

中国的和平崛起，将提供人类新的生存意义：点评曹锦清的观点

从以上曹锦清的摘要论述中，可见高瞻远瞩的比较文化观，为两岸文化交流二十年以来空谷足音的大作。曹教授的观点，与笔者多年来在《海峡评论》中的观点不谋而合，可谓知音。笔者将先从组织理论的观点比较中西方文明的异同，最后将从中西哲学在天人关系、身心关系、心物关系、自他关系等四大方面论述中国社会科学哲学如何独立创造理论，而有进于当代西方社会科学。

（一）中国的社会文化组织偏向于“自然系统（Natural System）”，西方的社会文化组织则偏向于“理性系统（Rational System）”

中国社会原以家族、氏族、国族为中心，基于血缘、地缘等核心背景，形成同乡会、宗亲会等组织，其内在结合的凝聚力奠基于伦理道德的价值规范，较之理性的形式的法规条文，以控制人的外在行为。于是当个体从家族或宗族的伦理规范中逃离到城市生活中，他像孤零零的个

体，既缺乏大家庭的压力，又无当代组织遵守客观法制的精神规范，只成为浮游无根的飘零人。由于社会对个体欲望的节制趋弱，又无公民参与政治的轨道，人的主体性遂转变为欲望无限的满足与膨胀，促成社会高度消费主义的兴起，与奢靡浪费成风。

这种“自然系统”的组织，以人的过去血缘和地缘为结合基础，组织前面并非以客观存在的共同利益作为追求奋斗的凝聚力。因此，这一形态的组织多重情义，而较少疏离或异化的现象，组织成员亦能与整个组织体凝聚成为生命共同体，有利于对抗外族的侵略，形成中国民族主义的精神基础。由于以组织背后的情缘为基础，而不以前面共同的、理性的目标作为重点，因而较少西方社会组织遭遇目标与目标之间的冲突与敌对的紧张气氛，也不易形成西方社会四百年来对内掠夺、对外扩张的帝国主义作风。这是自然系统的组织结构的特征与优劣点。

西方社会结构偏向于以共同利益目标作为组织成员凝聚奋斗的方向，并以正式的法规或契约约束成员的外在行为。人员与组织之间较为缺乏内在道义的伦理精神，双方各自在契约的保障下追求自己的利益。其时间取向为现实的（Present-time Orientation），当组织能满足我的利益，我则继续留任，否则我就跳槽，另谋高就。

西方组织的这种特性叫作“理性系统”，较缺乏长期的情感道义之凝聚，有如日本终身雇用制那种“Z 型理论”所显示的长期时间取向，员工和组织结为一体，而非二元对立之形势。因此，西方社会多对立冲突之现象，而有赖于宪法与法律自外约束的强制力量，以维持社会秩序。然而，也因为如此强调法规的契约精神，容易形成以法律保护自己利益的形式主义。这样一来，个人的权利虽有法律的保障，却未必有道德的压力，有了民主自由的形式保障，内心却未必有伦理责任的自动自发而自然发出的道德承担，或公平正义的精神修养。因此，西方组织内部较易出现异化或疏离的问题，而缺乏信任的基础。这种社会资本（Social Capital）的流失，是最近十年来西方学术界特别重视的问题。

从以上的比较分析，中国的社会组织今后如何吸收西方国家的契约精神或客观精神，而与中国传统主观的伦理精神相互融会贯通，以形成新的中国式管理哲学，并结合中国企业界的管理实务，而综合创造出人类新的组织文化或管理哲学，则为这一代中国企业家和学者的共同责任。

（二）西方社会科学的哲学基础，四百年来，人文理性屈从于逻辑理性，其理论建构偏向于“逻辑理性的优先性”

而中国传统文化则偏向于“人文理性的优先性”，把“先于逻辑的”那一面发挥得淋漓尽致，把神话、语言、宗教、艺术等“内容真理（Intensional Truth）”从特殊事物提高到普遍有效的层次，“默会知识”或叫“个人知识（Personal knowledge）”的高峰体验，以寓言、说故事、形象比喻的方式，结合抽象的逻辑思维与具体的形象思维，正可弥补西方哲学，把“语词从逻辑定义的规定性中解放出来，或把语言从逻辑法则的压迫下解放出来”。这种认识论和方法论的转向，使东方文化与哲学的高明价值，重新为世人所体认。

中国著名科学家、96岁高龄的钱学森说：“科学上的创新，光靠严密的逻辑思维不行，创新思想往往开始于形象思维，从大跨度联想中得到启迪，然后用严密的逻辑加以验证……达到科学和艺术结合的标准。”（《联合报》，2007年12月9日）这正是中国传统哲学有助于科学创新并启迪西方社会科学进一步发展的方向。

从科学哲学的角度，反省西方社会科学理论的基础，皆从天人对立、心物二元、身心分离、自他不一的假定作为理论建构的出发点，其所发展的理论在中国文化区有多大实用性，深受质疑。因为西方人的这种理论建构的假定前提，与中国传统文化的天人合一、心物一元、身心一体、自他不二的假定完全不同。因而西方社会科学在中国地区的可行性，亦出现严重的格格不入现象，可怜近百年中国学者失去文化自信心，跪求西方理论，以期解救苦难的中国，至今仍甩脱不掉西方右派的思想，以至于趋时务新，抛弃自家无尽藏，沿门拖钵效贫儿。殊不知中国传统文化思想的高明价值，即在于将圣人"大中至正"之道的"默会知识"重新认识，并以现代人的语言表述出来，以建立适合崇高人性价值的社会科学理论。

中国人的社会科学发展，可以日裔美籍学者野中郁次郎（Nonaka）和竹内光隆（Tadeuchi）在1995年出版《知识创新的公司》（Knowledge-creating Company）一书为例。他们将中国传统哲学"天人合一"等假定，结合日本知识管理的实务，创造出具有普遍性的知识创造理论，而为欧美学术界普遍赞扬，被评为1996年的十大企管名著之一。

我们需要向这两位日本学者的独创精神致敬，我们更要向他们对中国传统文化哲学的基本假定所具有的文化自信心致以崇高的敬意。中国百年来从事社会科学理论工作的学者们，何时才能停止向西方社会科学理论抄袭的坏习惯？何时才能摆脱西方社会科学理论的殖民？何时才能以中国人独创的语言来评论中国历史文化发展的历程与意义？何时才能放弃西方人惯用的GNP、GDP、人均所得、国家竞争力等只看重物质生活的价值而无精神生活的祈向？

十三亿中国人拥有丰厚的文化遗产，中华民族今后将过怎样有意义的生活？我们将建立怎样的未来生活世界？回顾过去，瞻望将来，中华民族的历史观和整体感，需要重新建立，需要重新教育。中国共产党在中华民族这三千年未有的变局中如何承担这一转型的天命，实需理论家们，超越已了无新意的西方社会科学理论，才能为中华民族安身立命，建立超越汉唐盛世，融合中、西、印三种文化为一体的第三波中国文化，开启人类新的文化机运。

《海峡评论》第 205 期，2008 年 1 月

中国崛起：全球最大的玩家

最近五六年来“中国崛起”的呼声甚嚣尘上，其气势早已压过所谓“中国即将崩溃论”的说法。中国航行在波浪曲折而动荡的环境中，最让众多自由主义者不满者仍然是政治体制改革的问题。其实，政治改革没有一成不变、放诸四海皆准的“普遍论”。从微观论之，经济富裕后，个人自由或权益保障的要求随之而起；然而，治理大国若烹小鲜，没有宏观的角度或长期的观点，经济条件与文化条件皆未具备，贸然急切地要求民主改革，最后将注定失败；而民主体制不健全或不成熟，最后亦将使法治荡然无存，台湾是最好的例子。

典范移转决定中西文化各自发展的方向

从宏观的角度观察，中国的崛起，不能孤立地就眼前种种的外表现象，以有限的社会科学理论观点去做各种各样的分析，得出零零碎碎的结论。最重要的是要把它放在四百年来中西文化发展、盛衰、起伏的波浪循环演进过程中，看出双方相对势力的较量，以及从表象透视科技发展的“典范移转”过程，决定了各自社会发展的方向。笔者向来深信，中国文化源远流长，自古以来即擅长以直观智慧体会人类生命精神本质的奥妙，进而展示一套修行功夫的认识论，而有别于西方文化四百年来偏执“逻辑实证论”理性分析的认识论。

英国科学史家李约瑟（Joseph Needham）认为中国的科技水准在1600年以前领先西方国家，后来落后的原因，其中之一是中国缺乏数量分析的实验传统，以至于面对“牛顿典范”崛起，偏重经验研究的实证分析。这恰好非中国之所长，而直观体悟的“默会知识”难以用语言文字表达出来。《易经》所谓“言有尽，意无穷”；老子曰：“道可道非常道，名可名非常名”；庄子曰：“世之所贵道者书，书不过语，语有贵也。语之所贵者意也，意有所随。意之所随者，不可言传也，而世因贵言传书。世虽贵之，我犹不足贵也，为其贵非其贵也。故视而可见者，形与色也；听而可闻者，名与声也。悲夫，世人以形色名声为足以得彼之情！夫形色名声果不足以得彼之情，则知者不言，言者不知，而世岂识之哉？”在孔子《天道篇》也说过“下学而上达”，亦即要从形而下的经验层面，超越进入形而上、难以用语言文字描述的境界。这些直观体悟的境界，在“牛顿典范”崛起后，由于偏执“逻辑经验论”的方法论，竟被视为毫无经验可证性的非科学命题，因而被扬弃、糟蹋。

当文化自信心丢失后，民族自信心也随之而亡，于是可见一切崇洋媚外，丧失独立自主的性格与国格，乃至于为军购案，遭到AIT处长杨苏棣干涉内政的谈话，执政党竟然麻木不仁，不以为耻。

四百年来，人文理性屈从于逻辑理性

西方文化这四百年来的思维模式，偏向“逻辑理性的优先性”，而中国传统文化则是“人文理性的优先性”，要把“先于逻辑的”那一面发挥得淋漓尽致，把神话、语言、宗教、艺术等“内容真理”从特殊事物提高到普遍有效的层次。此与逻辑和科学的认知功能并无不同，此为凯西勒（Ernst Cassirer）哲学的要义，也是后期维特根斯坦及海德格尔所谓的“语言的转向”，要“把语词从逻辑定义的规定性中解放出来，或把语言从逻辑法则的压迫下解放出来”这种认识论和方法论的转向，使东方文化与哲学的高明价值，重新为世人所体认。

“牛顿典范”盛行时代，强调形而下的经验研究，以概念与概念之间的关系形成定律，再以严谨的定律与定律之逻辑关系形成理论。这种分析的、抽象的思维方法，就是西方文化四百年来科技进步背后的认识论和方法论，而为中国人所不习惯或较不擅长的思维方式。一直到20世纪物理学“爱因斯坦典范”的崛起，才发现“牛顿典范”时代的方法论有了极限。虽然对人类的科技进步贡献甚大，也让对它陌生的中国人吃足了将近两百年的苦头，但因“牛顿典范”偏重“逻辑理性的优先性”，使“人文理性”也屈从于“逻辑理性”的宰制，两次世界大战益发令人不寒而栗。

美国著名物理学家菲杰弗·卡帕（Fritjof Capra）就说过：“每一字或概念，无论多清楚，只有有限的应用范围，科学理论对实体从未有完整与确定的描述，它们永远只是接近事物的本质。更明白地说，科学并未研究真理，它们只对实体作有限的和近似的描述。”方法论大师波兰尼（Michael Polanyi）在1966年说：“我们所能知者超过我们所能说者。”这些观点都超越了逻辑经验论的认知，到了20世纪90年代知识经济时代来临，才真正认识到企业竞争的关键不在于西方四百年来所开发的“外显知识（Explicit Knowledge）”，而在于那不可言传、难以模仿的“默会知识”。这正是中国传统文化的“精髓”，而已失传久矣！

因此，真能体会中国文化的高明精髓者，面对西方文明的科技进步，虽能体认他们的进步带给中国人的可能伤害，只能自求进步，以免落后挨打，但绝不会因此而妄自菲薄，屈从西方文明那一套所谓的“科学人生观”。从这里可以理解到，最近麦健陆（James McGregor）在其所著的畅销书《与龙共舞：十亿顾客的商机与挑战》（《天下》杂志译，2006 年）中引用的观点：“中国在科学和商业上已经落在他国之后，但他同时也坚信，建立在伦理道德和儒家‘君子’理念基础上的中国统治体制，是世上最完美的政体。中国可以透过学习西方的科学技术，并将这些元素有效嫁接到本国文化和儒家统治政体而求得生存，即在推进国家现代化的同时，保留中国文化的‘精髓’。”

李鸿章的想法，大致和张之洞“中学为体，西学为用”的主张相似，虽然李鸿章缺乏当代比较政治制度的知识，中国统治体制是否如他所言是世上最完美的政体，仍有讨论的余地。张之洞等熟读中国古书的传统知识分子，以及后来的孙中山、杨仁山、马一浮、汤用彤、熊十力、陈寅恪、梁漱溟、方东美、唐君毅、牟宗三、黄文山等都曾做过中西文化的比较研究，提出许多卓识远见，均能体会中国文化精神确有高于西方文化之处。从方法学论之，以抽象概念的逻辑推理，建构理论以描述、解释、预测经验现象的因果关系，中国不如西方。但西方寻求理论规律，以求控御自然世界与人文世界，早已预设人与自然、人与人的二元对立，顺此文化精神发展下去，人与自然难求生态和谐，人与人之间亦将因对立而疏离异化，导致发生惨痛的战争，可谓事有必至，理有必然也。

追寻现代中国：改革开放促进中国崛起

诚如美国知名历史学家史景迁（Jonathan D. Spence）在《追寻现代中国》一书中所说：“中国是当时世界上幅员最辽阔、人文荟萃的统一政权。其疆域之广，世界各国均难望其项背，当时俄国才开始形成统一的国家……此时中国人口已逾一亿两千万，远超过欧洲诸国人口的总和。”1793年英国使臣乔治·马戛尔尼勋爵（Lord George Macartney，1733—1806）为打开中国这个巨大的市场，晋见已近暮年的乾隆皇帝。当时的中国无论从人口或繁荣程度而言皆是世界之最。有趣的是，中国因锁国政策，无知于西方文化“牛顿典范”的崛起，一连串文艺复兴后的宗教改革、启蒙运动、工业革命、海外殖民统治等带有进取性或侵略性的商业和军事行动，注定中国人必将因无知落后而挨打，几至亡国灭种。幸因中华民族强韧的文化内聚力，终于否极泰来、剥极必复，而有1978年12月的中共中央十一届三中全会“改革开放”政策的来临，而在2001年12月11日正式加入WTO，距马戛尔尼开启中外通商谈判序幕已经过去208年。

从文化表象观察，中国目前的经济形势，可用“一二三四”来表达，即外汇存底世界第一；吸引外资数量世界第二，仅次于美国；进出口总量世界第三；GDP总量世界第四，仅次于美国、日本、德国。由此可见，改革开放不到三十年，中国已逐渐挤进世界富强国家之列，其文化生命力之旺盛，令人叹为观止。据此以观，未来发展，中国正在走上恢复乾隆盛世，及1600年的世界一流地位。中国市场有可能主导或设定资本主义世界的游戏规则，而非1967年尼克松在《外交事务季刊》所说：“中国不改变，这个世界就不可能安全。因而，我们的目标就是尽可能利用我们的影响引发改变。”20世纪60年代的美国代表西方文明的盛世达于登峰造极之境，盛极必衰。到了1972年，美国为求解决中国南方的越战问题，及中国北方苏联对美国的核武竞赛问题，尼克松总统毅然纡尊降贵，跑去北京与毛泽东握手，震惊全球，从此改变了世界政治秩序，直到70年代晚期而有中国改革开放与中美建交。

究竟是谁改变谁：西风压倒东风，还是东风压倒西风？

所以，究竟是谁改变谁？是西方文明价值的普世论要改变中国，还是中国文明的价值已经消融整合了西方文明的经验科学理论，再也无惧于西方的船坚利炮？当西方人发现物理学已突破经验论的层次，走向中国传统儒释道心物一元和曲线思考的神秘主义之形而上境界时，一个新时代、新文化即将诞生，那就是人类将中、西、印三支主流文化融会贯通后所创造出来的新文明，即将诞生在中华大地。2006年10月一期《时代》杂志刊出专文指出，亚洲拥有人才，加上充分培训，已经足以启动一场科技革命，照目前趋势，亚洲国家不久就能挑战美国与欧洲的科技霸权。

中国将改变世界的文化，成为全球最大的玩家。**就中国历史而言，中国的崛起，其气势将超越汉唐。就世界历史而言，中国的崛起，其文化价值将如过去一般，吸纳整合外来的西方文化价值后，成就人类的新时代文化价值**。至于现今欧美和东南亚国家青年，争先恐后学习中文，以及中国发射太空飞船的成就，在全球百大城市设立孔子学院，只不过是理有必然，事有必至，而成为茶余饭后助兴谈话的资料罢了。

中国前途的文化战略选择

美国哈佛大学政治学教授亨廷顿曾提出民主发展的经济条件，最起码也要达到人均所得三千美元。这个道理很简单，当人民基本的温饱问题尚未解决时，哪有心思去关怀公共事务呢？若积极参与公共事务，很容易流于激进的意识形态斗争，终将闹到民穷财尽。中国20世纪60年代的“文化大革命”和苏联戈尔巴乔夫政治改革“震荡疗法”都是前车之鉴。

其次，除了经济条件之外，民主政治的发展尚须具备文化条件。这个文化条件比较抽象，没有相当思想水准的人，是难以理解这个条件的重要性。台湾就犯了这个毛病，使1987年解严后的台湾，日渐滑向民粹主义，形成了不成熟的民主政治。

所谓文化条件，一言以蔽之，两个英文字足以概括：一是accountability（外在责任，亦即人民遵守宪法、法律、制度等各种外课的责任或义务）。二是responsibicity（内在责任，亦即一个人在毫无外力的压迫下，对自己的行为后果负起应尽的责任）。前者为西方文明四百年来表现最为精彩的宪政制度或三权分立等理念，这是一种他律在宪政民主的外在制度表现。后者是中国文明儒释道最为精彩的内容，这是一种自律在宪政民主上的内在精神表现。他律和自律都是互补的，不过在中西文明的表现上各有所偏重而已。

崇洋媚外，民族自卑心再度燃起

在开放之后，对照自己国家社会的贫穷落后，心生急切，要求加快步伐，迎头赶上，这是很自然的心情。但也因此引发了两种后果：一是人民的需求加快，政府一时难以应付，形成所谓的“不可治理性（Ingovernability）”，这在当代各国皆曾遇到，不过各有不同程度而已。另一是马列主义退潮，激起资本主义的狂潮，崇洋媚外，民族自卑心再度燃起。所以，当学生们失去民族自信心而崇洋媚外，达到最高潮时，一般高级知识分子，也同样失去了文化自信心。因此，凡是中国传统的东西都不分皂白，一概视为落后的、封建的，乃至封闭的；而凡是西方的都是代表进步的、开明的、文明的价值。这两个“凡是”直到1999年5月，中国驻南斯拉夫大使馆被美国飞机轰炸，再度恢复民族自觉，引发七十多万学生的示威风潮，才稍有扭转。

中国有十多亿百姓要生活，那批西化的知识分子急着要“政治现代化”，但心中是看不起老百姓的，以为他们都是没出息的、落后的。他们急切要求民主的结果，知识分子占了便宜，老百姓可要遭殃了。

就在20世纪80年代，美国知识界已有深切反省，发现中国传统文化的世界观不是落伍的，而是当代物理学的新观点。1977年诺贝尔化学奖得主普里高津在其1984年的名著《混沌中的秩序》导论中提及人与自然的重新对话已经开始，人类正在创造一个“新的自然”，并引述《庄子·天运篇》的一段话：“天其运乎！地其处乎！日月其争于所乎？孰主张是？孰维纲是？孰居无事推而行是？意者其有机缄而不得已邪？意者其运转而不能自止邪？”

普里高津对中西文化的会通抱着乐观的态度，他说：“我们相信，我们正朝着一种新的综合前进，朝着一种新的自然主义前进。也许我们最终能够把西方的传统（带着它对实验和定量表述的强调）与中国的传统（带着它那自发的、自组织的世界观）结合起来。”

西方垄断的时代即将过去

亨廷顿也说：“西方赢得世界并非靠思想或价值或宗教胜人一筹，因为其他文明国家因而归顺者少之又少，而是靠其在运用组织暴力上的优势，西方人经常忘了这个事实，但非西方人无时或忘。”（《文明的冲突与世界秩序的重建》）又说：“西方垄断的时代即将过去，同时，西方的式微和其他权力中心的兴起已经促成全球本土化的进程及非西方文化的复苏。”

2001 年 2 月美国总统布什在清华大学演讲“美国价值”，他的意思是，美国的民主、自由、人权等价值具有普遍性，值得中国人学习。笔者认为这话固然不错，但必须看是怎样学习。民主、人权、自由、法制等价值在中国文化背景中应如何生态地、有机地结合，这可得细腻地、深沉地思考，方有成效。如果失去中国文化精神的根本，随波逐流学习人家的民主法制，终究将是一场悲剧，戈尔巴乔夫就是一个最好的例子。

亨廷顿说得好：“西方所谓的普世论，对其他地方而言是帝国主义。”“帝国主义是普世论必然的逻辑结果。”这就是说，不要把西方的文化价值当作具有普遍的真理性，然后像传教士那样去宣传，强迫非西方人士接受，那就成了“帝国主义”了。

西方文明价值只有独特性没有普遍性

中国仍有人迷信西方民主政治国家不具有侵略性，想想看2004年美国对伊拉克的侵略，再想想看四百年来西方人对亚非国家的殖民统治所表现的“自我中心幻觉”，以为世界绕着它转，那种文化潜意识的“偏狭傲慢”难道也值得我们学习吗？

西方文化价值的普遍性，大约在20世纪60年代最为盛行，彼时美国代表西方文化的最后一个强权。曾几何时，到了90年代初期，西方有识之士已警觉到文化差异的重要性，并深切体认到，西方文明价值只具有独特性，而非普遍性。保卫西方文明价值，主要是为了保卫西方文明的独特性，而非它的普遍性。

中国在80年代，由于改革开放的初期阶段，摸着石头过河，又因“文革”十年破坏中国的文明价值，对于自己的传统文化高明在哪儿毫无认识，也失去自信心，结果形成了“沿门托钵效贫儿”。看到西方文明的表面繁荣和进步，以为那就是人类文明的曙光，于是像飞蛾扑火，拿着香跟着西方人拜。这种文化战略的失根，正是当时那个时代的悲剧。

邓小平高瞻远瞩，他少年时代留学法国，后来又去俄国，他始终站在民族文化立场，选择了以中国传统文明为价值方向的道路，先清理腐朽的西化派，稳住阵脚，继续改革开放，从经济改革做起，再逐步政治改革。眼下新一代领导人也是如此，他们先求党内民主化，再逐步做到政府体制的民主化。这需要给他们一点时间，不要苛求人家“震荡疗法”一步到位，否则将是民主化后的更加贪赃枉法，民主尚未成熟，先滑向民粹政治，那将如台湾一样，乱局难以收拾，河清之日遥遥无期也。

《海峡评论》第 17 期，2005 年 2 月

驱耕夫之牛，夺饥人之食，不为也

——评龙应台的“价值认同”及中共与马英九应记取的教训

今天俄罗斯在某些方面是比中国自由得多的国家，但是中国主要是经济和司法，正在稳定地进行自由化改革。中俄两国究竟谁会最后走上更稳定的自由民主道路？如果经济发展和中产阶级是维系民主的钥匙，中国正走上正确的道路。

“一个国家越富裕，实践民主的机会就越强。”“当国家经济发展起来之后，社会也会产生维护自由民主政府的力量和技巧。”

当然有些贫穷国家也变成民主了，但是一个在很低的发展水准上建立民主的国家，其民主多半很快夭折（印度是例外）。

几乎每一例子都显示，独裁政权先缓慢而部分地开放经济，但是此一过程导致政体越来越自由化。

龙应台发表了《请用文明来说服我：给胡锦涛先生的公开信》（《中国时报》），对于国民党主席马英九勉励“国青团”学员的一句玩笑话——“希望将来‘国青团’也能培养出一个胡锦涛”提出批判，并引发了一场绿营对马英九的恶骂。

基于对言论自由的人权信仰，笔者向来肯定并欢迎这种论辩，但还有一层更深刻的理由来鼓励言论自由。因为真正具有创造力的思想家，深知人类的理性是有限的，必须鼓励并尊重多元观点的呈现，以便逼近真理。

但是，多元观点的呈现，不是恶骂，也并非没有对错的标准；然而，真理并无绝对标准，错误则是有标准可循的，关键在于必须要有专业的深入研究，不能像龙应台这篇文章或《自由时报》那种意识形态所扭曲的论述。

龙应台的思维模式有两个特点，几乎是全盘西化派的共同特征：

（一）分裂性思考

这是自我中心的理性主义者最大的毛病，他们在观察或分析问题时，以自我为中心，一开始就忘了与之相关的他人或群体，或者就两者彼此相关的概念，只取其一而做直线的逻辑推理。例如一本书的作者只就自己的立场推论，忘了从读者的角度设想，提供阅读的方便；或一家厂商只从生产者的角度设计产品形式，却忘了从消费者角度设计使用者便利的产品，这些都是自我中心的理性主义者。龙应台的《请用文明来说服我》这封公开信，一开始就预设了自我中心的傲慢，因而是微观的“价值认同”，缺乏宏观的、专业的政治学理论基础。同时，她对义和团的愚昧与残酷，视为反现代文明，却对于另一面——八国联军攻打北京之残酷与侵略竟然视而不见，毫无一句反现代文明的谴责，十足暴露所谓自由主义者的伪善面孔；也暴露了龙应台缺乏民族感情的同理心，好像局外人很理性地以抽象概念分析别人所遭遇的问题，却乏局内人不足为外人道之困难处境的体会，这种现象都是自我中心的分裂性思考。

（二）预设西方文化价值的普遍性

龙应台认为大陆中学教科书有严重的非理性意识形态的宣扬，教导下一代“外来文化的邪恶，侵蚀了现有文化的纯洁”。她似乎忘了，难道马列主义不是外来文化？事实上，龙应台把外来文化不自觉地狭隘化为西方资本主义文化。她似乎把欧美国家资本主义长期以来的贫富不均所造成的“少数人的民主”视为天经地义，未置一词，却对中国因改革开放必然会出现的贫富不均的初期现象喋喋不休，毫无同情地理解，这种全盘西化派的观点，早已为学术界所扬弃。美国哈佛大学教授亨廷顿在《文明的冲突与世界秩序的重建》一书中即有此论：“帝国主义是普遍论必然的逻辑结果。”从龙应台的文章中，我们实在看不出她对中国文化精神高明面有何认知？她对20世纪物理学爱因斯坦典范所形成的世界观与中国传统儒释道的思维模式相通并无深刻的体会，因此思想境界也就停留在已经落伍的西方文化价值认同上，并自以为是，要人家“用文明来说服我”。实际上，笔者只看到她流畅文笔后面所显现的肤浅与傲慢的偏见。例如她预设了民主与自由的关联性，政治上的独裁代表一种逆流，而忽略在历史演进过程中，专制集权与经济的持续发展相结合，正是走向成熟的民主自由之路所表现的正确方向。这些观点都是近数十年来西方政治学者经验研究所得出的结论。

以下笔者将对下面四个问题进一步阐释说明：(1）不自由的民主(Illiberal Democracy)；(2）民主发展道路可以急切吗？（3）西方文明的“价值认同”有其普遍性吗？（4）中国文明的价值与知识经济的相关性。

所谓不自由的民主或非自由主义民主

民主政体已成为政治合法性最后的一个理由，民主选举也成为独裁者的形式门面，民主政治重量轻质的决策方式，也反映在文化层面。所谓“高级文化”已变成少数人的“小众文化”，而所谓民意测验早已成为新式摩登的预言家，只要是公众的意见，一个常识性的主张，立刻就变成具有圣经一般的神圣性，不可冒犯，人民好像是个“大婴孩（Big babies)”。而代表社会专业知识或专业精神的律师、会计师、医师、银行家、大学教授等都退化成为焦急的说客，丧失威望和公益责任感。

我们通常都假定民主是神主牌，不可能制造任何问题，如果批评民主的黑暗面，很可能被贴上“反民主”的标签。然而，传统政治学一直强调，民主可以带来“宪政自由主义”，其实民主未必与自由相关，即使在西方也不必然如此。民主选举或公民投票复决认可的政府，很可能产生一个神权政权或极端政权，德国希特勒就是民主选举产生的总理。民主选举很可能加剧了种族紧张或族群冲突，印尼的苏哈托、南斯拉夫的铁托、台湾的两蒋统治都说明了在强人统治时代，比民主时代反而少些族群冲突。在整个阿拉伯世界，如果选举，很可能选出比现在更独裁、更不容忍、更反动、更反西方、更反犹太的政权。同样的，如果中国大陆马上举办全国大选，恐怕在狂热的民族主义驱使下，“攻打台湾”将成为最优先的政策选项，而非当前仅次于“经济建设”的次要选项。

为什么民主发展势头兴旺，自由反遭受挤压？为什么新兴民主国家如伊朗、委内瑞拉，甚至变成虚假民主，造成幻灭、混乱、暴力和新形式的暴政？香港完全没有民主可言，但享有举世最高的宪政自由水准；巴勒斯坦政府无宪政自由传统，但它是整个阿拉伯世界中唯一经由相当自由的选举产生的政府；美国废除奴隶的成功，不是民主选举促成，而是北方的武力彻底打败南方，可见种族歧视的悲剧，使民主和自由经常处于对立的状态。美国著名政治学者亨廷顿在其名著《第三波》(The Third Wave）中对此有详细的解释：“公开、公平而自由的选举是民主的根本，必不可少。经由选举产生的政府可能无效率、腐败、短视、不负责任，受到特殊利益集团控制，而且不能采行公益所要求的政策。这样的政府是坏政府，但是并不因此而否定其为民主政治。民主是一种公共之善，但不是唯一的善。”

民主并不等于“好政府”，像台湾的执政党经由民主选举而上台执政，政务空转，两岸关系闭锁，其侵犯人权，违反专业精神的政策思维与作风，不胜枚举。寻思其故，这种虚假民主，其实即为一种“民粹政治”，具有三种特征：(1) 法治规范破毁；(2) 专业精神下降；(3) 社会资本流失。

笔者并不反对民主，但对于预设民主政府必然带来宪政自由，这种违反专业认知的常识性夸大言词是要严正反对的。成熟民主是一渐进的过程，是必须观察历史条件的各种配套措施是否具备了，中共如有违反宪政自由之举，是该谴责的。但若以空洞的、抽象的民主自由概念，急切地催促搞民主，没有自家人的民族情感和同理心，反而谴责义和团的野蛮无知，充其量只是西方帝国主义意识形态霸权不自觉的传声筒而已，哪里还有中国文化吾日三省吾身的反思修身？

民主发展道路可以急切吗？

中国领导人必须在政治、法律、社会方面加强改革，才能因应国内外动荡的局势，但在从事自由改革，要小心谨慎，逐步增加，效果会较好。社会科学家西摩·马丁·利普塞特提出有力的论点：“一个国家越富裕，实践民主的机会就越强。”“当国家经济发展起来之后，社会也会产生维护自由民主政府的力量和技巧。”政治学者亚当·普沃斯基和费尔南多·里蒙奇深入世界上每一个国家从 1950 年至 1990 年的资料，得出国民所得在 1500 美元以下的民主国家，政权的存活期平均只有 8 年；在 1500 到 3000 美元，民主政权平均可以存在 18 年；在 3000

到6000美元，它就变得非常有弹性适应力；在6000美元以上的国家，其民主政体会消亡的比例仅五百分之一。32个国民所得超过9000美元以上的国家，没有一个消亡；69个较贫穷的政权，39个失败，占56%。由此可见，国民平均所得在3000至6000美元的国家，民主转型较易成功。

新加坡资政李光耀在《好政府比民主人权重要》这篇文章中说：“发达国家的民主历史显示民主是一个非常缓慢的过程。无论在英国或美国都是如此，直到它们取得高度经济增长，人民受过教育之后，全面地享有普选权。”英国1215年签署《大宪章》，1928年妇女才有投票权，1948年才废除牛津和剑桥大学毕业生所拥有的额外投票权；美国1776年独立，1788年只有缴交产业税或人头税的富人才有投票权，1920年妇女才有投票权，1965年黑人才获得了投票权。李光耀又说：“如果世界出现持续的经济萧条，没有人可以保证目前的民主政体能够继续生存。各国的所有人民都需要有好的政府。一个国家必须先有经济发展，民主才可能随之而来。除了几个例外，民主并没有给新的发展中国家带来好政府。民主并没有导致经济发展（苏联戈尔巴乔夫的民主改革即是一例——笔者注），是因为政府并没有建立经济发展所需的稳定和纪律。”“总的来说，我认为要取得一个行得通的民主体制，比在人权方面取得进展来得更艰难。给予人权更大的尊重是一个可贵的目标。唯一实际的前进办法，就是采取逐步渐进的方式。文明行为的标准，因一个民族的历史与文化而异，同时也取决于社会中的人民所习惯的阻吓或惩罚程度。”“没有人可以忽视一个社会的历史、文化和背景。各个社会都以不同的速度和不同的方式发展。他们的理想与标准也各不相同，20世纪末期的标准（21世纪何尝不是如此——笔者注）并不是放诸四海而皆准的标准。”

由以上政治学者的经验研究和李光耀丰富的治国经验所得出的结论，都指向一个有力的论证：从经济自由逐步发展到政治民主，不仅是欧美国家的经验，更是东亚国家的民主发展模式，这也是循序渐进，迈向成熟民主的自然路径。

中国在2005年GDP增长9.9%，规模达2.23兆美元（英国达2.18兆美元），仅落后美日德，跃居世界第四大经济体，已实现毛泽东当年“超英赶美”半个目标。虽然如此，中国的人均GDP 2005年仅达到1703美元而已，距离3000美元的民主转型期，还有一大段路程要走。如果照龙应台的观念，加速民主进程，重自由轻秩序或稳定，就世界各国民主发展的路程来看，恐怕将是揠苗助长，只有害中国，而非爱中国之道。当然，龙大小姐是外国人嘛，如果她真有心爱中国，请对中国当前攸关13亿人民温饱的经济发展问题多多赐教，不要以半吊子的民主自由概念，拿来对中国人民指指点点，却无补于中国健全文明的发展。何况中国文化首重人文、人道、人伦的精神，有高于人权的概念，在历经鸦片战争以来，东西方帝国主义不文明的残暴欺凌后，难得有这个时代的相对和平稳定时期，需要逐步实现人权的保障，绝不能操之过急。请勿再以西方帝国主义意识形态的霸权，来教训中国人，所谓“驱耕夫之牛，夺饥人之食，不为也”。龙应台应当知道西方文明这四百年的崛起，只是掠夺、剥削亚非地区人民的劳力和资源而壮大起来，是一极不光彩、极不文明的“流氓国家”（这是美国知名语言学家乔姆斯基（Noam Chomsky）一本大作的书名叫《流氓国家》）。希望龙应台多充实四百年来的比较中西文化史、思想史，并在方法论上采取社会学大师默顿（R.K. Merton，1910—2003）的“局内人的学理（Insider Doctrine ）”以先求了解“熟悉（Acquain）”中国的特殊处境和特定的历史文化，然后再作抽象的概念分析或理论建构的“知悉（Knowledge about）”。

西方文明的“价值认同”有普遍性吗？

从四百年来西方文明的崛起，先是16世纪的西班牙和葡萄牙，17世纪的荷兰，18世纪的法国，19世纪的英国，最后是20世纪中叶迄今的美国。西方的崛起诚如亨廷顿所指出，“西方赢得世界并非靠思想或价值或宗教胜人一筹，因为其他文明国家因而归顺者少之又少，而是靠其在运用组织暴力上的优势。西方人经常忘了这个事实（龙应台则无知于这个事实——笔者注），但非西方人无时或忘。”由此可见，西方文明的崛起是靠霸道的“以力服人，非心服也”，这是四百年来在牛顿典范支配下的西方文明，以驾驭自然、开发自然的心态，转移到对人文世界的控制，其文化潜意识是一种“自我中心幻觉”所表现出来的“偏狭傲慢”，以为西方文明价值具有普遍性，全世界围绕着它转，并有一个“不变的东方”（汤因比的批评）。这种偏狭傲慢反映在学术上就形成了“西方史观”，完全忽略了“文明的多样性”。龙应台要胡锦涛用文明来说服她，不知她要用哪一种文明的标准要求人家接受说服？她这种偏狭傲慢的自我中心论调，令人觉得十分自大和可怜无知。

四百年来，随着西方文明（实际上是不文明——笔者注）组织暴力的扩张，西方人早已习惯以“国际传教士”的身份，宣扬所谓西方文明的价值。尤其是美国总统威尔逊自1913年提出“威尔逊主义”以来，宣传美国价值观的普遍原则，要“主持美国式的正义”，一直到2001年2月的布什总统访问中国，于清华大学演讲“美国的价值”，仍然像个传教士那样鼓吹，好像美国价值是普遍的真理，丝毫未对西方文明四百年来的文化思想进行深刻的反省。2001 年 9 月，出现“911”事件，美国在国际舆论普遍不支援下悍然出兵伊拉克，声称要扶持伊拉克的民主发展，结果搞得如今进退两难。

其实美国有识之士并非无人警觉美国国势的衰退，已不具备完全实现它所有愿望的实力，因为有些国家已成长为强权大国。因此，基辛格无可奈何地只好求之于国际秩序的平衡，他说：“新出炉的现实需要之一，则是同时存在着几个实力相近国家，且其秩序必须建立在某种平衡（或译均势——笔者注）的观念之上，这正是美国历来难以接受的一种观念。”亨廷顿也说：“西方所谓的普世论，对其他地方而言是帝国主义。”美国的道德优越性，面对儒、回文化的兴起，也不再具有说服力，只好从美国价值观的普遍原则向后退却，而以“国家利益”“秩序”“均势”概念取而代之。亨廷顿以保卫西方文明的独特性（注意：他终于承认西方文明价值没有普遍性），来保卫国家利益。布热津斯基则以地缘政治的均势，东边拉拢日本，西边拉拢德国，以维持欧亚大陆块的稳定均衡，尤其中国更具有战略上伙伴关系的价值，应成为美国的远东之锚，协助培养欧亚大陆的均势，使欧亚大陆东边的强大中国与欧亚西边扩张中的欧洲相互配合。基辛格更露骨地说明如下：

在下一个世纪里，美国领袖必须向民众阐释国家利益的观念，说明在欧洲与亚洲维持势力均衡，为何符合美国利益。美国需要伙伴以便在世界若干地区维持均势，而且这些伙伴不能永远只照道德考量的原则去挑选，美国外交政策同样需要以清楚界定的国家利益，作为基本指南。

从以上的论述可知，代表西方文明四百年来盛世的最后一个强权国家——美国，逐渐领会到“美国有史以来首次面临不能退出，又不能主宰世界舞台的窘境”。承认西方文明价值的独特性，没有普遍性。今日美国的国家利益，也不过是退缩到以自保和均势为策略而已。这种境界和中国战国时代苏秦、张仪之流差不多，仍然是自我中心价值观的投射，只不过西方文明的传统是侵略性的膨胀，对人类文明虽也做出重大的贡献，但也给人类带来惨痛的教训。两次世界大战和数十年的冷战，就叙说了人类20世纪的苦难。

1991年苏联解体，冷战结束后，资本主义和共产主义这一对西方文化孪生子的斗争终于结束。日裔美籍学者福山（Francis Fukuyama）就有一段话说明所谓西方文明价值的普世论已渐趋式微，他说：

> 自从冷战结束之后，各种大规模制度的同化现象形成一幅幅讽刺的画面，其中之一就是现在全世界的人们甚至比以往更加意识到文化差异的现象。

从以上的论述可知，人类的文明进展，如今又到了一个分水岭，旧有的西方典范渐趋式微。这四百年来，西方人所创造的各种价值如三权分立、自由、民主、人权、法治，乃至于社会主义、资本主义、共产主义、市场经济等概念，都需要21世纪全体人类重新反思批判其意义，大背景已转变了，其中的意义诠释，岂有不变之理？人类当前已或明或暗地进行了“典范移转”，“东方红太阳升”已非革命时代的梦幻曲，而是你我身边一天到晚可见的事实景象。只有信仰西方旧典范的知识分子，一时还难以跳脱旧世界所谓“文明价值”的牢笼，以那种旧典范信仰的世界观来诠释新环境、新背景出现的新现象，将会出现许多不自觉的盲点。

中国文明的价值与知识经济的相关性

一百多年来，西方社会科学理论的发展，基本上其理论背后的认识论假定是：(1) 重视“个人”超越于“团体”；(2) 重视“外显知识”超越于“默会知识”。从科学哲学的角度观察，这是牛顿物理学典范的思维模式，其所表现的方法论特征是逻辑实证论（logical positivism）或后来的逻辑经验论（logical empiricism），依此而建构了一些抽象理论，成为一般教科书的知识来源。

20 世纪 70 年代是西方社会科学理论重大转折的关键期，物理学三大理论（相对论、量子力学、混沌理论）所形成的爱因斯坦物理学典范，正好与中国传统儒释道思想的思维模式相通。1977 年诺贝尔化学奖得主普里高津在其名著《混沌中的秩序》导论中提及人与自然的重新对话已经开始，人类正在创造一个“新的自然”，有别于四百年来西方文化传统，以人类自我为中心，控制大自然为我所用，进而剥削、宰制亚非暂时落后的弱势群体。普里高津在该书中引述庄子《天运篇》的一段话如下：

> 天其运乎！地其处乎！日月其争于所乎！孰主张是？孰维纲是？孰居无事推而行是？意者其有机缄而不得已邪？意者其运转而不能自止邪？

普里高津对中西文化的会通抱着乐观的态度，他说：“我们正朝着一种新的综合前进，朝着一种新的自然主义前进。也许我们最终能够把西方的传统（带着它对实验和定量表述的强调）与中国传统（带着它那自发的、自组织的世界观）结合起来。”

20 世纪的物理学典范革命，改变了牛顿典范下的实证研究，量子力学的代表人物海森堡就有如下两段话说明了实证论的危机：

> 每一字或概念，无论多清楚，只有有限的应用范围，科学理论对实体从未有完整与确定的描述，它们永远只是接近事物的本质。更明白地说，科学并未研究真理，它们只对实体作有限的和近似的描述。
>
> 当代物理学向其他学科显示，科学思想并不必然是化约论和机械式的。全观性的与生态的观点同时也是合乎科学的。（卡普拉）

从以上的典范革命或典范移转可见，当代物理学的世界观与中国传统儒释道的世界观是相通的，愈是传统的世界观也愈是现代的世界观。若从牛顿典范的世界观来分析中国传统文化，将出现许多悖论、矛盾，甚至荒谬的论述，20 世纪 60 年代台湾殷海光所著《中国文化的展望》一书即为一例。

中国文化的知识传统，特重“天人合一”“身心一体”“心物一元”“自他不二”的认识论假定。日本两位世界知名的学者野中郁次朗与竹内光隆就根据中国传统这种认识论的假定，结合日本的管理实务，发展出“知识创新的理论”，并于 1995 年出版《知识创新的公司》一书，第二年被评为十大企管名著之一。其所创造的理论，公认对西方社会亦有其普遍的解释力。

数十年来，中国学者观察或诠释国内外政经、社会现象时，几乎反映了西方认识论的传统而不自觉，其所建构的理论顶多成为西方文化学术的殖民地或传声筒，对于自家文化只见其缺点或落伍。例如对义和团行为意义的诠释，却对自家文化高明的一面因无所认知或体会，径直采取一种嘲讽口气，把自己所认知的自由、民主、人权、法治等概念视为绝对真里，以为那就是文明的价值，对西方四百年来的侵略性殖民统治反而未见其残忍野蛮的特质。这就好像一个女子被流氓强奸了，还要责备这位女子愤怒的情绪是野蛮的、反理性的、藏有仇外情绪的。如果龙应台要那样说的话，笔者只能感叹一声：岂有此理，理性得十分可怕！

马英九应记取的教训

至于马英九受到龙应台的嘲讽，还夸赞她文章写得好，一方面显现他的软弱性格，另一方面也看出他的无知。胡锦涛在中共的体制下能出人头地，这是就他个人而言，而非就制度而言，就像批评美国布什总统不是个人物，并非批评美国的制度不好；同理，当称赞康熙皇帝英明，并非表示要支援帝制复辟，这完全是分析单位的不同。但政治制度与政治人物是互为影响、一体两面的现象。当胡锦涛一接任中共总书记不久，就邀请宪法学家给政治局常委上课，同时中央领导同志也要向中全会做工作报告，证明他的想法是正确的。他正在进行点滴的改革中，不可无知地苛求他一下子全面地、激进地改革，应给他一点时间，至少他目前所作所为、所思所想是进步的。只要有进步就应给予鼓励。

马英九领导下的国民党，其文传会只是选举时与民进党斗嘴打泥巴战的单位，全党缺乏理论工作者，被视为不急之务。这样没远见的在野党，只得依靠党主席的理念作为组织的策略方向。马英九 2009 年接任党主席后，在党部墙外挂了几幅日据时代抗日台胞领袖的门神事迹，象征中国民族主义在李登辉与陈水扁两人的压抑下，重新恢复联结。他在《中国时报》上发表文章，呼吁建立正常的社会，而非对手主张的正常“国家”。马英九这种符合“一个中国”的国际规范，遵守“中华民国”“一个中国”的宪政架构，以及两岸关系客观的现实，可说是最稳定、最务实、最有前瞻性的策略方向。遗憾的是，马英九有正确的策略方向，却无策略执行的管理人才。他的周围幕僚多的是权力饥渴、追名逐利的烂羊头，少的是充满中国历史文化意识、为民族复兴而鞠躬尽瘁的股肱之臣，再加上他这个人不经世事、缺乏基层历练的性格，轻忽社会资本的内聚力功能，可以预见他在策略执行方面一仍旧贯，将无多大进展。马英九如果仍沉迷于欧巴桑与小美眉的大呼小叫中，自以为是，那他必须看一看《庄子·田子方篇》：“夫子不言而信，不比而周，无器而民滔乎前，而不知所以然而已矣。”马英九真正的人格魅力究竟奠基在什么地方？吾人拭目以待，并期望他发挥用人的见识与魄力。

中国人民的儿子邓小平改变了中国

傅高义著（EzraF.Vogel）《邓小平改变中国》新书评介

孔子曰："君子有三思，不可不察也。少而不学，长无能也；老而不教，死莫之思也；有而不施，穷莫之救也。故君子少思其长则务学，老思其死则务毅，有思其穷则务施。"（《孔子家语·三恕第九》）

孔子曰："吾有所齿，有所鄙，有所殆。夫幼而不能强学，老而无以教，吾耻之；去其乡，事君而达，卒遇故人，曾无旧言，吾鄙之；与小人处而不能亲贤，吾殆之。"（《孔子家语·三恕第九》）

一、前言：深具启发的一部经典名著

2012 年 6 月初，天下远见出版公司出版了美国哈佛大学荣誉教授傅高义一本名著《邓小平改变中国》，笔者花了三个礼拜，陆陆续续把它从头到尾看了一遍，并在空白处记上心得要点，深感此书确如封面所言："空前绝后，邓小平最完整的生涯起伏。"

何以言之为空前绝后呢？因为此书除了运用静态性资料外，还花了十年时间，多次亲身居留中国、走遍世界，亲自访谈国内外知名政学的相关人士，并访及邓小平家人与异议人士。傅高义以其中国通的身份，不仅把邓小平的一生经历放在中国的角度来观察其历史意义，更放在世界的角度来衡量中国即将崛起的时代意义。这种动态资料的掌握与意义诠释的机遇，后世学者恐难再有此一时空条件作此完整的分析，或曰空前绝后，谁曰不宜？

不过，作为一位中国学者，尤其是长期沉浸在中国文化传统精神教养下成长的笔者，对于外国的中国通，或能欣赏他们研究学问的勤奋与方法论上的精彩，却能自信他们对中国文化精神意义的深厚理解尚有不足之处，难以体会其意义的深度和广度。作为观察与理解邓小平的忧患意识与情理交融的政治人格和政治行为的基础，这是傅高义等中国通所难以理解“作为中国人民的儿子”的邓小平，何以有如此杰出表现，而与西方文化所产出的政治人物有所不同。

二、邓小平是一位终生的爱国者；民族血泪长留心中，毋忘国耻，振兴中华

邓小平十四岁就读于四川广安县中学时，就走上街头参加五四运动及后来不久在重庆抵制日货的运动，感受到了民族主义的情绪，并从此奠定了他爱国主义的思想：终身为中华民族的苦难寻求解放之道，至死不渝，并以“中国人民的儿子”自励自勉。后来他随着勤工俭学的机会赴法留学，1923 年加入中国共产党法国支部，从此成为一个坚定的共产党人，为振兴中华，死而后已。

邓小平到了晚年，发现他的改革开放政策，受到党内保守派的迟疑抵制，心急如焚，但为免造成外人有党内政治斗争的印象。1992 年决定“南巡”，他说：“谁反对改革，就让谁下台。”他鼓励干部进行试验，敢于冒险，不要怕犯错误，有错改了就好。他又说：“中国过去受到外国帝国主义的欺负，但那个时代已经过去了，落后就要挨打啊……我们已经

穷了上千年，不能再穷下去了，如果不重视科学技术和教育，还要挨打。”笔者看了这几段话深自感动，邓小平真正是一位终生的爱国者。而他的爱国心萌芽于幼年，看到资本帝国主义的嚣张和祖国的落后挨打，自然发出的不忍人之心，要振兴中华，毋忘国耻，至死不变。这一雄心壮志，使他能忍受环境的煎熬，在法国勤工俭学，在苏联刻苦励学。1927 年返国后又能历经艰难，从事各种各样的革命工作，直到新中国成立，三落三起毫无怨言。1978 年成为当家做主的第一把手，不自视为“天子”，也绝不夸大个人的作用。这样的胸襟若无终生的爱国主义精神贯注其中，是不可能终生一以贯之的。古人有云：“内养足，不怒而威；内养不足，怒而不威。”邓小平的威，可以看出是来自于内心的内养足，而他以救国的志业为终生奋斗的目标，早已超越权力的追求，与庄子说的“帝王之功，圣人之余事也”境界相合。

三、从摸索中寻找“有中国特色的社会主义市场经济”，并确定为中国政治发展的路线愿景百年不变

邓小平是一位不拘泥意识形态的务实者，意识形态只是他解决问题的工具之一，所谓“黑猫、白猫，能抓老鼠的就是好猫”，可看出他的灵活手腕。不过，再怎么灵活也要顾及他的原则性。

邓小平的一生对资本主义的剥削性有感性上的认识，他与其同辈的革命家为了救国而反对资本主义，并非对资本主义和社会主义的对立，有何理论上深刻的理解。新中国成立后，邓小平也经历过社会主义计划经济的制度，实践检验真理（这是中共的认知，只是部分正确，真理的检验除了外部检验，偏向实用性外，尚有内部检验，偏向逻辑完整性，

后当略评之），终于悟出计划经济不适合瞬息多变环境的掌握，因而妨碍效率的运作。

邓小平终生爱国救国，国家也不能一直搞阶级斗争，日日斗争到民穷财尽，总要治国建国！宋朝的吕祖谦有言："观人之言，当考其所处之地，然后听其所发之言。"意义的诠释当视其言行举止所在的情境而定。邓小平提出社会主义市场经济的说法，在20世纪80年代可谓高瞻远瞩，充满智慧，比那些有博士学位的学者还要高明。兹先就中国1979年前后的情况以言之：

> 邓小平面对的是一项苛刻的、史无前例的任务：当时还没有哪个共产党国家成功完成了经济体制改革，走上持续发展的道路，更不用说这个有着十亿人口、处于混乱状态的国家。
>
> (20世纪60年代初)，当时占人口总数80%的中国农民人均年收入只有区区40美元。

邓小平为了中国的经济前途，是要放弃社会主义计划经济呢，还是另辟蹊径，试行社会主义市场经济呢？当时学术界能从理论上解说社会主义市场经济的，以美国政治哲学大师约翰·罗尔斯的《正义论》(*A Theory of Justice*，1971）为代表，他说："虽然资本主义经济学家一直谨慎探讨市场经济在某种意义上是最好的设计，但资本主义与市场经济的结合只是历史的偶然，因为至少理论上讲，一个社会主义政权也能运用此一制度的好处，其好处之一即是效率。"

邓小平有丰富的革命经验与治国经验，更有满腔热血救中国和振兴中华的志愿，在当代中国，很少人能与他相比。他为了中国何去何从的路线问题，又一次展现他的灵活性，敢于突破社会主义意识形态的框框，他说：

> 计划不等于社会主义，市场也不等于资本主义。资本主义也有计划，社会主义也有市场。贫穷不是社会主义。要走共同富裕的社会主义道路。为了达到这个目标，先富起来的地方要多缴税，用来帮助落后地区……不能搞“大锅饭”，这会打击人们的热情。（1992年邓小平南行讲话）
>
> 傅高义说：“从集中人力抓紧办事这方面说，资本主义赶不上社会主义。如果没有从1984年到1988年取得的进步，1989年到1992年这个艰难时期的事情就不会那么顺利。”

邓小平从实践中检验真理，约翰·罗尔斯从理论逻辑中验证真理，他们二人一在东方，一在西方，竟然创造出社会主义市场经济的提法，令人佩服。不过任何理论政策在实践中，必须注意国情的特殊性，这又为四百年来西方文明价值普遍论的蛋头学者，醍醐灌顶。邓小平对自己的民族文化有信心，坚持中国特色的处境，有别于四百年来西方文明的价值。他说：

> 马克思去世以后一百多年，究竟发生了什么变化，在变化的条件下，如何认识和发展马克思主义，没有搞清楚……各国必须根据自己的条件建设社会主义，固定的模式是没有的，也不可能有，墨守成规的观点只能导致落后，甚至失败。（1989年5月16日与苏联戈尔巴乔夫会谈）（潘敬国）

要紧紧抓住合乎自己的实际情况这一条。所有别人的东西都可以参考，但也只是参考。世界上的问题不可能都用一个模式去解决。中国有中国自己的模式，莫桑比克也应该有莫桑比克自己的模式。(1978 年 5 月与莫桑比克总统萨莫拉会谈）(潘敬国)

中国过去就是犯了性急的错误（笔者注：前面有一句话：我们的用心是好的，想早一点进入共产主义……违反客观世界发展的规律)。我们特别希望你们注意中国不成功的经验。外国的经验可以借鉴，但是绝不能照搬。(1981 年 5 月会见津巴布韦总理穆加贝）(潘敬国)

邓小平以上的谈话，再次证明了他对中国历史文化的自信心，换言之，中国的未来发展没有固定的模式，不能照搬美欧的资本主义模式，也不能照搬苏联的社会主义模式，早已超越姓资姓社的争论，符合知识经济时代的特色。中国特色的社会主义市场经济必须从中国传统文化渊源中寻找思想灵感，并学习古今中外各国之所长，综合创造出新时代的政经社会文化制度或生活方式。

美国已故哈佛大学教授亨廷顿说得好：“帝国主义是普世论必然的逻辑结果（Imperialism is the necessarily logical consequence of univeralism)。”又说：“西方文明之所以珍贵，并非因为它很普及，而是因为它很独特。西方领袖主要的责任不在试固依西方的意向重塑其他文明，这已经不是其正在没落的力量所能为，而在保存、保护和重建西方文明独树一帜的特性。”此乃中美双方学者与政治家历经世界几十年的变化而得出来的结论，非仍执迷于西方文明价值普遍论的学者所能知所能及，笔者庆幸邓小平历经千辛万苦为中华民族的前途发展，终于找到一条中国特色的社会主义市场经济的道路。虽非绝对真理，却是一条独立自主可行的中国人道路，不妨试试看，摸着石头过河，从行动中发现目标。

四、扫描环境：改革开放需要和平稳定的环境，邓小平外交政策的卓越成就

邓小平的外交政策不是消极被动地适应全球的环境，而是为了中国的改革开放和经济建设具有积极前瞻性和创造性。他在 1987 年 5 月对来访的荷兰首相吕贝尔斯说：

> 争取比较长期的和平是可能的，战争是可以避免的……1978 年我们制定一心一意搞建设的方针，就是建立在这样一个判断上的……我们在制定国内搞建设的同时，调整了对外政策。我们奉行独立自主的和平外交政策，这有利于和平。我们不打别人的牌。

回顾新中国成立之初的外交政策，建立在和平共处五原则上。1974 年 4 月邓小平代表中国出席联合国大会第六届特别会议，提出毛泽东所创发的三个世界理论，并提出处理国际关系的六项主张，成为后来改革开放、创造和平环境的外交政策基础，兹简述如下：

1. 国家之间政经关系建立在互相尊重主权和领土完整、互不侵犯、互不干涉内政、平等互利、和平共处五原则的基础上。反对在任何地区建立霸权和势力范围。

2. 发展中国家人民有权自行选择和决定他们自己的社经制度。

支持发展中国家个别地或集体地自力更生发展民族经济。

3. 国家不论大小、贫富一律平等，各国共管国际经济事务，不应由一两个超级大国来垄断。发展中国家享有参与国际贸易、货币、航运等一切决定的充分权利。

4. 国际贸易平等互利、互通有无。支持发展中国家建立各种原料输出国组织，进行反殖、反帝、反霸的联合斗争。

5. 对发展中国家的经援，应尊重受援国的主权，不附带任何政军条件，或借机牟取暴利。反对假借援助对发展中国家进行高利盘剥和敲诈勒索。

6. 对发展中国家的技术转让必须实用、有效、廉价、方便，派往受援国的专家和人员有责任向受援国人民认真传授技术，尊重受援国的法令和民族习惯，不应要求特殊待遇，更不得进行非法活动。

这六项主张不仅基于新中国建国初期，承受苏联技术援助和撤退的痛苦经验，更积极针对帝国主义、霸权主义的剥削和掠夺来改造国际经济关系，成为邓小平 1978 年正式掌权后外交政策的基本指导方针。以下我们从微观上来观察邓小平如何开展与各国的外交关系，来奠定和平稳定的环境，加速中国的经济建设与发展。

（一）中日关系

邓小平在 1978 年 10 月 22 日至 29 日访问日本。邓小平访问日本之前，已完成《中日和平友好条约》的签订，两国不谋求霸权，自我约束。这是国际条约中的一项创举，对今后以亚洲为中心的国际形势产生重大影响。邓小平向日本人承认中国科技的落后，要善于向日本人学习，加速中国四个现代化。

（二）中美关系

邓小平在1979年1月28日至2月5日访问美国。邓小平的访问，确定了中美关系今后发展的几个方向：1. 两国密切合作，共同面对苏联的霸权主义。2. 邓小平访美十天后，开始进行惩越战争，以防止苏联窥视东南亚的基地。3. 和平解决台湾问题，是中国的意向，而非承诺。除非迟迟不谈判或苏联人进入台湾，才会对和平方式失去信心。1981年4月28日美国总统里根访华，是中美建交后第一位访华的在职总统。邓小平向里根说，中美关系的关键问题是台湾问题，并对解决台湾问题提出“一国两制”的政策主张。

（三）中英关系

邓小平执政时期的中英关系，主要是解决香港回归的问题。自70年代初，邓小平即与港督麦理浩（1971年就任）、首相希思和撒切尔夫人打交道。香港问题主要集中在三个要点：（1）以主权换治权的方案。（2）1997年后如何管理香港，以继续保持香港的繁荣稳定。（3）从1982年到1997年的平稳过渡问题如何解决？这三个问题，邓小平提纲挈领，化繁就简，很漂亮地解决：（1）主权收回是绝对的，没有讨论的余地。（2）九七后治理香港问题，先把解决台湾“一国两制”的政策，用来解决香港的治理问题。（3）有关平稳过渡问题，中英双方最后签订《中英联合声明》（1984年12月19日）解决了这个问题。

由此可见，邓小平是一位深切体会中华民族苦难的伟大爱国者，主权没商量余地，到时候就必得归还，否则将对不起老祖宗！这里面含藏了多少血泪！多少苦难！邓小平不愧是中国人民的儿子。至于“一国两制”治理香港问题，更是富有天才创造，英国人会治理香港，中国人就不会吗？简直是笑话嘛！至于平稳过渡问题，你英国人不要搞鬼即可，我中国人在民族大义面前向来会凝聚成块的，不用担心。后来的历史验证，香港问题的解决可圈可点。

（四）中苏关系

中苏关系恩恩怨怨长达三十年，到了70年代后期想要做到中苏关系正常化，必须解决三大障碍：(1) 中苏边界地区，苏联陈兵百万问题。(2) 武装侵入中国西边的邻居阿富汗问题。(3) 苏联支持越南侵占柬埔寨问题。这三大障碍在1989年5月戈尔巴乔夫访华四天后全部解决，完成中苏关系正常化。更可贵者，邓小平对苏关系做到了：(1) 平等相处，今后没有老子党问题了。(2) 独立自主，有合作没有依赖关系。(3) 把马列主义用到中国来，没有固定模式，各国必须根据自己的条件建设社会主义。

由此可见，邓小平在80年代后期，他的思想已超越资本主义和社会主义对立的问题。90年代世界已进入知识经济时代，90年代中期，学术界还有一群人在吵“姓资”“姓社”问题，自认高明要指点江山，实际上在见识和能力方面差邓老爷子多矣！

（五）中国与发展中国家关系

邓小平在执政时期与退休时期，与菲律宾、缅甸、印度、巴西、莫桑比克、津巴布韦、朝鲜等各国政要均有往来，邓小平均强调国家不分大小，一律平等往来；更强调发展中国家没有固定的发展模式，要根据自己的条件去创造未来。邓小平还谦虚地要他们了解中国发展不成功的经验。

至于邓小平主政时与法国、德国、荷兰等西欧国家的外交关系，因篇幅所限，不再赘述。总之，为了中国改革开放的前途，邓小平主动积极创造了世界和平的环境，奠定了后来中国突飞猛进的经济成就：1999 年 GDP 世界第七；2007 年广东一省的 GDP 超过台湾；2008 年举办北京奥运会；2009 年六十周年国庆，13 亿人已无帝国主义侵侮中国人的恐惧；2010 年上海世博会，GDP 已超过日本，变成世界第二。2012 年欧美经济陷入困境，中国经济相对来说最好。如果没有邓小平的丰功伟绩打下基础，中国人今天会是个什么模样？缅怀先人，想起孔子说过的话："微管仲，吾其披发左衽矣。"对历史人物的评价，宜见大不见小。

五、邓小平政治人格的特质

邓小平是怎样的一个人？早在 1957 年 11 月，毛泽东率团参加苏联 10 月革命四十周年时，他在回答赫鲁晓夫"谁来接班呢"这个问题时说："有！我们党内有好几位同志完全可以，都不比我差，完全有条件。"毛泽东说："第一个是刘少奇，他的长处是原则性很强，弱点是灵活性不够。第二个就是邓小平，这个人既有原则性，又有灵活性，是我们党内难得的一个领导人才。"赫鲁晓夫点点头说："是的，这个人可厉害，我跟他打过交道，1956 年他来了，你可别看他个子矮一点，他的智慧、思想水准很高。"

1979 年 1 月美国总统卡特也曾评论道："邓小平与苏联领导人不一样，他有一种内在的自信，这使他能直奔实质问题。他从不纠缠于过去的错误或谁该负责。"

（一）坚持原则的正确性，永不悔改

毛泽东曾评价邓小平既有原则性，也有灵活性，与刘少奇不同。邓小平年轻时为了救中国，与当时的革命家一样，是希望找到马克思主义对付

资本主义的剥削。事实上，早期的革命家对马克思理论理解有限，顶多对资本家的剥削性格有某种实感上的认识而已。但当时欺侮中国的尽是资本主义国家，为了革命的方便，以及1917年苏联革命的成功，乱局中马列主义成了中国革命的一盏明灯。所以，亨廷顿才有国共内战都是西方文明价值的内战之言。可见在工业文明盛行的世代，中国文化价值的优越性已然失去文化的吸引力。直到20世纪80年代，西方有识之士觉醒，才发现中国文化价值确有高于西方文化之处。80年代末，当中国学界以《河殇》砥毁中国文明时，澳洲有两位学者李瑞智（Reg Little）与黎华伦（Warren Reed）发表《儒学的复兴》一书，强调儒家文明价值将取代基督教文明，而盛行于世。90年代的亨廷顿又说保卫西方文明的衰退，是因其独特性而非其普遍性。1996年9月，在北京召开“展望21世纪论坛”，基辛格、舒尔茨、施密特、李光耀、竹下登等世界政坛和学界知名人士都参与盛会，其中法兰西学院院士佩雷菲特归结说：“孔子那笔精神财富要比现代的生活方式……要比半个世纪来采用的苏维埃方式和美国方式存在更持久；邓小平的对外开放政策，有可能建立一个真正的民主政治的基础。”（《儒学的复兴》）

邓小平终其一生虽然一直在寻找救国和建国之道路，在江西南昌劳改时仍不改其志，始终以毛泽东为首。在1976年毛即将过世时，希望邓能调整一下路线，邓始终不改其志，毛泽东未接受“四人帮”的建议，仍保留邓小平的党籍，才有后来的改革开放，加速科技和教育的进步。因为邓小平知道，中国落后西方太多太久了，改变中国不在姓资或姓社的问题，意识形态只是服务于现实需要的工具。

邓小平自幼深受儒学教育，是中国人民真正的儿子，就必须走一条真正中国人的道路，超越资本主义和社会主义的对立。在80年代末他就摸索出有中国特色的社会主义市场经济的政治路线，更恢复了儒学的传统和道家“善于守拙，绝不当头”的精神，使中国人的生活方式在“西风东渐”和“西风渐微”的关键转型当口，有了独立自主的信心和远大的光明愿景。这一层政治与文化的历史意义，岂是中国通的西方人傅高义所能理解的呢?

（二）实事求是的实用主义性格

邓小平年轻时就懂得先扫描环境再确定行动意义的策略思考，此即看出他卓越的领导能力早已隐伏在他的个性基因中。他在 1926 年 8 月 12 日留学莫斯科中山大学时即在课堂作业中写道:“集中的权力要自上而下行使。服从上级命令是绝对必要的。允许多少民主，要视周遭环境变化而定。”善哉！清朝自乾隆以来，一直昧于西方工业文明的崛起意义，所有改革均陷于被动而起，无法视周遭环境变化而确定应予调整改革的步骤，终至失去竞争力而导致政权瓦解。邓小平掌权后，此一实用主义性格未变，他要搞好外交关系，创造和平的环境，才能继续搞改革开放。甚至于改革开放十年后，自然衍生民众期望升高，将导致政府一时的“不可治理性”，在 1989 年经济尚未成熟，民主尚无基础的情况下，贸然贬抑中国自家文化，以自由女神为师，其后果必将变成有如苏联解体那样的乱局，那将不堪设想，何时再能由乱而序，继续改革开放呢？这是简单的实用主义思维，可往往成为单向度思维的学者或学生，因生活经验不足而产生了盲动或激动误事的后果。此必有大智大勇如邓小平者才敢于拍板做出果断的决定。何况许多学者和学生不知当家难，不了解美国干涉内政之可恶可怕，你在美国干政的压力下，是妥协变成没有自主的奴才，还是扛得起大国的独立精神呢？邓小平毕竟是见过大风大浪务实的英雄，他说:“前不久，美国国务院发表声明，表示未卷入中国的动乱，用中国一句话来说，这是‘此地无银三百两’。我们同美国处在一个不愉快的阶段。美国政府领导人表示希望结束这一不愉快的阶段，我们也有这个愿望。”这种处变不惊、临难毋苟免的智勇双全者，实非局外人所能理解，所谓“民运人士”，在认知上叫一叫很容易，在大局大节上扛不扛得起又是另外一回事。孔子曰：“君子可以大受，不可小知；小人可以小知，不可大受。”此之谓也。

（三）坚守党纪，先公而后私

邓小平自留学法国入党后，终生严守党纪，先公而后私。1926 年 11 月 5 日苏共在邓小平即将结束莫斯科中山大学的学习时对他的评价是：“他是个严守纪律、做事一贯的人，而且学习能力强。他通过参加共产主义青年团的组织工作，累积了丰富经验，变得十分成熟。他积极参加政治工作，在人际关系中他以同志之道行事。他属于最优秀的学生。”（傅高义）这个评价所提到的表现，邓确实如此。邓小平一心一意要救中国，虽然遭受三次整肃（1932 年在江西苏区；1966 年“文革”受到批判软禁和 1969 年至 1973 年在江西南昌的劳改；1976 年又挨批），邓小平始终立场一贯，偏向务实专业的立场，“能够做到不论愤怒还是受挫都不形于色，不让情绪左右自己的决策，而是把它建立在对党和国家需要的认真分析之上”。“邓小平不喜欢报复，但只要他断定符合党的利益，即使是对他忠心耿耿的人，他也会将其革职。”“邓小平坚定地为党和国家谋利益，不为自己的朋友捞好处……他明确表示自己不代表某地、某派或某些朋友。他最亲密的同事都是为共同事业一起工作的同志，而不是在组织的需要之外效忠于他的朋友。”（傅高义）邓小平这种有组织纪律、公而忘私的品格，不仅在中国大陆日渐稀少，在台湾的政界更是凤毛麟角。由此益见，邓小平是一位真正爱国家爱民族的伟大革命家和政治家，更是催生 21 世纪中国崛起的伟大改革家和奠基者，此当非溢美之词，确为务实之评语。

（四）通才治国，不忘本

邓小平一生中是属于那种“君子不器”的通才型领导人物，他 1929 年从苏联返国后，在周恩来领导下，从事上海的地下工作；25 岁领导广西的城市暴动；追随毛泽东在苏区担任瑞金县委书记，并参与长征和遵义会议。1948 年邓小平在淮海战役中担任总前委书记，负责指挥五十万大军；1953 年至 1954 年，他担任财政部长；1956 年到 1966 年，他担任十年的总书记；1974 年他又代表中国出席联合国大会。直到 1976 年毛泽东去世，第二年即 1977 年重新工作，开起 1978 年 12 月的改革开放大业，直到 1989 年逐渐退隐为止。邓小平的工作或才干，横跨党务、政治、军事、财经、外交等领域，可谓中国当代领导人物中少见的既能打天下又能治天下的通才型人物。

麦考比（Michael Maccoby）指出，有一种领导人才或管理人物属于精明干练型，充满了外表似乎悖论的情况：

> 他是有思想理念的，然而也是精明务实的；合作的，又是高度竞争性的；热心的，又是冷静超然的；诚恳的，而又难以捉摸的；施恩的，而又无情的；精力充沛的，然而好像又有所不足似的。他一方面是严肃认真的，同时又像孩子气的眼中闪烁顽皮的样子。

以上这一段话虽不足以形容邓小平的领导能力，因为只就外向形容之，大体近似而已。但中国的政治人物，还要从他的内心世界如何因应外在世界的刺激反应而观察那无形无象，属于“内容真理（intentional truth)”的修炼功夫。庄子曰：“夫子不言而信，不比而周，无器而民滔乎前，而不知所以然而已矣。”（《田子方篇》）邓小平的领导魅力不是从外在的职位或名气上即能观之的，他有宏观的战略思维，虽擅长抓大放小，具有幽默的性格，又有说服他人的执行力。可谓具有前述所引孔子的忧患意识与情理交融而不忘本（心心念念是中国人民的儿子）的通才型政治家，而且是一位非常卓越的政治家，中华民族史上定当永垂不朽的英雄人物。其事功和内炼功夫，亦难由西方所谓中国通所能深刻体会。

六、结语

邓小平的成就与他的政治人格是不可分割的。他从小受儒家的师塾教育，成为最高领导人后，又不以“天子”自居，更不重视组织中的个人作用。苏联解体后，他更勉励国人“善于守拙，绝不当头”，充满了道家的领导智慧。他是从中国“文革”后期乱糟糟民穷财尽的局面，在二三十年内翻身成为国际大国（强国）转型过程中的关键人物，古今中外历史上，这种一流人物不多见。本章结语将最后总结下列要点：

（一）他的政治人格具有庄子“形莫若就，就而不入；心莫若和，和而不出”的特质与智慧。邓小平未成中国头号领导人之时，他要先顺应毛泽东的浪漫性格，纵使发生“大跃进”和“文化大革命”，邓小平绝不会公开批判，这就是“形莫若就”，但这种迁就并不表示他完全与毛泽东同一路线，仍保有距离，这就是“就而不入”。邓小平的一生，面对国家内忧外患的局面，他先要顺应环境，这就是“心莫若和”，但他要改造环境，改变中国，振兴中华的志愿，暂时不表露，以待时而动，这就是“和而不出”。邓小平的一生也就表现了他原则性和灵活性并存、相互为用的智慧与特征。

（二）邓小平的历史地位与历史意义：他是中国自1840年鸦片战争以来，第一位掌握充分实权，具有国际视野，又有丰富政治经验，既能指挥百万大军，又能治理国家的通才型政治家。更难能可贵者，面对东西方帝国主义，他毫不怯懦，一心一意要让中国这个国家站起来。这种民族主义的精神内蕴，实非当代空想的自由主义者所能深深体悟。他是中国人民的儿子，不是黄皮白骨、非中非美或非中非日、非中非俄的败家子。他的成就是中国1820年GDP世界第一以后，因落后挨打，然后在1978年才有了历史机遇，创造了国内外和平稳定的环境，在三十年左右使中国至2010年终于达到GDP世界第二的地步。他在有生之年做了他该做的伟大事业，他的未竟之业，自当留给后人继续完成。

（三）邓小平与孙中山均无帝王思想，孙中山一生坎坷，力量不足以号令天下，完成救中国的宏愿。而袁世凯、蒋介石均难免受帝王思想的传统拘绊，即使蒋经国时代仍有帝王的残余思想，例如台湾有关当局仍有“文学侍从”这样的职称。唯有邓小平深契道家思想，既能淡泊权力，三落三起，又能不为权力所迷惑，而有效运用权力，抓大放小，领导挽救中国的战略方向并逐步走上富强的康庄大道。以此论之，自1840年以来挽中国于将亡，立中国于不败之地，邓小平也占一席之地，后之论史者，当不虚吾之此意也。

《海峡评论》第262~263期，2012年10月~11月

时代刺激的反映与民族病态的悲鸣：评刘晓波言论的荒谬与无知

一、前言

德国存在主义哲学家海德格尔（Martin Heidegger）分析人类的存有形态是一种“在世存有（being in the world，Dasein)”，换言之，其存有是以与某事有关联而存在的，例如与父母的关系、与家庭和民族的关系而存在的，其存有更与天、地、人息息相关，不可能孤立存在。“Dasein is characterizd by active relationships with other things in the world.”由于刘晓波懂英文，只见西方文明表象的、感官层面的好，在此翻译如下：“存有的特征即与世界上其他万事万物有积极主动的关系。存有不像笛卡尔那样‘思考的自我’，超然物外，成为旁观者，而是知识与行动密切关联的人，海德格尔因此拒绝思考的自我与客观世界的二元分离。”

刘晓波得到诺贝尔和平奖，既无事功令人感动，又无深厚的学问令人敬仰。他只不过在中国崛起的过程中回想一生中遭逢中国内忧外患的悲情意识，油然而生对自己的存有的周遭环境产生一种厌离和反弹，然而他的知识背景仍局限于狭隘的生活环境中，又缺乏广博的西方知识与生活经验。只看到眼前的悲观事件，就诋毁自家民族与文化的种种错失，忘了中华民族与文化曾经一度贡献人类光辉灿烂的历史，也看不出西方文化这四百年对人类的贡献并非永垂不朽的，它的贡献与其负面的功能，也已经充分暴露在人类的面前。

西方的价值并非具有普遍性，不能孤立地论断。如果说民主是普世价值，那是书呆子的讲法，是长期生活在和平稳定的环境中所期望的价值。当东西方帝国主义逞其狂妄自大的残暴欺侮亚非弱小国家时，刘晓波竟然站在强者一边颂扬之、跪拜之，而鄙视进而扬弃自己的民族与文化，却对自己所膜拜的西方民族与文化一知半解，实属一种民族病态的悲鸣、时代刺激的反映，令人可悲可悯。民主若在民族危机时，是一种缓不济急的药方，民主的成长也需要多方面文化与社会条件的配套，同样的，人权是普世价值吗？人权过度发展，可能就像2008年惹出金融海啸那批创造金融衍生物的哈佛精英，有礼有法，却对公共性问题冷酷以对，而自私自利地拼命赚钱。人权是有价值，人伦就没有价值？中西两大文明着重人伦与人权的价值，是互补的，各有所偏的，自护其一而攻他人之短，不仅是短视的、自卑的，简直就是卖弄无知的狂徒。

二、宣扬“台湾独立”的无知与幼稚

刘晓波宣扬“台湾独立”的理由可以归纳为：1. 如果统一只能意味着强制和奴役，那就宁可不要这样的统一。2.“住民自决”，平等协商统一。民族尊严和国家利益的诉求，不如具体个人的尊严和民众的福祉。3. 环视当今世界，在如此有辱尊严的外部环境下生存，台湾人的自尊怎能不受到极大的伤害！

以上三点理由，可以看出刘晓波的思想重心：1. 缺乏民族意识，重个人权益，忽视国家利益。2. 没有台湾历史的基本知识背景。3. 一味歌颂国际强权的现实，只有顶礼膜拜，没有谴责，也不能追根究底地探索和研究。

前述海德格尔谈到人的存有即表现在与万事万物的关系上，刘晓波的诞生与他的家庭和民族脱离不了关系，品人论事也就难以用个人的立场来谈民主、自由与平等的问题。中国哲学向来即以这种广大和谐生生不已的精神来评价微观的或个体的意义，儒家“道并行而不相悖，万物并育而不相害”这样的理念，重视多元价值的存在，却体认到广大和谐的大道，均能包容此多元的价值的存在。而西方文明则偏重多元价值的分离与制衡，从妥协中以求暂时的存在，西方文明自 1648 年主权概念兴起后，所谓主权即含有对外排他对内至高无上的统治权，以协调或制衡国家内部各个多元价值的冲突与妥协。此偏向人的理性外求，有别于中国文化偏向于感性内众的团结与巩固。很难说哪一种文明价值较优较具普遍性，但西方文明的理性外求，自然会多冲突、多创新、多疏离，而在心灵疏离中呈现分裂异化的现象。刘晓波只从西方文明偏重个人价值的角度来论述“台湾独立”的意义。依此逻辑，台湾还可以依地理上的区隔分为“南台湾共和国”与“北台湾共和国”，也可以依意识形态分成蓝、绿不同颜色的“共和国”，当然还可以再依各种区分，异化成为各种不同的“小国”。只要尊重每个人的权益，平等协商即可，管他什么民族利益或国家利益。

相反的，如果从个人无法脱离国家团体地保护着眼，以团体或国家为分析单位，则近代中国民族主义“振兴中华”的运动和现代“一个中国”的建国运动，都是在西方列强的侵袭中，力求自保的爱国运动。中华民族因外力侵袭而家破人亡，因现代国家的建立而导致今天“主权的完整与统治权的分离”暂时难以统合。西方政治家如美国前任总统克林顿前次来台所说“一个中国是两岸稳定的根本基础”，最近又来台说“台湾问题不必过分担心，迟早会解决的”。西方有识之士对台湾的未来，未必抱着“劝和不劝离的心态”，而是从现实利害、两岸现状与国际和平的角度来论断。中共也不想武力逼迫台湾统一，就在这种情况下，刘晓波以其民主人权一知半解的散乱理念，鼓吹实力做不到的“台湾独立”。虽然不必问他“是何居心”，但可见他对中共政权“为反对而反对”的自暴自弃心态已昭然若揭也。

三、提出中国须被殖民三百年的民族病态的悲鸣

刘晓波说：“从历史发展的角度看，西方近代对落后民族的殖民化是一种进步，殖民化在世界范围内推动了现代化的进程……没有殖民化就没有世界化、国际化。”“中国那么大，当然需要三百年殖民地，才会变成今天香港这样。我无所谓爱国、叛国，你要说我叛国，我就叛国！就承认自己是挖祖坟的不肖子孙，且以此为荣。”“美国殖民地两百年，是中国的唯一希望。”“二战失败后，日本忍受着被美军占领的耻辱，在政治制度上听由美国的安排，用了不到四十年的时间，就从战争的废墟上再次崛起世界第二的经济强国。”

怪哉！刘晓波那么喜欢被殖民统治，好比一个贫穷女子，被强奸了才有改善经济条件的希望。刘晓波哪里晓得世间还有一条靠自立自强而崛起的道路。中共自 1978 年 12 月十一届三中全会后，确立改革开放，以经济建设为中心，大约三十年，就再次崛起为世界第二的经济强国。可见刘晓波这种奴性自卑心理非常严重。《大学》有云：“所谓‘修身在正其心’者，身有所忿懥，则不得其正；有所恐惧，则不得其正；有所好

乐，则不得其正；有所忧患，则不得其正。”刘晓波对于自家改革开放，走独立自主路线的成就视而不见、听而不闻、食而不知其味，竟然对于日本因被美国占领而经济崛起歌功颂德，不免令人震惊感叹世间竟有如此无知的奴隶性格，面对东西方帝国主义强权的侵凌，刘晓波看到西方文明四百年来的盛世，总以为西方价值具有普遍性，也自然以为科学的真理具有普遍永恒性，更是一种直线思考，以为西方文明永远不会没落，这哪里是当代爱因斯坦典范取代牛顿典范后的科学世界观？

四百年来，在西方文明一时强盛进取的态势下，先由代表西方文明强势文化的葡萄牙、西班牙，首当其冲，次有荷兰、法国，最后是英国、美国的崛起，先以军事、政治殖民统治，压榨剥削亚非地区廉价的劳工和原料，发展资本主义的工业体系，满足了西方人自我中心的欲望，然后自以为掌握了宇宙真理，可以居高临下统治这个世界，发号施令。事实上，西方文明的价值，哪有永恒性和普遍性？当西方文明盛世时，两岸的中国人秉持独立自主精神，共同奋斗，形成了四百年来可歌可泣的爱国主义或民族主义传统，终于在2010年的今天，曙光在望，天地再也不是黑沉沉的天地。

这一爱国主义的传统，表现在台湾四百年来，台湾人始终自信是中华民族的一分子，他们奋勇抵抗西班牙人、荷兰人、法国人、日本人等外族或外国的入侵，为求民族独立，国家富强，惊天地而泣鬼神，如果没有这种独立精神做后盾，中国早就灭亡了，根本不必劳驾美国再殖民统治两百年。

中国今日在太空科技的成就，以及经济崛起为世界第二大经济体，根本就是这种独立精神的表现，不需要美国来指指点点，难道还不足以建立信心以求更上一层楼吗？还要那么没出息，先否定自己，再奴颜婢膝地恳求他人来殖民统治？天下宁有是理？台湾如果不能觉悟，从美国文化思想中跳脱西方的牢笼，那只有永远成为亚细亚的孤儿，成为西方文明诸国中制衡中国崛起的棋子，永远缺乏独立自主自尊的民族地位。

四、全盘西化论的落后论调与自卑情结

刘晓波说："全盘西化就是人化、现代化，选择西化就是要过人的生活……要过人的生活就要选择全盘西化，没有和稀泥及调和的余地，只有西化，人性才能充分发挥，这不是一个民族的选择，而是人类的选择，所以，我很讨厌'民族化'这个词。""对传统文化我全面否定。我认为中国传统文化早该后继无人。""中国的文化传统中既无感性生命的勃发，也无理性反省意识的自觉，只有生命本身的枯萎，即感性狂迷和理性清醒的双重死亡。"

看了刘晓波以上的言论，耸然一惊，竟有这样狂妄无知的读书人，如此卖弄他的"无知"。《大学》有云："故好而知其恶，恶而知其美者，天下鲜矣。"在儒释道著作中，像这种充满"人文理性"的客观精神，到处都是，何来无理性反省意识的自觉？曾子曰："吾日三省吾身，为人谋，而不忠乎？与朋友交，而不信乎？传不习乎？"这种理性反省的意识，在西方文化四百年来，逻辑理性压制人文理性的情况下益见中国文化的高明。在此笔者认为，与刘晓波这种根本不理性的人，不必浪费时间辩驳，仅引用若干世界知名学者的言论即可对照他以西方文明的价值为绝对价值的荒谬如下：

自从冷战结束之后，各种大规模制度的同化现象形成一幅幅讽

刺的画面，其中之一就是现在全世界的人们甚至比以往更加意识到文化差异的现象。（福山，1998年，《诚信》）

……即使民族主义能够造成广泛的恐怖和破坏，民族与民族主义已无对手可与伦比。民族认同仍有其广大的吸引力和巨大的效力；许多人均感觉到，民族认同可以满足他们在文化体现、寻根溯源、安全与友爱各方面的需要。许多人仍然准备响应民族的召唤，为民族大业奉献出他们的生命……如果预测民族界限即将被超越和民族主义被提早取代，那将是虚妄愚昧。（安东尼·D. 史密斯，《全球在时代中的民族与民族主义》，1995年）

我不信"全球化"这名词。我认为任何界限消失之后总会有新的界限产生，这是一种无法阻挡的现象，我希望没人可阻挡这种现象。事实上，人类只能透过界限来了解自己……（1999年12月27日《联合报》记者专访德国世界知名哲学家）

中国传统文化则是"人文理性的优先性"把"先于逻辑的"那一面发挥得淋漓尽致，把神话、语言、宗教、艺术等内容真理从特殊事物提高到普遍有效的层次，与逻辑和科学的认知功能并无不同。（恩斯特·卡西尔《象征、神话与文化》，罗兴汉译，1990年，结构群文化公司出版。甘阳，1987，《从理性的批判到文化的批判》，台北，《当代杂志》第二十期。）

"帝国主义是普世论必然的逻辑结果。""西方所谓普世论，对其他地方而言是帝国主义。""西方文明之所以珍贵，并非因为它很普及，而是因为它很独特。因此，西方领袖主要的责任不在试图依西方的意象重塑其他文明，这已经不是其正在没落的力量所能为，而在保存、保护和重建西方文明独树一帜的特性。而由于美利坚合众

国是西方最强势的国家，责任自然大部分落在它头上。”（亨廷顿，《文明的冲突与世界秩序的重建》）

1977年诺贝尔化学奖得主普里高津，也是混沌理论的代表人，他在1984年的名著《混沌中的秩序》导论中提及人与自然的重新对话已经开始，人类正在创造一个“新的自然”，并引述《庄子·天运篇》：“天其运乎，地其处乎！……意者其运转而不能自止邪？”普里高津对中西文化会通抱着乐观态度，他说：“我们相信，我们正朝着一种新的综合前进，朝着一种新的自然主义前进。也许我们最终能够把西方的传统（带着它对实验和定量表述的强调）与中国的传统（带着它那自发的、自组织世界观）结合起来。”

五、结语：中华民族与中国文化两条腿都要一起站立起来

以上第四部分，引用当今世界一流学者的研究成果，无非是要告诉读者，中国传统文化精神与当代西方物理学爱因斯坦典范是相通的，如果你仍停留在牛顿典范的世界观而不自知，那将体会不出中国传统文化的高明所在，或有全盘西化的愤激之论，有如刘晓波还有龙应台等等肤浅之论。学问是需要下苦功的，绝不能只看表象而匆匆论断，或将己身一时困厄的遭遇，做出过度的推论。

2008年诺贝尔经济学奖得主克鲁曼，对当年的金融海啸危机，认为应追溯到20世纪80年代美国里根总统的银行松绑政策，那个时候美国资本主义和所谓自由民主繁荣的表象，早已隐伏后来2008年的经济危机，

即使当时中国一流的经济学者也未警觉美国 80 年代后期所隐伏的危机。所幸，还是邓小平高瞻远瞩，力主走有中国特色的社会主义道路，因为当时的国际市场根本就没有你中国插足的余地。

直到 1999 年 5 月，中国驻南斯拉夫大使馆挨了美国两颗炸弹，再度激起 70 万左右中国青年的民族主义抗美风潮，整个崇拜美国资本主义和西方文化价值的自卑情结才稍有转向。中国的崛起光靠中国民族主义是不足的，也是危险的，必得进一层充分体认到自家传统文化的精华，择优汰劣，批判选择古今中外的各支文化精华，融会贯通，走出一条适合中国人的道路，并能点醒西方文明与回教文化的发展方向，“道并行而不相悖，万物相生而不相害”，以儒家广大和谐的包容胸襟治国平天下，则中国的崛起当为世界人类之福，而非西方人酸溜溜的所谓“中国威胁论”的胡扯，是所至盼，此其时也。

《海峡评论》第 240 期，2010 年 12 月

第二部

茫茫大海寻方向

台湾人的美国乡愁：谈“五一俱乐部”媚美之谬误

有危机而无忧患意识

问：吴教授，在1994年的美国国庆日，台湾有一批人宣布组成五一俱乐部，立志要推动台湾成为美国的第五十一州。我们不相信这些人真是“美帝走狗”，而是如同他们自己所宣称的，真正具有了“立足台湾胸怀美国”的诚意，想要解决因为台湾前途不确定所引致的住民焦虑吗？吴教授您是留美知美的学者，台湾前途令你焦虑吗？

答：看完“五一俱乐部简介”，我觉得这批人实在缺乏“历史意识”和“历史常识”，他们不从历史来看问题，却站在“当前的现实”来解决所面临的问题。这些人虽然立足台湾，但在意识形态上早就异化为非中非美的异化人，只现实地崇拜美国的富强，却无知于中国人或中国文化四百年来的衰退，并非永远如此下去的。哪有在衰败中的中国人不思振作复兴，而一味想逃避历史的责任，却振振有词的？他们是没有眼光看出中国文化即将复兴的征兆，也未敏锐地察觉西方文化已经精疲力竭，许多过去正面的价值，如民主、法治、人权等局部现象已往负面的方向发展。

他们利用当前台湾居民对前途的不确定感，提出一条逃脱困境之路，这种心态是动物性本能的“危机意识”的反应，因而是现实的反应，思想境界落入下乘。何以如此说呢？1990年我去美国时买了一本当时的畅销书（《第五项修炼》），看到该书第22页举了一个有趣的故事，提到青蛙放进沸水中，它会立刻想办法跳出，但如把它放进温水中，慢慢加温加到华氏八十度，它却若无其事直到被煮熟。因为青蛙只能感应环境中激烈的变化，无法因应缓慢、渐进的变化。这就是我所要说的，青蛙只有危机意识，没有忧患意识的道理。

忧患意识不是危机意识，它是“居安思危”，危机尚未来，我们要看出可能的缓慢、渐进的变化，或那些细微不太寻常的变化，以防止危机的可能到来。这是需要历史意识来做道德上的反省功夫的，以免“贵不与骄期而骄自至，富不与侈期而侈自来”。所以忧患意识不是做临时抱佛脚的危机反应，它有过去、现在和未来一连串的时间意识。有这样胸襟的人，才不会随波逐流，只见一时之利，不见长远之利，这样的人有忧患意识，他是不会焦虑的。永嘉禅师曾经说过，当你的心不能平静的时候，跑到深山都没有用，何况跑到美国人的怀抱，成为第五十一州呢？

看不清自己利益所在

问：五一俱乐部的核心成员自认都是有资格有能力移民美国或加拿大的知识分子与企业家，他们不愿独善其身，一走了之，故主张台湾成为美国第五十一州，你同意“台湾成为美国的一部分最符合台湾住民的利益”的认知吗？

答：台湾有无可能成为美国的第五十一州，这不能由台湾居民和美国人共同决定，关键在于中国大陆的崛起已经势不可挡。美国前总统尼克松早有远见：“一二十年后，中国大陆将对美国提出要求——如果美国想要保有中国大陆的贸易最惠国待遇，就必须先解决底特律、纽约及南加州的人权问题。”只要中国崛起，台湾根本不可能成为美国的第五十一州，以美国人实用主义的精神，谅他们也不敢接受台湾成为他们的一州，所以你这个问题实在没有答复的必要。这也就是前面我所说的，只有危机意识没有忧患意识的人，充其量只是动物性本能的反应而已，根本看不出自己真正的利益所在，像青蛙一样，只能因应突变的危机，无法警觉渐变的迹象。五一俱乐部的成员太缺乏中西文化盛衰起伏的宏观认识，对中西文化的核心精神亦乏深度的体验或了解。

问：这个俱乐部认为台湾与美国合并，对低收入者、无住屋者、被雇用者、自由需求度高的知识分子及政治社会参与者、工商企业主、忙着移民的台湾人，以及染有恶习的台湾人都有莫大好处，您以为然否？

答：这一问题的前提与前一问题相同，即台湾与美国能否合并，关键在于中国的崛起已经势不可挡，可不能由台湾居民一厢情愿投入美国的怀抱。说实在的，后冷战或后现代时期，全球发展趋势已不能再执着旧有的观念，共产主义与资本主义的斗争已经结束，这一对孪生子同起于西方文化的质素，资本主义已经精疲力竭地进入“后资本主义”（Post-Capitalism）时期。台湾四十多年来表面上走三民主义路线，实际是走资本主义路线，结果变成财团与政治严重挂钩的“金权政治”，贫富差距逐渐拉大。因此在后现代时期提共产主义与资本主义的斗争已无任何意义，全球都在摸索新的方向，中国大陆改走“社会主义市场经济”是一条理论上可行之路，美国政治哲学大师约翰·罗尔斯的经典著作《正义论》一书即做此主张。再加上“中国特色的社会主义精神”，中国大陆正在探索一条人类的新方向，是中国文化整合中、西、印三支人类文化精华大创造时代的来临。台湾若与美国合并，如在20世纪初美国霸权崛起时，或有利可图，但在20世纪末美国霸权逐渐消退时则无利可图。

自满的既得利益者

问：归根结底，这个俱乐部主张透过教育的方式，让台湾住民接受美国主流的文化、传统、价值、习俗、生活方式、规范及标准，甚至美国英语，也应成为台湾的官方语言，以便使台湾进行整合。难道台湾人要做美国人需要那么辛苦吗？需要抛弃我们台湾人习惯中的一切传统习俗与生活方式吗？这个俱乐部不是说“美国的国家认同从来不与种族与宗教有着直接关联”吗？

答：美国主流的文化、传统、价值、习俗、生活方式、规范及标准是什么呢？美国知名经济学家约翰·肯尼斯·加尔布雷斯（John Kenneth Galbraith）在《自满的文化》这本书中提到的“自满的多数”“选举的多数”是怎样的一种文化呢？他说：“任何社会的既得利益者，都会依照其需要塑造社会道德和政治安定。在资本主义、民主政治的社会里，中上阶层正是这群既得利益者。随着生活日益富裕安定，他们开始时勤奋工作的自尊自信，逐渐变成自利短视的自满心态，进而垄断了主流文化，主宰了社会道德。为了眼前利益，自满阶层倾向于抗税；把放任主义、市场经济奉为教条，任凭它腐蚀经济体系；面对弱势团体的不幸，抱持鸵鸟心态；对日益恶化的环境、贫富差距扩大、经济紊乱……都如隔雾看花，冷漠而不动心。”台湾人若要成为美国人，只能是少数民族的一分子，其中除了少之又少者或许能挤进“上层阶级”，成为主流文化的成员，相信绝大部分将成为“下层阶级（The Underclass）”的一分子，这是我们在美国生活过的人都能体会出来的。你的英语再好也没用，黄皮肤天生就很难打进主流文化圈内。美国主流文化的未来是黯淡的，它的出路在于向东方文化寻找灵感，它需要新的文化思想运动来突破或拯救。

什么是美国今日主流文化

问：五一俱乐部宣称他们认同美国“不仅是一个地理名词，一个政治实体，而且也是一组进步的理念”，美国真的是包括自由、人权、民主、法治、开放社会、平等主义、人道主义及市场经济等“引导人类走向文明的理念”之化身吗？

答：所谓自由人权、民主法治、开放社会、平等主义、人道主义及市场经济等术语的意义，都必须放在西方文化的整体内来诠释，一旦脱离那个文化整体，而单独加以定义是毫无意义的。由于三百多年来，西方文化的崛起，西方人总认为欧美经验有其普遍性，可以适用到全世界，产生盲目的优越感，衍生出一种不能欣赏其他文化的偏狭世界观。“五一俱乐部”主张台湾人要与美国的主流文化完全同化，蔑视中国文化为李敖及柏杨笔下的劣质文化，即是一种不能欣赏中国文化的偏狭世界观。

美国今日的主流文化大致说来从1970年左右，在学术思想界有了很大的变化，过去牛顿物理学为典范的世界观所主导的实证主义、实用主义、唯物主义等思潮渐渐退潮，一种重视“心物一元论”，强调与中国文化世界观相通的爱因斯坦为典范的世界观逐渐从隐伏状态茁壮成长为新趋势。20世纪的物理学有三大理论：相对论、量子力学和混沌理论。其所形成的新世界观，与中国传统文化中的儒释道思想相通。尤其是1977年诺贝尔化学奖得主普里高津在其名著《混沌中的秩序》导论中提及人与自然的重新对话已经开始，人类在创造一个“新的自然”。该书引述《庄子·天运篇》中的一段话：“天其运乎！地其处乎，日月其争于所乎？孰主张是？孰维纲是？孰居无事推而行是？意者其有机缄而不得已邪？意者其运转而不能自止邪？”普里高津对中西文化的会通抱乐观态度，他说：“也许我们最终能够把西方的传统（带着它对实验和定量表述的强调）与中国的传统（带着它那自发的、自组织的世界观）结合起来。”此外，麦可·泰波（Michael Talbot）在其名著《全像宇宙投影》中亦说明：“经由心念的集中，人可以影响某些机器的操作方式。”像这种“心物一元论”以及“心能转物”的观念，与中国文化传统思想相通，可以这样大胆地说，愈是中国传统的世界观，愈是当代物理学的新世界观，此在西方科学界已有汗牛充栋的论文和著作问世，在此只不过随便举一二例子而已。

因此，“五一俱乐部”所说自由人权、民主法治、开放社会、平等主义、人道主义及市场经济等概念，可以说都是在牛顿物理学为典范下的世界观产物，在美国两百多年来开创了新的文明特色，为人类建立了不少功绩。但今天对照中国传统文化世界观或新物理学世界观，愈来愈看出它们的限制性，可以说它们的正面价值已发挥到顶点，逐渐走向它们的负面价值，下面我们来简单举例说明。

盲目的文化优越感

（一）自由人权

美国讲究“自由人权”已过了头，中学生带枪械武器到校滋事，偷窃、吸毒、贩毒的青少年显著增加，大多数家庭中根本无人，或父母外出工作，或来自破碎家庭没人管，这使许多孩子没有温暖，结果处处利用个人的自由权利来保护自己的私利，根本谈不上回馈社会的爱心。

（二）民主法治

西方社会诚如俄国文学家索尔仁尼琴所说："西方人民对于行使、解释和操纵法律，已有相当的技巧。放弃法律权利，作自我牺牲和无私的冒险，只会招来耻笑。每个人的行事，都尽量设法施展到合法范围的极限。"（《一个分裂的世界》）

（三）开放社会

美国所谓的开放社会在"科学理性主义（Scientific rationalism）"或"科学沙文主义（Chauvinism of science）"主导下，排斥神话、原始人的思想、各种宗教信念背后的宇宙观于民主政体的基本结构之外，却用许多诡辩和独断见解来拒绝代表那些传统的人加入所谓的"开放社会"中。从哥伦布发现新大陆起，美国对印第安文化的抢劫破坏，逐渐衍生出一种美国文化的盲目优越感，要别的文化转向他们看齐，这其实已非真正的开放社会。科学哲学大师费耶阿本德（Paul Feyerabend，1924—1994）即主张理性只是许多传统之一，不是所有传统都必须遵守的标准，科学并无足够的权威排斥诸如草药、针灸、催眠师、按摩师的存在。

（四）平等主义

美国两百多年来，在功利主义（Utilitarianism）思想影响下，只重效率行政，即满足欲望的效率，却不去区分人际间的价值，强调大多数人最大利益的增加，忽略少数人的利益保障，缺乏平等精神，在"自满的文化”里，中上层既得利益者已养成自私自利的心态，不愿多缴税以协助后人或穷人来分享他们的利益。

（五）人道主义

美国有人道主义精神吗？1945 年 2 月 11 日罗斯福、斯大林和丘吉尔在雅尔塔会议上暗中签订《雅尔塔协定》，出卖属于中国领土的蒙古及大连、旅顺和中东铁路的权益。1949 年 8 月 5 日美国国务院发表之《中国白皮书》终止自珍珠港事件以来美国对中华民国的支持，并推卸美国对华政策失败的责任，落井下石。在资本主义晚期，德国社会学家哈贝马斯（Habermas）批判美国社会的特征是“技术理性（technical rationality）”当道，即强调手段的效率性，忽视目的的合理性，这就不是一种人道主义精神。

（六）市场经济

加尔布雷斯（Galbraith，1908—2006）指出美国人把市场经济奉为教条，他主张公共干预结合市场经济的“混合式经济”，才是现代经济的针砭之道。他认为资本主义体系在“放任主义”的糖衣和“市场机能”的名目下，潜藏着摧毁自由市场经济体系的剧毒，尤其大企业的购并与财务操作更是整个体系自我毁灭的根源。

由以上的负面分析，可见美国过去的一套价值观念并非万灵丹，当环境有了新变化，旧的一套理念可能往负面因素发展，需要文化思想界重新开创突破，目前新物理学典范及中国传统文化的世界观，正是此一突破的曙光。后冷战时期，是中国文化旭日东升的机运，我们不要再迷信美国文化势力的主导，应尽快丢掉美国思考或“美国中心主义”，建立起“亚洲思考”或“中国文化主体性”的信心。

美国是如何对待台湾的

问：这个俱乐部对美国近半世纪来对台湾人民的付出与贡献给予高度肯定，没有美国政府、国会与人民的支持，台湾人民真的不能“免于遭受邪恶、凶残、蛮横的中共政权之蹂躏与宰割”和“被落伍、贫穷的中国人民之掠夺”吗？

答：前面提到1945年和1949年美国出卖台湾两件事，现在再提第三件事。1958年“八二三”金门炮战，美军舰护航“国军”，没想到中共一开火，美舰就丢下“国军”于不顾，立即掉头向台湾方向逃去，避免与中共发生直接冲突，以制造“两个中国”。第四件事则是1979年元旦起，美国弃台湾而与中共建交，这一年亦是中共十一届三中全会刚结束，开始改革开放的一年，从此两岸关系到了一个分岔点，中共的经济日渐腾飞，美国有求于中共，台湾的战略地位日渐消退。五一俱乐部认为美国人支持台湾，只能解释说，美国利用台湾以反共，并企图暗搞“两个中国”，拖延两岸的聚合，美国人固然协助台湾的政治发展，但都是以自己的国家利益为考量的，因此，台湾人民对美国人的感谢也是有其限度的。至于中共1978年以后搞改革开放，后来又搞社会主义市场经济，一心一意以经济建设为要务，不再搞“阶级斗争”，这样的形势恐怕不能以邪恶、凶残、蛮横视之吧！至于用“落伍、贫穷”等名词讥笑中国人，尤见自己偏狭的胸襟。中国的贫穷固然本身有责，但帝国主义包括美国在内，欺侮、占领、掠夺中国的经济资源要负更大责任，这样的帝国主义不邪恶、不凶残、不蛮横吗？何况中国的经济现在已经腾飞了，沿海一带已渐渐富起来了。

“台湾者，中国之土地也”

问：这个俱乐部认为台湾本不属于中国，因此不存在所谓“统一”的问题，您同意他们所说，除了空泛而又不能当饭吃的所谓“民族感情”之外，台湾与中国合并真是一场灾难？真是百害而无一利吗？

答：明末郑成功早就说过：“台湾者，中国之土地也。”连当时的荷兰人也承认的。“五一俱乐部”之所以不顾历史事实，认为台湾本不属于中国，主要是因美国始终认为1895年中国已将台湾割让给日本，第二次世界大战时，中国加入同盟国，最后同盟国打败日本，台湾岛只是同盟国的战利品，虽然中国作为同盟国的代表重新占领台湾，其最终的法律地位应由同盟国和日本正式议定的和平条约来订定。在台湾的国民党由于必须仰仗美国的援助，双方对于美国干涉并插手台湾事务始终保持沉默。直到1979年美国和中国大陆建交前，美国极少提及台湾的法定地位问题。只有中共在台湾问题上不断抗争，但亲国民党的华人和大多数美国人都将中共的观点视为“共产主义者的论调”而置之不理。

所以，台湾是不是属于中国的领土，历史记录已很清楚，只要你用心研究，不难获知清晰的答案。问题是你如果站在中华民族不肖子孙的立场（所谓民族感情的观点）来说话，你可能就会把西方人的观点视为真实。因此，台湾岛归属的问题是一个立场问题，哪有一个人因家道中衰，把自己的家产弃而不顾，呼应强盗的论调呢？

至于说民族感情是空泛又不能当饭吃，那台湾人成为美国民族一分子，彼此之间除了靠一时的政治利害结合在一起，是不可能形成内在强固的凝聚力的。但中国文化之可贵就在于以民族感情为基础，又有那“形而上的道”

作为精神联系的管道，此所以中国人生存至今数千年国运不亡的道理，可惜受实证主义或实用主义影响的人是没法理解这个“形而上的道”的价值的。

台湾与中国合并真是一场灾难，有百害而无一利吗？“五一俱乐部”提出四点理由以肯定语气如此说。但他们这样说是有问题的。（一）根据过去对中共的认识，想象未来中国统一后的恐怖情形也一样。但中共早已承认“文革”是一场浩劫，没有人不防止那样浩劫的再现。为什么不根据1979年以来这十五年的发展轨迹来想象中国统一后的情景呢？如果中共真的如“五一俱乐部”所说那么不讲理，欧美各国也别去寄希望于“大陆市场”了。（二）这一年来台湾经济已逐渐依赖中国大陆了，没有中国大陆作腹地，台湾经济今天更不堪闻问。靠美国也没用，今天的美国已不可能利用台湾来做“反对共产主义”的斗争，它倒是有苦说不出，可能暗中利用像“五一俱乐部”这样的团体，搞分裂的把戏。（三）中国统一后，台湾与大陆的经济关系，好比现在大陆沿海与内地的生活差距一样，台湾人的私有财产仍可保留，就好像今天的大陆人拥有私有财产一样。最近约翰·奈斯比特（John Naisbitt）接受《天下》杂志专访指出：“亨廷顿就犯了企图以旧词汇来了解、解释新时代、新趋势的错误。”“五一俱乐部”也同样犯此错误，所以我很有信心，“五一俱乐部”这批人的思想很肤浅，他们走上了逆反潮流的趋势，成不了大气候。每个时代在巨变前后时，也总会有一些“只有危机意识没有忧患意识”的人抓不住方向，随着自己一些流行的观念而摆动乱闯。

故乡的历史意义

问：50年代以降，台湾在军事、政治、经济文化乃至心理上对美国的依附发展，造成如作家龙应台所说“当我在第三世界，譬如土耳其或巴勒斯坦，碰见一个美国人时，那种知己知彼的亲切感简直就像见到了故乡人一样”，吴教授，您也常出国旅行，您有这种感觉吗？或者说，您在美国有“回到故乡”的感觉吗？

答：我在美国留学，也常去美国，但始终没有那种“回到故乡”的感觉。记得留学时，每一学期开学时，同学见面都会说“How are you doing”等等应酬话，老美这点倒是很可爱，见到陌生人一般都很亲切，何况在一起修课呢？但三个月一过，大家说声“Bye！ Bye！”以后也就神不知鬼不觉找不到人了。我在美国时交上一位美国基督徒好友，他说他从小念书到大学毕业，他们没有什么同学会、同乡会，大家毕业了也很难见到同学一面。龙应台的感觉或许是看见或感受到美国人善良的一面，但美国人那种游牧民族性格是很难跟他交上长期的朋友的。中国人讲五伦关系，其中之一即朋友关系。朋友关系，我们重视的是道义的结合，“有朋自远方来，不亦乐乎”，不是工具理性思考，把朋友关系化作因某事而结合的“手段—目的”的关系。因事而结合，在中国人看来那是一种机缘。透过机缘，一旦定交，则以后要行道义的准则，有此内在的道义联系，散居四方或死后双方的精神仍可永垂不朽。像老美那样是朋友又不是朋友的调调，只是资本主义社会市场经济价值过度泛滥扩散的结果。

问：该俱乐部说，“对多数台湾人而言，把美国某个市镇视为第二个故乡，是一件极为自然的事情”，请问，故乡对您有何意义？您对美国有乡愁吗？

答：根据上一问题的说明，美国的所谓故乡，大致说来，地理意义比较重，那是他的诞生地、居住地而已。中国人的故乡观念则充满了历史意义，这才是一件极为自然的事情。真正的中国人才会重视历史意义的故乡。把美国某市镇视为第二个故乡，对他来说只是暂时的。故乡如果没有历史意义，中国人不成为中国人。美国人的游牧性格是一种漂浮不定的性格，他们太不重视历史渊源了。“五一俱乐部”的思想不是中国人真正的性格，他们是非中非美的异化人，至于嘲笑中国人重视血缘的关系，我只想提醒他们：（一）日本式管理曾风靡一时，他们的成功之道，即能结合儒释道的精神和现代科技；（二）最近美国管理学大师彼得·德鲁克（Peter Drucker）推测十五年后，市面上会有很多书在研究中国式管理的秘诀，就像十年前有一大堆书在研究日本式管理一样（见《天下》杂志，1994，11月号）；（三）你们认为血缘是封建思想，我只想说你们乱用“封建”两字，不读书，不深入思考问题，方法论也没念好。

问：如果大多数台湾人对美国有乡愁，不论是地理上或文化上，那台湾人还算中国人吗？您同意台湾作为美国第五十一州“似乎已具备一定的条件”的说法吗？

答：前面提过，中国已崛起，台湾就跑不掉，美国人是很务实的，他们也不敢要台湾，所以“五一俱乐部”是白搞一场。台湾的前途也不是各种各样的“台独”人士所能决定的，原因是没有条件搞，他们只好寄望于中国大陆天下大乱，愈乱愈好，他们可以投机取巧，趁火打劫。这种人主观上的努力无法改变或创造新局面，而依靠时运来浑水摸鱼的做法，即是一种无力感的心态。只要我们努力发扬中国文化，如实对待中国文化，真正了解中国文化就够了，中国文化将随中国的崛起而崛起。许多精神上流离失所的中国人，将会回归到中国文化的大动脉上来，他们的心态是“西瓜偎大边”，而中国文化仍将包容他们的回归，不会计较或秋后算账。

《海峡评论》第48期，1994年12月

李光耀的治国理念对解决两岸关系的重要启示

新加坡资政李光耀来台湾，成为岛内外共同瞩目的大新闻。值此两岸关系僵持不进，大陆埋首军事和经济建设，台湾则面临经济危机，民众信心“向下沉沦”之际，李光耀的来访，自然带给海内外国人一丝丝的期望。

李光耀的言论之所以受到重视，不仅是因为他从区域性强人很自然地“向上提升”到世界级领袖，主要是他的世界观或价值观，在新加坡短短35年内，获得客观的检验与证明，因而所言所行自然发挥重要的影响力。不像台湾一些政客，整天耍嘴皮，既无傲人的政绩，又无深厚的学术根基，在自以为是的意识形态局限下，仿佛井底之蛙，开口就错，如此治理不形成今日的困局，岂有天理可言？

新加坡这个岛屿城市国家，只有620平方公里，却住满250万人口，从1965年8月9日独立以来，不到40年之间，它的全球竞争力排名连续世界第二，每人平均所得达到29000美元，居世界第一（以1997年为准），其次是美国与瑞士。

新加坡现在也是全球最富裕国家前十名之一，从独立以后的第三世界跃入第一世界也不过30年左右，它的成功之道早已举世瞩目，而其行政体系的“贤能统治”“清廉效率”“法治严明”等特色更为发展中国家的异数。

新加坡在李光耀提倡“亚洲价值”观的引导下，不盲从西方的文化价值理念，也不复制西方社会，他的成功反而赢得西方领袖的刮目相看，使他从区域性强人跃升到世界级的领袖。相反的，李登辉 12 年的政绩如何？除了哗众取宠搞民粹政治，思想理念依附美国，尤其是日本军国主义，其治国方针充分依附西方文明四百年来盛世的价值观，而无中国文明的精神价值。即使偶见李登辉讲讲中国文明的一些价值，也可看出在他心目中只是一种工具性价值，利用一下而已。

陈水扁口称“华人”，实际上与李登辉一样，毫无中国文化精神价值的体认，无怪乎想要“独立”也“独立”不来。如果他们有中国文化精神的价值体认，要走“独立”的路线，也还情有可原，也是一条汉子。可悲的是，已失其本根，自然没有未来，只好表现在政策上的摇摆，以求苟且偷生而已。

美国政治学者亨廷顿在《文明的冲突与世界秩序的重建》这本书中特别强调：“西方文明的价值不在其普遍性，而在于其独特性。西方领袖的主要责任不应以其西方的形象来塑造其他的文明，这已非其日趋衰退的权力所能为，而应保留、保护，并更新西方文明的独特性质，此一责任落在最有力量的西方国家——美国身上。”他又说：“普世论的必然逻辑结果即是帝国主义。”

亨廷顿对西方文明即将衰退的忧患意识，足以反证李光耀走另一条符合亚洲或新加坡实际环境的道路有其重要价值，此与台湾政界和学界精英一味模仿或抄袭美国的政治口号或措施大异其趣。

政治家与政客之别，除了双方要有共同的务实观点以外，政治家还要有形而上思考的能力，方能提出长远的政治愿景。这一点李光耀最具资格，李登辉有那么一点点，而陈水扁却无此能力，且其所谓务实亦不过敏感于选票考量的计算而已，无能体会庄子“无用之大用”的智慧。

李光耀返回新加坡后首次在网络访谈中表示：“我们不能以理性、逻辑和科学来解释所有事情。”又说：“人类心灵需要相信一种强有力且无法解释的更高力量。”大哉斯言也！20 世纪的物理学已有力地指出，科学不是追求真理，顶多只是追求“接近真理”而已。量子力学也打破了“唯物论”的世界观，这对两岸政治人物应有很大的启示，李光耀的思想合乎最现代的价值观。中国大陆一些领导或大学校长多半是学理工出身，有过度膨胀的科学价值或理性价值观念，而忽略人文精神价值，如此治国后遗症将十分严重，应予修正。

反观台湾也是沉沦于形而下的感官层面，早年老蒋时代的“反攻大陆”虽然不切实际，但全民却有一股理想主义的精神动力，现在的台湾则有沉沦于感官享受的趋势，而无向往未来的愿景。中国大陆刚从贫穷中解放出来，埋头苦干于经济建设，也有台湾早年的理想主义精神，不过对于中国文化的精神价值体认不足，尚留于功利主义阶段。最明显的一例是，最近大力宣传“统一有十大好处”，却不见从文化战略高度阐明中国统一的必然命题，也未见遵行邓小平“韬光养晦，善于守拙”的指示。那种统一有十大好处，不是不可以宣传，但价值层次太低，吸引力有限，就好像说“你嫁给我有十大好处，汽车、洋房、股票等样样具足”，这样结合的婚姻有多大的稳固性和持久性，令人起疑。

由此可见当前两岸中国人生命境界实在不高，不如李光耀，也枉费“江八点”中的第六点“两岸应以中华文化为基础共同合作努力”之期望。因此，必须要有李光耀那种思想文化的水准，才能警觉到大学校长都是学理工出身，是一种“科学主义”的偏执与浅薄。如果领导人也是这样偏执与浅薄，那对宗教问题、精神问题的处理必然找不到重点而将自找麻烦。

李光耀的形而上智慧并非打高空，他能落实到治国的原则和步骤中，最终取得成功，其要点有四：

一、走独立自主的路线，不复制西方社会

1994 年李光耀在接受《外交事务季刊》执行编辑法里德 · 扎卡瑞亚（Fareed Zakaria）专访时回答“美国政治制度有何缺点”的问题时指出：“人家的制度有什么问题不关我的事。我的职责是告诉他们，不要不分青红皂白，就把自己的制度强加在它根本不可能行得通的社会。”李光耀强调“好政府比民主人权重要”，他说：“没有人可以忽视一个社会的历史文化和背景。几千年来，各个社会都以不同的速度和不同的方式发展。他们的理想与标准也各有不同。20 世纪末期的欧美标准并不是放之四海而皆准的标准。”

二、经济发展优先，民主不是必然之路

李光耀认为各国人民都需要有好的政府。他说：“一个国家必须先有经济发展，民主才可能随之而来。除了几个例外，民主并没有给新的发展中国家带来好政府。民主没有导致经济发展，是因为政府并没有建立经济发展所需要的稳定和纪律。”李光耀早在 1961 年 3 月 2 日对立法大会的演讲，似乎就已预见“扁唐体制”或“扁张体制”的软弱无能。他说：“亚洲实验议会民主，发现一个有趣的事实，即只有当执政党占明显多数，言出必行时，这一制度才能发挥作用。若政府软弱无能，在国会又非明确多数，甚至仰赖联合政党，就如同印尼、缅甸或某些时期的泰国，这

一制度就形同瓦解。”李光耀认为亚洲人所重视的东西未必就是西方人所重视的，如果世界出现持续的经济萧条，没有人可以保证目前的民主政体能够继续生存。

三、不执着理论，采用可行性的务实原则

李光耀认为新加坡的面积、地理位置和多种族人口，使新加坡的选择空间非常有限，因此理论并不重要，生活才是最终的考验，这点与邓小平“实践是检验真理的标准”有异曲同工之妙。他说：“我不相信任何理论光靠听来不错、写在纸上合乎逻辑、言之成理，就一定能付诸实现。生活才是最终的考验。一切得看现实人生里发生些什么事，在社会上工作的人怎么过日子。”“我读了很多理论，对它们半信半疑。因为我们够实际，所以不会执着于理论；只要行得通，我们就去做，最后就会发展出我们今天拥有的这种经济。我们的准则是：它行得通吗？它对人民有益吗？我们的首要目标是推动经济进步，提供工作，养活人民。”

四、人才重于制度，扎根教育，提高全民素质，并建立奖励制度，与私部门竞争人才

李光耀认为没有好的人才管理政府，会有好政府吗？美国的自由主义者认为只要有好的政府制度，行政、立法、司法三权分立，互相牵制，保持平衡，就会有好政府，即使软弱而不那么优秀的人胜选当政也无所谓。李光耀根据他的亚洲经验得出的结论是：“即使政府系统一塌糊涂，只要有优秀的强人当政，还是会有差强人意的治绩和合理的进步。”

李光耀认为新加坡必须争取每年毕业生中的精英人才担任公职，除非我们为政治注入更多的诱因，否则人才都会去做企业主管，只剩二流的就业人才。李光耀请教过许多总经理级人物，甄选人才的方法，最后确定壳牌石油公司的制度最完善，遴选具有“居高临下眼界特质(Helicopter Quality)”的人担任主管，即分析能力、对事实合理地掌握、专心研究基本要点并探究原则等三种特质。

李光耀也主张新加坡要保持灵活的社会流动性，只要肯努力工作，肯学习的人，一定可以得到奖励或报酬，所以健全的教育制度，在国家发展初期具有特别的重要性。

总之，新加坡在李光耀的领导，以及后来的指导之下，正试图走出一条根据自己的需要和条件而发展的道路，而且已经有了非常可观的经验。

《旧金山和约》对中国没有国际法的约束力

评陈隆志、吕秀莲的“台湾地位未定论”

吕秀莲和她的“国家展望”

吕秀莲于1998年9月30日创办的“国家展望文教基金会”（简称“国展会”），在2000年就职后约一个星期即5月28日在凯悦饭店举办“一个中国”的挑战与回应：新政权与新两岸关系研讨会。

此次研讨会除了邀请美国纽约大学孔杰荣（Jerome Cohen）作专题演讲十五分钟外，并邀请新任陆委会主委蔡英文（因事未到，改由副主委陈明通出席）、杨宪宏、许惠佑、阮铭、陈隆志、李筱峰、林浊水、林郁方、郝龙斌等人出席参加“与谈人”。

笔者亦受邀参加，仔细聆听吕秀莲的言论。她说并未受陈水扁的授权，只是表达个人意见。吕秀莲的讲话并不长，大约十五至二十分钟（包括下午主动要求再讲五分钟），其要点如下：

1. 公元1895年《马关条约》中国割让台湾，这是中国人对不起台湾人。
2. 《开罗宣言》和《波茨坦公告》没有法律效力。
3. 未提国共合作，领导八年抗战，收复台湾的事实。
4. 1952年《旧金山和约》，日本宣布放弃台湾澎湖的领土主权。台湾地位未定，主张人民主权，由台湾 2200 万人民决定台湾主权归属。

吕秀莲这一番“台湾地位未定论”与陈隆志所提供的论文《台湾的国际法地位》一文异曲同工，除了两者基本论点相同外，另补充陈隆志的论点如下：

1. 就国际法的角度来看，1895 年到 1945 年间的台湾不仅是日本的殖民地，也是日本合法取得的领土。

2. 国共双方都强调基于 1941 年的宣战声明，全面废止与日本的所有一切条约，包括《马关条约》在内，因此，台湾已经属于中国所有。但陈隆志却认为一个条约的废止，特别是有关领土割让的条约，不是可以基于片面的宣言而决定废止的。

3.《开罗宣言》及《波茨坦公告》是盟国所共同发表的片面政策性声明，并没有领土所有国日本的参与。而战后《旧金山对日和约》，不但有当时战胜的同盟国参加，而且战败国的日本也参与其中。因此，《开罗宣言》及《波茨坦公告》的效力低于后来 1952 年生效的《旧金山和约》。

4. 1945 年蒋介石受盟军远东最高统帅麦克阿瑟的指令来台湾接收，代表盟军从事军事占领。当时的台湾处于盟军的“军事占领”之下，而非由中国“取得”主权。

5. 1972 年《上海公报》声明，美国“认知”中国的主张，即“中国只有一个，台湾属于中国的一部分”。“认知”与“承认”不同。

6. 1979 年 4 月美国制定《台湾关系法》，使用的词汇是“台湾”“台湾人民”“台湾人的人权”等，都未曾提到“中华民国”，可见美国官方事实上是将台湾当作一个“国家”来看待，而双方所订定的一切条约都继续有效。

7. 中华人民共和国自1949年10月建国迄今，不曾一日有效统治管辖台湾，台湾确确实实是一个“独立”于中华人民共和国之外的“国家”。

8. 今日台湾要加入联合国并不是“重返”问题，而是“新国家”申请加入为“新会员国”的问题。台湾与中国“一边一国”，应保持和平友好、平等互惠、共存共荣的“邦交关系”。

以上八点和吕秀莲的四点，合计共十二点，相信已足够概括“台独”分子“台湾地位未定论”的核心要点。这些观点，无论就国际现实或国际法的角度，均为不切实际或缺乏学术理论根据的命题，值得加以驳斥。

首先，吕秀莲怪罪中国人与日本签订《马关条约》，割让台湾，因此对不起台湾人。姑且不论马关割台之时，激起中国有志之士的愤慨，并推动了国民党推翻清朝之革命运动，光从吕秀莲这样“自我中心”的论述，可以看出心智不成熟的汉奸心态。

吕秀莲并未谴责日本帝国主义的侵略行为，却对中国人战败，被逼迫签下《马关条约》，而怪罪自己人无能，从而想逃避中国，不愿成为中国人。这种心态好比一群强盗绑架某个家庭的一个儿子，后来儿子不怪罪强盗，反怨自己的父母保护不周是同样不成熟的心理。

何况一百六十多年来的中国，因为国势不振，也把香港割让英国，日本占领东三省，德国租借青岛，法国划租界于上海等一连串的不幸事件，吾人只听说当地的中国人励精图治、解救中华民族的呼声，很少听到他们怪中国人对不起他们。只有汉奸才会不思振作，怪自己人，以迎合帝国主义的心理。

吕秀莲故意不提国共两党合作，领导八年抗战，牺牲了3500万中国人的生命和财产，把台湾收回来，这总应该说句公道话，中国人对得起台湾人了吧！可她偏有意略而不提，反而要说“台湾地位未定论”，其心态之可怜可悲，莫此为甚！

吕秀莲这种只怪中国人无能保台，不怪日本人侵略中国之可恶，与陈隆志的心态相同。

陈隆志认为从1895年到1945年间的台湾不仅是日本的殖民地，也是日本合法取得的领土。天啊！什么叫合法取得？你侵略人家，让人家无力反击，逼得只好签下《马关条约》，这样还叫合法取得？这就好像，强盗侵略你家，逼你签约“合法取得”你家财产，这种“合法”还有公理吗？既然如此，五十年后，中国人也以战争的方式打败日本，收回台湾，也就没有什么不合法或“地位未定约”问题了。

陈隆志说，一个条约的废止，特别是有关领土割让的条约，不是可以基于片面的宣言而决定废止的。换句话说，强权国家侵略有理，被侵略国起而反抗、收复失土是无理的。如果国际法是这样的话，这个世界除了各国自求多福之外，也没有什么公平正义可言，这样的国际法也不过虚有其表。

陈隆志认为1943年的《开罗宣言》和1945年的《波茨坦公告》，是同盟国共同发表的片面政策声明，日本并未参与，因此没有法律效力。但是，他却认为战后的《旧金山和约》，不但有战胜的同盟国参加（中国即未参加，中国也是战胜国之一），而且战败国的日本也参与其中。因此，《旧金山和约》是有效的。

陈隆志的逻辑非常奇怪，《开罗宣言》和《波茨坦公告》是中、美、英战胜国的声明，日本没参与就无效。为什么1951年的《旧金山和约》，因两岸中国人争取代表中国的争议未定，未能出席和会，就有效呢？

“台独”分子论事，一方面失去中国人的立场，只能随着帝国主义者的利益来看问题，另一方面又缺乏国际战略的眼光，未能看出帝国主义的阴谋。

1894年中日甲午之战时期，美国始终担心中国将来强盛后，必与美国的远东战略利益相冲突，一再怂恿日本，利用日本来制衡中国。甲午之战，美国不但未能主持正义，还暗中支援日本，并鼓励日本索取台湾。这一情形，与1937年中、日两国宣战时如出一辙，美国不但未支援中国抗日，还暗中助日。直到1941年日本偷袭珍珠港，美国才与中国同盟一起抗日。

美国为维护远东的战略利益，直到最近哈佛大学教授亨廷顿在《文明的冲突与世界秩序重建》一书中主张拉拢日本，以免日本过早倒向崛起中的中国，都与上述两次利用日本制衡中国的战略相同。

只有从这个观点来看，才明白《旧金山和约》，为什么美国不按照国际惯例，把《波茨坦公告》中要求日本“承担忠诚履行《开罗宣言》公告各项规定之义务”转化为对日和约的条文，写明放弃对台湾的权利，将其交还中国即可。

在美国的操纵下，先让战败国日本与其他国家修订《旧金山和约》，再与台湾的国民党政权缔和，并蓄意省略了“日本将台、澎权利交还中国”这句话，然后又迫使台湾当局接受这种行文的方式。

1950年6月25日朝鲜战争爆发后，全球陷入资本主义与共产主义两大阵营的冷战中。因此，美国要拉拢日本，制衡中共，又吃定台湾当局，故意制造“台湾地位未定论”，使中、日、台湾当局三方面互相牵制。

在这样的国际战略高度下，吾人才能看出国际法根本缺乏有效的约束力，何况没有受害最深的中国参与缔约，这根本就违反国际宣言的规定，是不具有法律效力的。

台湾属于中国的领土，在法理上是很确实的，兹针对“台独”的论点，提出以下各点的驳斥。

（一）《开罗宣言》和《波茨坦公告》是否具有法律上的约束力问题

国际法上，条约并不拘于一定的形式，可以有多种名称表示。英国国际法学者麦克奈尔，在《条约法》一书中说日本是“无条件”投降的：“国际法不规定国际协议的形式，正式与非正式协定没有法律上的区别。重要的是缔约国的意图，其意图可用条约、公约、议定书或附于会议记录的宣言来记载。”

其次，《开罗宣言》《波茨坦公告》不仅表示制止和惩罚日本的侵略，把日本侵占的中国领土如东北、台湾、澎湖列岛等归还中国，坚持日本无条件投降，而且还涉及了对中国而言是权利，对其他签字国而言是义务的种种内容，无疑具有国际法上的约束力。

国际法庭亦于 1933 年，就丹麦与挪威“东格陵兰岛”主权的诉讼，曾作下判决：“一国外交部部长代表本国政府对外国外交代表回答在其职权范围之问题，对该部长所属之国具有约束力，殊无可非议。”

（二）1945 年蒋介石是受麦克阿瑟之令来台湾接收，代表盟军从事军事占领，而非由中国“取得”主权

“台独”分子这个说法是错误的。当时盟国最高统帅部向日本下达第一号指令，其中第一节第一项规定台湾为中国受降范围。中华民国政府

代表中国接收台湾主权是依据《开罗宣言》《波茨坦公告》所宣示的权利，直接从日本手中接收台湾主权，而非日本先将台湾交给盟国最高统帅部，再由统帅部移交给中国。

1945 年 9 月 9 日上午 9 时，代表日本政府向中国战区投降的冈村宁次，在南京中央军校大礼堂把代表统治权的“台湾总督之印”及“台湾总督府印”两枚官章及关防交给中华民国政府代表何应钦（陆军总司令），象征台湾主权的转移，此一历史事实，毋庸置疑，中国早已取得对台湾的领土主权。

（三）国共双方 1941 年的宣战声明，是否等于宣告废止《马关条约》的效力

1941 年 12 月 9 日中国对日宣战时，就宣告废除了中、日间一切条约。1952 年 4 月 28 日日本与台湾当局“双边条约”的签订，确立了第四条规定：“兹承认‘中华民国’与日本国间在中华民国三十年即公元 1941 年 12 月 9 日以前所缔结的一切条约、专约及协定，均因战争结果而归无效。”所以台湾的法律地位，应恢复《马关条约》前的地位，亦即恢复为中国的领土。

（四）国际法上的“保持占有主义（Principle of uti possidetis）”以维持现状为基础，确定双方的法律关系

因此，和约的明文规定并非战胜国合法取得战败国领土的唯一方法；在若干情形下，战胜国可以不经和约明文规定，依保持占有主义，合法取得战败国的领土。中国历经八年抗战胜利，收回台湾主权，即为此例。

自 1945 年以后，虽然日本在和约中放弃台湾，但依国际法上“先占”

原则，台湾已非无主之地，而为中国领土主权的一部分。

台湾恢复成为中国领土的一部分，始自 1945 年，中国迄今一直有效统治；1952 年 4 月 28 日日本与台湾当局在台北签订“和平条约”，完成法定程序，台湾是“中华民国”的领土，也就是中国的领土。

如果“中华民国政府”要放弃“一个中国”的代表权，首先就要解决《开罗宣言》《波茨坦公告》“中日和约”以来，“中华民国政府”基于“一个中国”原则而签订各种国际法规的效力问题。同时，“中华民国”对于福建省的金门、马祖两地的统治，立即就变成“侵占”。

现在的两岸关系，如要打破僵局，也就必须回到“一个中国”原则，主权重叠、治权分属，此与“一国两制”的主张也就相去不远矣。13 亿人的自决。

因此，在法理上，台湾已属中国的领土，吕秀莲提倡“人民主权”取代“领土主权”。好极了！但在台湾尚未脱离中国领土之前，如果台湾人要以“自决”的方式脱离中国，正如上海人要以“自决”的方式脱离中国一样，那就必须先经过 13 亿同胞和 2200 万台湾人共同决定，绝无台湾人片面决定要不要脱离中国的道理。可见“台独”分子想要以分裂意识的成见来寻找法理的心态，不免流于偏激或扭曲。我们则以堂堂正正的法理实事求是，以求中国统一问题的最终解决。

至于说《上海公报》，美国“认知”中国的主张“中国只有一个，台湾属于中国的一部分”，这种“认知”也好，“承认”也罢，乃至于吕秀莲讲的“注意到”也行，都是国际法上对政府的承认方式，无论是“明示承认”或“默示承认”，两者的效力相同。台湾方面自 1945 年以来早在台湾、澎湖执行主权的行为，如改为“行省”，后来又“精省”，恢复当地居民的中国国籍等，均无国家提出异议。

而联合国以及包括美、英、法、俄在内的世界各国与中共建交后，从未见他们以官方立场挑战中共“一个中国”的原则，而且还一再重申遵守，这已经是对“一个中国”原则的默示承认。

论者或谓中华人民共和国自 1949 年 10 月建国迄今，不曾一日有效统治管辖台湾，因此台湾确实“独立”于中国之外，应以“新国家”身份加入联合国，而非重返联合国。

此种论述混淆了“主权”与“治权”的概念。中华人民共和国虽未一日统治台湾，但不碍“台湾是中国的一部分”的论述。正如 1921 年中华民国建国后，并未一日统治台湾，但心心念念“光复台湾”收回主权。问题是，“中华民国政府”不能放弃“一个中国”的代表性，否则其存在法理将发生严重问题，而中华人民共和国政府也声称代表“一个中国”，而且是有实力保卫“一个中国”原则，绝非一百年前八国联军时代那样，提“一个中国”原则也许是神话吧！

自 1979 年美国与台湾“断交”（事实上自 1971 年退出联合国后，其代表性已失去实质的意义），而与代表一个中国的中华人民共和国政府建交，在美国官方，台湾或“中华民国”已非一独立自主的国家，最明显者即当年 4 月美国国会通过《与台湾关系法》，这是美国的国内法，而非国际法。“中华民国”已非国家，相反的，它已经成为美国国内法所规范的一个地区名称。国际上“一个中国”原则已定。

美国克林顿总统于1998年6月30日访问上海时，提出对台三不政策，其中一条即是“不支援台湾加入以主权国家为会员资格的国际组织”。很明显的，国际现实早已不承认“中华民国”是一主权独立的国家，台湾想另立“新国号”加入联合国，除非太阳从西边出来，否则要与中国“一边一国”无异痴人说梦话。

虽然如此，“中华民国”在国际现实上已将“不国”矣，终究尚有二十八个“小国朋友”承认“中华民国政府”的代表性，我们也不妨虚拟代表“一个中国”的原则性，不仅可以自保“中华民国政府”的合法性或法理性，而且还可以在此基础上立即与中共展开统一谈判，也没必要再“无限期地拖延下去”。

在如此前景下，台湾的谈判代表可在“一个中国”原则下，什么都可以说，双方可谈一谈将来台湾的政治地位问题、国际关系问题，当然也可以谈一谈双方共同合作，解决经济开发大西北问题、南水北调问题、环保问题、核能发电问题等。台湾是中国的一部分，“一个中国”原则也不是神话，双方统一后，中华民族繁荣昌盛可期，台湾人恢复中国人的神圣地位，前程似锦，何乐不为？

《海峡评论》第 115 期，2000 年 7 月

今古茫茫貉一丘，功名常笑烂羊头：评王作荣著《壮志未酬》

今古茫茫貉一丘　功名常笑烂羊头
戏拈银笔传高士　醉掷金貂上酒楼
未老已沾秋气味　有生如被梦勾留
此身可是无仙骨　石火光中闹不休

清·张船山

楔子

自古以来高瞻远瞩的大政治家，能够怀抱“先天下之忧而忧，后天下之乐而乐”的胸襟，为子孙万代立治国之宏规，舍小己以为大我者可谓凤毛麟角，难得一见。推究其故，从深度心理学来看，不外潜意识的权力饥渴摆脱不了，所言所行，绝非外表事功所显现的意义可以解释清楚。

自 1912 年中华民国成立，袁世凯心心念念想复辟做皇帝，权力饥渴表露无遗，所谓功名事功乃其外象耳。蒋介石参与国共抗日，胜利成功后如果深通老子“功成身退天之道”，理应毅然“见好就收”。不幸，他无此修养境界，而失败后，摆脱不了权力饥渴的羁绊，终于退守台湾，传位其子蒋经国，政治路线两代而亡，历史评价的污点始终挥之不去。

毛泽东于1949年建立中华人民共和国，一介书生创建新中国，把东西方帝国主义势力驱逐出境，一统中原大陆，丰功伟绩，何等风光。新中国诞生后百业待兴，复下大决心，参加朝鲜战争，打败美国五星元帅麦克阿瑟将军，挫折了美国强权的气势，更是可圈可点。

袁世凯、蒋介石帝王思想十分明显。他们潜意识要当“人上人”的“万岁爷”，胸襟器识基本上比不上美国开国总统华盛顿，即因后者能超脱自我中心的权力意识，而为后世子孙奠定了宪政传统的制度，使总统不连任三届的精神永垂不朽。

中国于“文革”十年后，邓小平拨乱反正，确立了改革开放，他做了在他那个时代环境应做的事：“转移工作重心全力搞经济建设。”1991年8月苏共垮台后，邓小平提出二十四字的因应之道，充满了道家的思维模式：“冷静观察，沉着应付，稳住阵脚，韬光养晦，善于守拙，绝不当头。”在他有生之年，也把权力逐步转移到第三代的江泽民，这是袁世凯、蒋介石都欠缺的伟大胸襟和器识，邓小平留下来的政治路线也获得全中国人的高度认同，其历史地位也就近似于华盛顿。

当然，任何一条政治路线没有万世不移的道理，精神可以永垂不朽，政治路线应随时代而调整。邓小平留给后人发挥的空间很大，那就是江泽民、朱镕基所应面对的政治体制改革问题，这一问题如果没有创造性的突破，则中国的经济建设将停留在低层次的改革，国家的富强、民族的振兴终将空谈，白忙一场。至于第四代的任务将以经济建设和政治建设为基础，纵观五千年的中国文化遗产，横观西方文明四百年的盛世，然后开启新时代的文化运动，建立一个有法治、有民主、有教养的礼义之邦，远迈四方文明，再创中国文化未来四百年，乃至八百年的宏规，此任重道远之愿景，则非摆脱不了“权力饥渴”之人物所能为。吾人以此期望江泽民、朱镕基，更期望慎选第四代领导人，千万不要再像蒋经国那样犯下严重的错误，选择中华民族的罪人、日本军国主义皇民意识的余孽——李登辉，耽误民族复兴的机运，而江泽民的历史地位也将因“知人曰哲”，后继人选的光辉伟绩，而愈益发光。

权力真理　两头皆空

笔者对于台湾政治人物的自传向来缺乏兴趣，因为看来乏味嘛，除了在微观上知道一点所谓的“内幕消息”或“恩怨情仇”外，还有什么启人智慧发人深省的经验教训？倒不如看看唐浩明写的曾国藩传记和《旷代逸才》，乃至于历代名臣将相传记。

最近，台湾监察部门的王作荣出版了一本叫作《壮志未酬》的自传，觉得或有一看之价值，尤其是他曾向蒋经国推介李登辉，又花了十万字的篇幅品评李登辉。值此两岸僵局，李登辉即将结束他的政治生命之际，实有必要在此借用《海峡评论》的篇幅，以不同的史观另做评价。

王作荣说：“假如人有来生，我希望终身做一个文史哲方面的教授，读尽古今中外这一方面的好书，也能写出几本好书，对人类的知识与智慧有永久性的贡献。”可见王公一生抱负壮志未酬，追求永恒的意义，心心念念中国现代化的历史大业，到头来“权力与真理”的追求还是两头落空，不免心生遗憾，“有生如被梦勾留”。老人家自青壮年时期想要从获取权力的途径开展人生的抱负，以追求永久性的贡献，老来才悟出这一时代的政治人物终不免为“烂羊头”之讥，终究空忙一场。幸留一本自传，向后世子孙发发牢骚而已。

王作荣的悲剧在于他一生搞经济，虽有实务经验，学理上或不如蒋硕杰；虽通文史哲，却又无暇深论。其品评人物或有令人启发之处，然亦不免又流于主观。他相当看不起考选部门，谓其“为一相当腐败之机关，缺乏纪律与行政伦理……”然而自己主掌考选部门时信誓旦旦要革新考选行政，六年后也不见得革新多少，反闹成部属联名抗争，政不通人不和，且又不通人情世故，如何有效领导？王公以命相家季伯年所说的“治世之能臣，乱世之弃才”自许。像王公自认那样的“主见太深，不够圆融”或“洁身自爱”这种“臭脾气”，不要说是“乱世之弃才”，能保住一条老命已经不错了。不信看看《庄子》这部书所讲的故事。

王公认为“成功的领导人不一定要有书卷气，但必须要带几分流氓气”，“我一介书生壮志未酬，就是因为一生都没遇见一位真正有点流氓头子成分的领导人，‘老总统’差乎近之……”他又认为蒋经国“喜猜忌、神秘、虚假、阴狠而又聪明的个性，使得他的思想与行为十分复杂奇特，叫人难测……”王作荣认为蒋介石略懂治术，对于权术则运用纯熟；蒋经国不懂治术，但懂统御术，而运用权术也颇内行，常使人不觉得其在运用权术；李登辉则运用“权术”而引起强烈反弹，这算什么权术，不过“略施小计，尚未成术，所以不是权术”。

这些当代人物最可悲的一件事，就是不懂治理的“治术”，台湾方向何去何从，始终缺乏定见，结果只好流于以权术自保，上焉者名声好些，例如蒋介石博得“坚守民主阵容”的名声；中焉者如蒋经国博得亲民爱民的美名；下焉者如李登辉粗糙无礼，能忍而不能容。但仔细分析这些美名又能维持多少“永恒性”呢？蒋介石能征服千千万万人，但却征服不了自己的权力欲望，终究超脱不了“自我中心”的权力意识，使政治理想施展不开，或空有政治理想，也有一点善根善念想实践之，而不知如何下手，最后只好以权术自保。蒋经国时代何尝不是当时搞民粹政治的高手？他结交民间十二位友人，与今天宋楚瑜结交残障人士为兄妹关系，都是一种民粹为表、威权为里的权谋，只不过手段较为高明，一般人不易看出，而李登辉则粗糙一点，他要扮演圆桌武士、酋长、舰长等角色无非骗选票而已。这些作风都说明了一个时代的领导人黔驴技穷，拿不出好的方针或办法，而日趋下流。本来政治要有点权变，但也不能变而不知常，拿不出治理的理想，无能指出未来发展的愿景或政治路线，对遭遇的大小具体问题，往往开口就错，贻笑大方。

并非不了解所处的时代环境

王作荣说："造成一个朝代强盛，必须上有一位真正英明、器识宏远、宽广能容的领导者，尤其要有能识人、能用人、能恕人的本领；下面则要有一群真能忠诚谋事、公正无私、不为己谋、不嫉贤能，而又具现代知识与能力，足以承担重任的从龙之士。无论以前的大陆，还是现在的台湾，距离这些都太远了，仅靠少数几个人，甚或一个人在那里呼喊、奔走、奋斗，即使受到领导人的重视甚或重用，也还是无济于事，说不定还落得一个身败名裂。"大哉！斯言也。

可见王作荣先生对于他所处的时代环境并非不了解，然而，当蒋介石当权时，他年纪尚轻，谈不上为蒋所用。而当蒋经国当权时，小蒋与李登辉、宋楚瑜、陈水扁，都一样是民粹作风，只不过风格特质，手段粗细各有不同而已。大凡搞民粹政治的政治领袖都有一个共同的特征——反智主义。他们鄙视知识分子、讨好群众，利用民众的情绪或偏见，来争取支持，塑造自己成为英雄人物。所以，我们看到蒋经国结交民间十二位友人，却连一个有为有守的知识分子也不愿结交；李登辉今年春节后，压迫“行政院长”降低证交税，并说不要听那些学者专家的意见；宋楚瑜不重视学界知识分子，而要全省走透透；陈水扁选市长时侮谩马英九“新卖台集团”，其亲信罗文嘉撕《联合报》。

然而，台湾要治理好，终究不能依靠反智的民粹作风，必须依赖有为有守的知识分子，而当代知识分子中有专精“单向度的”知识分子多，有“道”的人文知识分子少。偏偏民粹型的政治领袖尽管在群众面前威风八面，所谓“人气鼎盛”，却看不破自己所塑造的虚幻假象。其实他们内心的不安和深度的自卑感，往往会投射到追求权力的狂热中，以此自保安全，这样的境界，如何能认识“有道”的知识分子呢？孔子曰：“举直错诸枉，能使枉者直。”政治人物已无有道之士围绕其身旁，必然就有许多邪门的小人来依附，顶多是有一技之长者来谋取一点私利而已，台湾的大方向或治理的宏规，始终树立不起来。

王作荣对时代的嗅觉是敏锐的，他在自传中字里行间甚为看不起当代政治人物，他说：“当我看到现在所谓的人才，大家所称赞的新锐之士，其肤浅、作秀、自私，而沾沾自得的恶劣行为，我的心就往下沉。”他又引用一位熟悉两岸情形的友人说：“台湾如此，大陆亦然，中国人的前途不知道在哪里。”

王先生对于非主流政治人物更存鄙视之心。他认为“那些政治领袖人物除了知识水准不够外，更有权力欲望蒙蔽，使他们不知今夕是何夕。为了政治权力，这些人一方面与李登辉斗，另一方面则自己内部斗，争权夺位，斗个没完，给李登辉一个个击破的机会，全军覆没，实在没出息”。他又说：“‘大选’的四组候选人中，林郝配与陈王配……尽管他们说了许多反李登辉的理由，实际上仍是政治斗争，仍是争权夺位……”

不分种族出身、籍贯和宗教信仰，只要符合法律所规定的资格，人人都可以参加竞选，不能因权力欲望或争权夺位而抹杀之。否则，美国总统竞选之争不也是争权夺位？王作荣也认为李登辉“多拼斗精神，而少沉潜功夫”。就因为政治人物斗来斗去，搞得民不聊生，所以才要制订“选举罢免法”，王作荣应从制度面或外省籍政治人物的理念去品评，实在不应责备人家“争权夺位”，难道李登辉好斗的性格，又是为了什么而斗呢？为了台湾长治久安而斗吗？现在有谁还相信李登辉所谓的“治台理念”呢？

> “帝王之功，圣人之余事也，非所以完身养生也。今世俗之君子，多危身弃生以殉物，岂不悲哉！”（《庄子·让王篇》）“故君子不得已而临莅天下，莫若无为。无为也而后安其性命之情。”（《庄子·在宥篇》）孟子曰：“古之贤王好善而忘势；古之贤士何独不然？乐其道而忘人之势，故王公不致敬尽礼，则不得亟见之。见且由不得亟，而况得而臣之乎？”（《孟子·尽心篇上》）孟子又说：“君子有三乐，而王天下不与存焉，父母俱存，兄弟无故，一乐也；仰不愧于天，俯不怍于人，二乐也；得天下英才而教育之，三乐也。君子有三乐，而王天下不与存焉。”（《孟子·尽心篇上》）

品人论事无一定标准

由以上引文可见，真正有道的政治家莫不淡泊权力欲望，若不得已而临莅天下，则无为而治。此所谓无为乃无私心，不主观意气用事。“所谓无为者，不先物为也。所谓无不为者，因物之所为。”（《淮南子·原道训》）伟大的政治家顺应自然的规律而行动，依现代的语词而言，就是重视结构的系统思考，而不强出头。这样看来，“今古茫茫貉一丘”，有几人能识破“权力欲望”的虚妄而以苍生为念？莫说李登辉做不到，王公这一生忙了半天，终于觉悟来生要做一个文史哲方面的教授，以便对人类知识与智慧有永久性的贡献，您老人家追求永恒的意义（所谓永久性的贡献）与政治人物追求权力欲望的满足，以求后代子孙永久纪念他的贡献，同样也是在追求永恒的意义啊！

然而，自古及今又有多少人能摆脱自我中心的权力欲望呢？您老人家何以忍心用圣人的高标准来责备非主流政治人物，而曲意偏袒好斗的李登辉呢？然后又在专门论述李登辉时，倒打李登辉一耙，视他也如同好斗的“多拼斗精神，而少沉潜功夫”，既然李登辉四次“修法”，把权力愈修愈大，而其他部门愈修愈小，李登辉这种“争权保位”的权力欲望，又与所谓的非主流政治人物“争权夺位”的权力欲望有什么不同呢？何以用不同标准鄙视非主流人物，而偏袒李登辉呢？

就以您老人家来说，今生壮志未酬，主要未遇具有“流氓气质”的明君，但是您一旦有了权力后，真的就能施展抱负吗？如果修养境界还不到“君子有三乐，而王天下不与存焉”的地步，谁也不敢相信，有了权力后一定能以苍生为念，立下国家之制度宏规，李登辉就是一个好例子，他当“台湾省”领导时沉潜内敛，每周必派人向蒋经国撰写一周工作内容；凡遇下级签报备选方案，几乎很少自作主张，交由下级裁量。您说李登辉少沉潜功夫是吗？他这种忍功夫也是一种沉潜，不过尚未到达无私无我的境界，一旦登上大宝，诚如王作荣所说：“掌握权力愈久愈集中，理性便愈衰退，潜在意识便愈显现，自己不能驾驭。中外多少帝王将相，英雄豪杰，都有此现象。”又说：“我发现李登辉愈到晚年，台湾意识与省籍情结便愈浓厚，也许这是老年人的通性。”可见得内圣修养不够的人，始终摆脱不了潜意识的支配，也就是自由意志仍无法充分展现，此时一言一行，简直是在受“内刑”，虽贵为地方领导，内心无法洒脱自然，宛如坐监一般。

十一年来，李登辉把自己的权力不断膨胀，可政治经济、社会治安、两岸关系却愈搞愈糟，而勾结财团黑道以斗争所谓的非主流政治人物，更是夺权固位的权力欲望的显现。而王作荣却在对李登辉失望之前，发表《李登辉的施政理念及其成就》(1993 年 2 月发表)，竟然说：“从民国肇建以来，好不容易有一位了解西方民主制度，知道如何现代化的文人领导，居住在台湾的两千万中国人应该珍惜这一机会。”王作荣发表此文时，正值考选部门长官之时，而今发表《壮志未酬》自传时，已离开监察部门。前面说过，王作荣的政治学知识有问题，他把李登辉的民粹作风，视为“了解西方民主制度”，又为李登辉辩护，提出所谓的“黑金护台”论，如此反反复复，品人论事没有一定的标准，历史将有公评。

王作荣或以“治世之能臣，乱世之弃才”自况。笔者在此再引《淮南子》的一段话，以与王老先生切磋。《淮南子》第二卷《俶贞训》：“故世治则愚者不能独乱，世乱则智者不能独治。身蹈于浊世之中，而责道之不行也，是犹两绊骐骥，而求其致千里也。置猿槛中，则与豚同，非不巧捷也，无所肆其能也。”“古之圣人，其和愉宁静，性也。其志得道行，命也。是故性遭命而后能行，命得性而后能明。”王作荣是能臣也好，弃才也好，您老人家忙了一生，最后今生犹有“壮志未酬”的牢骚。您老人家明明知道当今乱世也，未遇明君，“世乱则智者不能独治”，有再高明的智慧也不能独治啊！既然如此，又何必趟乱世的浑水呢？既然趟了浑水，就要做到庄子所谓的“形莫若就，就而不入；心莫若和，和而不出”(《人间世》)，和光同尘，或学学高明的养虎者：“虎之与人异类而媚养己者，顺也；故其杀者，逆也。”（同上）您老人家期待有流氓气的领导，可是若不知或没有与老虎相处的智慧，像您老人家不被流氓“白色恐怖”掉，已属万幸，何有今日发牢骚的机会。所幸，时代不同，威权政治已日远，民主时代尚能苟全乱世已属不易。“山木自寇也，膏火自煎也。桂可食，故伐之；漆可用，故割之。人皆知有用之用，而莫知无用之用。”（同上）您老人家在乱世中还要求“有用于世”，怪不得到头来“有生如被梦勾留”，其主要原因或许是：“此身可是无仙骨，石火光中闹不休。”

为黑金政治论辩护

李登辉受知于蒋经国，大致起于1970年王作荣邀请李登辉赴韩、日考察。李登辉出境受阻，王作荣写了一封长信给经国先生，王认为李品学兼优，为国际知名的农业经济专家，并介绍李登辉加入国民党。王作荣认为除了他以外，尚有严家淦、黄少谷、孙运璇、余纪忠、宋楚瑜、蒋彦士等人把李登辉送上领导之路。王作荣很得意地认为这些人都有各自的地位与事业，都无求于李登辉，也不希望李登辉将来有什么回报，他们都是外省人，都具有公忠的精神。如果我们相信王公的判断也要提出这样的疑问：“你们都是外省人，提拔本省人李登辉时，都看到了他好的一面，有博士学位，具外语能力，有宗教信仰，做事不会走样，无子嗣，不会为子孙谋私。但是，你们没有从台湾史的角度来观察李登辉，竟然无知且自信李登辉与你们这些所谓‘外来政权’的政客为‘同一国’的‘中国人’，这样子的‘识人之明’实有负于经国先生之所托啊？！”

领导人未必需要博士学位或外语能力，这些条件是选择事务官的条件，不是领袖的条件，又误以为有宗教信仰的人，做事不会走样，大错特错。

有宗教信仰固非坏事，但修行不佳，貌似信徒实则自省能力欠缺者所在多是。更以为无子嗣，不会为子孙谋私，而不究平日是否私心甚重，光从表象有无子嗣以论之，的确无识人之明。王作荣所提以上为台举才诸人，大多数为理工农出身的技术官僚型人物，少数人或有儒家传统文化精神，但未必有“大道”之体验。除了以技术观点看人外，不能以台湾史和中国文化精神的面向来考察人才，对李登辉深藏不露的深层意识或思想结构没有能力观察。王作荣先生对此也应无所得意，应与以上六人，同负历史的罪责。

其实，1984年蒋经国提名李登辉为候选人之时，也曾问过南怀瑾先生。蒋经国曾前往信义路南老寓所拜访，南老不愿小蒋来见，亲自下楼迎接，并在信义路旁的黑色轿车内谈了约一小时。同时，小蒋也曾派当时的秘书长马纪壮先生半夜拜访南老，问及接班人问题。南老也提及李登辉没有子嗣，并语多保留，不愿多说其他。然而，无论是谁的意见，他们上一代人看人都欠缺台湾史观点，结果都被李登辉这个皇民余孽所骗。

1988年1月20日左右，笔者从美国德州奥斯汀市飞往华府拜见南老，并在3月返台，打了一个电话给苏志诚，转告南老意见：“希望李登辉无为而治有利，有为不利；少说话有利，多说话不利。”十一年来，李登辉都反其道而行，南老亦十分失望。

1988年2月，王作荣为《工商时报》写了一篇社论，题目为《要做伟大的领导，不做有权力的领导》，后来李登辉曾问王公：“领导没有权力，如何做事和伟大？”王作荣未曾作答。其实，从李登辉这一句话已可看出李的格局、胸襟、器度甚小，且为一种“直线思维（lineal thinking)”，不必预测，即知其结果无法因应复杂的国际政治与两岸关系，何待今日始知结果“原来如此”呢？王作荣为此还要吹捧他的施政理念及其成就，为黑金护台论辩护，毋乃不智乎？又何须等李登辉给予监察部门领导职务后才来对他“上打昏君，下打奸臣”呢？

李登辉自以为很有学问，无所不知，还要为财经官员上上课。他不知孙中山一介书生，白手起家，没有权力，出生入死，创建中华民国，所做的事不能说不伟大吧！慈济功德会的证严法师三十多年前起家时，点点滴滴累积微薄的财力，以至于今天超过百万人的会员和雄厚的财力，也是没有权力而做大事的伟人。再看美国总统华盛顿有机会再任第三届总统，也没有放话要再延任一届，此种超乎权力意识，淡泊权力，薄帝王而不为的胸襟和气度，哪里是李登辉所能比呢？李登辉的地位，非如蒋介石自家打天下而得，亦非如蒋经国历经艰难而得。

李登辉既无德望又无威望，凭其忍功骗了蒋氏政权一时糊涂的官员们，骤登大宝，得意忘形，好言有为，任用小人，以投机取巧之性格争权固位，实在看不出他的成就在哪儿！今日台湾言论自由泛滥，骂骂李登辉不必担惊受怕坐牢，此或为唯一的贡献吧！

王作荣的这本自传可看之处很多，但因篇幅有限，最后谈一谈他在书中的一些过于主观的意见，尤其是两岸关系。

王先生书的封面有一二宣传广告用语。“我写出来的一定真实”，这句话充分流露老先生的自信，但自信是主观的，是否真实则有待客观的检证，尤其20世纪的物理学家已没有人敢说自己的理论一定真实，何况人文社会科学？兹分下列各点简单扼要提出：

嘴巴上说不迷信民族主义

（一）民族主义问题

王作荣说他从不迷信民族主义、血缘关系，一切团体组合皆以实际利益需要为准则。因此，他从不相信中共所说的民族大义、祖国统一。民族主义又不是宗教，哪来“迷信”“不迷信”的问题。王公所推崇的蒋介石不也是宣导民族大义、祖国统一的吗？

王作荣既然“不迷信”民族主义，实际上他在字里行间充分流露了民族主义的精神，未免矛盾。他说：“中华民族几千年来屡受分割与亡国之痛，而终能绵延不绝，融合各不同族群，逐渐形成一个更强大、更有活力的民族，就是靠这种民族特性与修养，这就是中华民族的精神。假如有人不相信，不妨去读中国历史。”王先生这段话是“迷信”民族主义呢？还是叫人家不要相信民族主义呢？王先生在451页又提到从小学时代目睹帝国主义看不起中国人，这是有悠久文化的中国人所不能忍受的，希望这一代的中国人富强起来，尤盼中国赶快现代化。又提到奉命草拟第八任领导演说题目定为《为中华民族开创一个新时代》；又说：“我平生唯一的愿望就是希望中华民族现代化，不再被外国人当猪看。”从以上所引，可见王先生怎么“不迷信”民族主义？

其实，孙中山民国十三年演讲还批评中国人只有家族、宗族观念，尚未扩大为国族观念。民族主义原来是一盘散沙的中国人所最不迷信的，若非帝国主义，哪有民族主义的迅速崛起，所以这不是迷不迷信的问题，而是人类一种自然的爱乡土、爱民族、爱国家的表现。中共所说的民族大义，也是自然而起的，若中华民族遭受帝国主义侵略，仍不要民族大义，早就亡国灭种了。至于祖国统一问题，则是当代中国人从两千多年帝制改造转型成为现代国家的一种未完成的志业，中共提出祖国统一的口号也不是什么不对的事，而是顺乎民心潮流应有之义，当然讨厌中共的人，尽可骂它政治体制不完善，但岂有“以人废言”之理？海内外有志之士难道对祖国统一没有一点期盼或愿望吗？难道民族分裂互相对抗继续斗下去好吗？王先生又说一切团体组合皆以实际利益需要为准则。笔者研究组织理论，则认为未必如此。同乡会、同学会、宗亲会的结合只以感情联系为主，不以实际利益需要为准则，王作荣乃以西方的组织为准，批评中国文化的社会现象。请王先生看一看最近 M. 司各特·佩克（M.Scott peck）所写的《真诚共识》一书，便知所见有误。

（二）所谓一国两制，中国人不打中国人，强迫三通，和平谈判等等都是蚕食政策下的战略运用

王作荣认为一国两制是中共蚕食并吞的手段，笔者认为两岸关系现在就是“一国两制”，“台湾是中国的一部分”，王先生也同意，但两岸的治权则各有所辖范围，此非“一国两制”或“一国两治”是什么呢？所谓“和平统一”不外是承认现状，就地合法化而已，将来国家统一，台湾维持现状，这哪里是蚕食并吞呢？至于“中国人不打中国人”，虽没有台湾提出“中国人帮中国人”那么动听，但也非什么并吞的手段可言。最后强迫三通，和平谈判，笔者更不懂王先生是何意？今天最希望早日三通的（其实只剩下直航一通，其余两通早已不成问题），是台商及从事两岸各种交流的民间人士，中共反而不必强迫，这是形势比人强嘛！而和平谈判的提出，是一正大光明的诉求，难道两岸还要继续冷战或热战下去？非得要像李登辉或许惠佑那样才有尊严？和平谈判不一定立即成功，但继续谈判，争取对台湾有利的时间空间，这才是爱台湾之道。连和平谈判的诉求也要解释为蚕食政策下的战略运用，笔者实在不解。以王作荣的年纪来说，他对国共内战的受害情结尚有余悸，我们年轻一代的中国人没有国共内战的恩怨情仇，我们希望祖国早日统一，不要再民族内部仇杀了，也只有这一天早日来到，才能凝聚民族力量，早日建设富强康乐的新中国，民众经济和文化水准提高了，自然民主政治也就水到渠成。尤其台湾，若两岸关系稳定不下来，谈什么建设都是空谈，民主政治搞成民粹政治；自由经济变成戒急用忍，一点也不自由；法治社会变形为黑金政治，这哪里有什么谈判的筹码，像台湾这样子自以为是，不等中共攻台，自己就先内部溃烂，还谈什么前途呢？

看“一国两制”人云亦云

（三）中央集权、邦联、联邦问题

王作荣认为一个中央集权的大帝国这种旧式组织，不会为人类所接受，因此中国将来必然会采取联邦制。又说：“从台湾较长期的利益观点看，在现阶段组成邦联，等大陆民主化到某种程度后，再组成联邦，对台湾最为有利。”王先生似乎看到了目前各国的管理潮流趋向分权和扁平的模式，但潮流终究是潮流，必然有起有落，没有永久不变的主流价值。笔者不是预言家，但愿提出物理学家西奥多·莫迪斯（Theodore Modis）出版《征服不确定》（*Conquering Uncertainty*）一书第八章“21世纪的企业管理”有如下一段话：“管理决策将由目前的分权、区割和扁平的模式，转而侧重集权、统一和直线。目前强势的由下而上的文化力道将转弱，允许由上而下、追逐远景的管理模式将再领风骚；领导要比创新更为重要。”换言之，吾人不必以目前的潮流价值投射到未来，以为未来都是延续现在的价值。相反的，从长远的历史演化观点来看，循环往复的现象似乎比较接近真实。未来也不一定不走中央集权，当然，这还有待观察。

至于说现阶段组成邦联，则恐怕是一行不通的幻想。因为，所谓邦联者，邦与邦之联系也。现阶段中国的国情十分特殊，联合国及全世界各国，只承认“一个中国”，所谓一个中国，即指中国主权到现在仍是完整的，没有分裂嘛，国际强权也没有瓜分中国的主权啊！在完整的中国主权上，双方各有其管辖权所及的范围。所以，承认一个中国的现状，不是我们的政策主张，而是科学客观上认知的问题。王先生颇自负于“写出来的一定真实”，此种科学求真的精神令人感动，但科学非追求真理也，科学顶多是追求“接近真理”而已。换言之，任何人的主张或意见尽管提出，但要开放胸襟，欢迎大家来验证，以求建立“客观知识”，千万不要像李登辉那样自以为是。因此邦联不可行，因违背科学认知上“一个中国”的事实，至于中国将来是否采联邦制，则为一可以讨论的议题。然而，事实上的一国两制，台湾保有边防和司法，这不比联邦制下的台湾更有较多的自主自治权吗?

王作荣期望李登辉要团结宋楚瑜及所有国民党的力量，防御中共，内制民进党，以确保“中华民国”的生存及国民党的执政权。否则，台湾垮了，李登辉便是亡台之君；国民党执政权丢了，李登辉便是辱党之魁。

真正大才者尚未一见

中兴以人才为本。台湾的政治愈搞愈糟，为中共所看不起，都是起因于人才问题。王作荣认为两代蒋先生都不信才。用才而不能信任，人才终不会为其所用。经国先生信任的范围则更是狭窄，两代蒋先生到晚年都无人可用，只有信任自己的儿子，而连托孤都找不到人，真是悲哀。至于李登辉，王公说：“李登辉用人的路线却愈来愈窄，最后陷于中生代的卡位战难以自拔，而重大问题连找三两个可以商量的老朋友都没有，实出意外。”王作荣又说：“凡属积极卡位的，绝非真人才，真人才绝不屑于卡位。而作为一地长官，一定要有几个平起平坐的老朋友，可以商酌大事。蒋介石一直都有；经国先生就只有一个黄少谷。李登辉有没有这样的人，我不知道。”

有的！李登辉在“省主席”任内，苏志诚就是李登辉和南怀瑾之间的传话人，及至1985年7月5日南老赴美，1988年1月底赴港，直到90年代初期，李登辉经常请教南老，并曾请南老返台，在官邸会见了两次；后来发生所谓的“密使风波”，李登辉对南老始终恭敬，静听南老的讲话，不敢随便主导话题。大约“密使风波”过后，南老对李登辉非常失望，对苏志诚也不承认是自己的学生，从此几乎很少往来。

古人云：“用师则王，用友则霸，用臣则亡。”台湾三代领导（严家淦不算），蒋介石形式上尚能用师，或尊师重道，格局也大些；蒋经国连个师傅也没有，所用者大抵上为家臣也；李登辉则自以为什么都懂，所用者大多为王作荣所说的“卡位人才”，根本非真人才也，政治之败坏良有以也。

荀子曰：“国将兴，必贵师而重傅；贵师而重傅，则法度存。国将衰，必贱师而轻傅；贱师而轻傅，则人有快；人有快则法度坏。”（《大略篇》）

寄语即将参加2001年“大选”的政治人物，以荀子这一段话为标准来看，连战的智囊尚要加强，宋楚瑜则用臣者多，用友则少，用师则无；陈水扁则伶牙俐齿，稍有成就即得意忘形，其用臣者多，用友者不多，用师者少，而少数几个师亦无多大高明之处。不管怎样，这些人物的共同点大多不知中国历史文化精神，亦未深入台湾的历史精神，而对西方文化则有表象的知识，迄无深刻的涵养与体会，更谈不上对四百年来中西文化盛衰消长的认识。其所作所为，除了满足个人权力欲望外，看不出有何宏观的大格局的思维倾向。吾人若不以圣人标准苛求，当能体会“今古茫茫貉一丘，功名常笑烂羊头”，真正大才者，尚未一见，则台湾今后前途是否光明，已不卜可知也。

《海峡评论》第 103 期，2000 年

陈水扁的领导模式：不粘锅领导

对于国家领导人或任何一个组织的领导人，观察其领导模式或领袖风格，是可以仔细归纳出他的特定模式的。领导人的领导模式对于组织的成败，起了很大的作用，占有相当比率的变数，不可不察。

2001 年 2 月 25 日，台湾行政部门举行行政革新会议，陈水扁应邀参加并致词，举出五点没有行政效率的实例。例如“二二八”纪念日是否休假、“九二一”震灾重建进度落后、高铁与南科园区的管理问题、中二高通霄大甲路段的工程进度落后，以及“阿玛斯号”漏油污染垦丁海域事件的危机处理等均未能掌握时间与成本的控管，让人民承受一个没有效率、没有效能、没有效益的后果。

陈水扁为了以上五件行政问题大发牢骚，还提出四种管理方法以为因应：(一）目标管理；(二）成长管理；(三）走动管理；(四）危机管理。台湾行政部门的张俊雄挨骂后回应：“行政部门所有团队没有借口，都应坦然面对接受”，“谦虚反省，决心改革”。

陈水扁之怒是否能一怒而安天下，还是此怒形同放屁了事，船过水无痕，值得探究。而张俊雄表示事前就知道文稿内容。对于社会有一些声音，官员比任何人都想让政府有新面貌展现给民众。可见一个骂人者，是骂给人听的，一个挨骂者事先就知道内容，两人演了一场戏给民众看，这是台湾搞民粹政治的特有现象。这种领导者只看到别人的“不是”，却未见那个“不是”的根源，来自于自己的“不是”所引发的后果，这样的领导模式通俗讲即“不粘锅”领导，错都在别人那儿，领导人自己总是没有错。但若从学术上讲，这样的领导模式即彼得·圣吉提出的七种组织的学习障碍中的第二种“归罪于外的态度”。

可想而知，陈水扁这种“不粘锅”领导，将继续腐蚀台湾的政经社会，形成一股恶劣的政风还不自知，兹详言之有如下几点：

（一）“不粘锅”领导的心理渊源

台湾教育的成功主要在量的成长，而非质的提升。许多有识之士常感叹，台湾各界精英学历愈高者愈自私，“专业”知识分子多，“人文”知识分子少。这些精英如陈水扁、吕秀莲等从小都很会读书，名列前茅，或因家贫，有一股出人头地的潜意识冲力，使他们容易以“正义化身”自居而打抱不平，无形中养成“我对你错”的心理惯性，同时也塑造成“自我中心”的思维模式，缺乏将心比心、设身处地的能力。一旦有了权力，更妄想自己的“正确性”，凡有错误皆为眼所见者，却未能反思眼所不能见而因自己的一言一行所形成的祸因，此即不粘锅的心态。阿扁从政一路走来，不就是一路骂人骂到底，自诩正义的化身吗？如今当了“总统”，旧习未改。

（二）民粹政治看重领袖与民众之间的情绪满足，忽视法治、制度及专业主义精神

众所周知，法治、制度及专业精神都是高度理性化的产物，民粹政治领袖，必须不断从情绪上安排他的追随者，所以对于民意的反应特别敏感。当民意对于以上五件事例充分表现无奈与不满时，政治领袖往往缺乏深思熟虑的耐性，因而要“急民之所急”，任何大道理的论述，都不如领袖们抓住弱点痛骂一声来得爽。这种现象在陈水扁和吴敦义担任北、

高两市市长时都曾有过记录，他们当着来求诉的民众，破口大骂主管官员的“不是”。老百姓无知听了很爽，但官员的专业尊严或权威受到严重伤害，法治和制度也蒙受严重的打击，文官制度也就难以建立“行政中立”了。同理可证，凡能体会首长“选举压力”的苦衷，禁得起挨骂而“坦然面对，谦虚反省”者，其地位必稳如磐石。这种现象，从学术来看，首长的权威虽是建立在民意的拥护基础上，但这种权威并非建立在对专业知识的尊重上。因此对于知识经济与知识管理来说，具有严重的破坏性，不利于“行政院”高喊知识经济时代的行政革新，有其逻辑上的必然。如果继续这样下去，台湾的经济必将日趋穷途末路。

（三）缺乏系统思考

行政人员由于组织分工的关系，习惯于片段化的思考，缺乏整体把握的能力，未能理解“结构影响行为”的宏观因素，所见者只是短视的、直接的因果关系和片段的理性分析。这样的学习经验只是一种“适应性学习”而非“创造性的学习（generative learning)”，行政人员很容易变成“无头苍蝇”，没有方向感，这就是缺乏系统思考的结果。很遗憾的是，像陈水扁这样高层次的政治人物不从“政治愿景”和“政治领导”的方向来指点迷津，竟然讲什么“目标管理”“成长管理”“走动管理”“危机管理”这种管理技术，把自己该做的事忘得一干二净，却与下属官员去争“管理方术”的能力，其领导风格可谓格局甚小，见识狭隘，绝非一代英明领袖。

陈水扁严于责人宽于律己，与李登辉时代大骂公务员无效率，却不检讨自己善变的性格，可谓如出一辙。陈水扁忘了自己处理核四问题，对连战的无礼，对“宪法”的糟蹋，对“国会”多数的藐视，种种言行举止莫不对岛内公务员立下最坏的榜样。这种坏榜样还好意思骂人家“旧官僚”无效率吗？

孟子曰：“爱人不亲，反其仁；治人不治，反其智；礼人不答，反其敬。行有不得，皆反求诸己，其身正而天下归。”（《离娄篇上》）荀子曰：“自知者不怨人，知命者不怨天；怨人者穷，怨天者无志。失之己，反之人，岂不迂乎哉！”（《荣辱篇》）陈水扁“上无道揆”，则“下无法守”，乃搞民粹政治起家者的报应，又不能反求诸己，而怨天尤人，问题出在自己，却常骂人家“旧官僚”。连当黑道的老大都懂得收编对手的人马蔚为己用，所谓的“新政府”却要划分“新”（政府）“旧”（官僚）的对立，何其不智如此乎！何况陈水扁提出的四个管理也不怎么是“新思维”，例如“目标管理”在20世纪70年代早已是旧的管理技术，此因环境愈来愈复杂，很难事先理性规划目标，一旦行动时就会改变，此即“目标在行动中确立或发现”之故。“成长管理”也要看环境，在资源稀少之岛，过度偏向“成长管理”也不是好事。至于“走动管理”虽有其长处，但要避免流于“走透透”的形式主义或作秀心态。而“危机管理”却不如“忧患管理”，此因“危机”一词是当下的、立即的，“忧患意识”则是“居安思危”“防患于未然”的。由此可见，陈水扁自降为部属格局的思维，严重缺乏系统思考的能力，在他骂人中充分暴露出其不智的心态。

（四）怒而无威者犯

古人有云：“内养不足，则怒而无威。内养既充，不怒而威。”前面说过，陈水扁察觉民众对“新政府”政绩的不满，为了情绪上的安抚，最好的办法是当着民众面前骂那些官员们，给民众出一口“鸟气”。但这种作秀的民粹作风，凡会做官者多能体会，因此个个挨骂当首长的受气包，首长也说不是特地骂某一个人，显见是骂给民众看的一场戏；不过有人内养充足，不怒而威，如孔子“望之俨然，即之也温”，也有人“一怒而安天下”，如周文王。更有庄子所谓“出怒不怒，怒出于不怒”（表面上怒，其实内心不怒之意），“出为无为，为出于无为”。陈水扁之怒，不知是哪一种境界之怒？根据陈水扁的成长过程来看，他学法律，爱看政治、法律方面的书，却乏文史哲学的素养，对艺术和宗教也无相当的兴趣和认识，是一位语言乏味者。他从政后一路走来，都是骂人起家，心目中只有选票而无选民，骂可以哗众取宠，获取选票，但难以解决问题。所以他的“怒”应是“内养不足”之怒，无足观也。

可悲的是，台湾民众历经日本五十年的“殖民统治”，复受国民党的“高压统治”。蒋经国去世后，本可在经济建设的基础上更上一层楼，发展成熟的、健全的民主政治与法治建设。不料，李登辉的十二年统治，好大喜功，眼高手低，“修宪”六次，“宪法”破毁，法治败坏，人心浇薄，在民粹威权体制下，终将国民党败垮，沦为在野党。陈水扁即位后，将满一年，却不思问题根源，还在搞“骂给民众看”的民粹作风，自己都对，错在别人。君不见民进党尚有不少“立委”，迄今无能树立人格典范者，却一再骂那些所谓的旧官僚，而自己也没有什么新思维。像这样不粘锅的领导模式，在陈水扁身上表露无遗，在民进党的意识形态上也透露其顽固、虚伪、无能的现象。

台湾人何其悲哀！碰到这样无能的领导人和虚伪的执政党还不能自知、自反、自重，其未来命运不卜可知也。

《海峡评论》第 124 期，2001 年 4 月

欲用天下之权者，必先布德诸侯：江克高峰会后的中美关系

- 君人者有道，霸王者有时。
- 夫欲用天下之权者，必先布德诸侯。是故先王有所取，有所与，有所诎，有所信，然后能用天下之权。
- 明大数者，得人；审小计者，失人。是故圣王卑礼以下天下之贤而王之，均分以钧天下之众而臣之。故贵为天子，富有天下，而伐不谓贪者，其大计存也。
- 知者善谋，不如当时。
- 夫国大而政小者，国从其政；国小而政大者，国益大。
- 强国得之也以收小，其失之也以恃强；小国得之也以制节，其失之也以离强。
- 折节事强以避罪，小国之形也。自古以至于今，未尝有能先作难，违时易形，以立功名者；无有常先作难，违时易形，而不败者也。

《管子·霸言篇》

锁死“台独”与“独台”

美国总统克林顿于1998年6月25日傍晚7时15分，从美国抵达中国的西安机场，开始了他为期九天的“建设性战略伙伴关系”的中国之旅。

面对国际新形势，中国大陆的战略地位提高了，台湾的战略地位下降了。焦躁的台湾，从十年前李登辉上台后的“得意忘形”，什么“台湾钱淹脚目”“走出去”“务实外交”“台湾人的尊严”等等“不知天高地厚”的言论，一路发展到“中共是土匪政权”“控固力”“人肉咸咸”及“戒急用忍”“打破虚妄的国际体制”，一直到今天中美两大强国要建立“建设性的战略伙伴关系”，在新的架构下，锁死台湾不得搞“台独”“两个中国”“一中一台”，也不得加入以主权国家为资格的国际组织。

克林顿1998年6月30日上午在上海一场题为“构筑21世纪的中国”圆桌座谈会中，主动申明了对台“三不”政策。台湾各界顿时从大梦中惊醒，在失望焦躁中，也出现了许多打小算盘的不务实观点，其不知反省反思，而落入情绪失常的反应，充分说明了这批有钱的“富人们”，得意忘形惯了，突然间也就掉进“失意忘形”的窘态中，既无“大计”，又不知“折节事强以避罪”，能不失败，那就只好应了一句话：“简直岂有此理。”难怪宋楚瑜要引用《三国演义》诸葛亮的古诗：“大梦谁先觉，平生我自知；草堂春睡足，窗外日迟迟。”

台湾今日的窘境，是审小计的结果。李登辉十年前初登“大宝”，先未能折节事强以避罪，自以为是军事天才，妄想“中共应退兵三百里”。接着又见苏联的垮台，以为中共政权垮定了，既“不明大数”以立“国之宏规”，又“违时易形”错失“经营大中国”的时机，在美国人李洁明、白乐崎等人的怂恿下，以“主权过时论”不断挑衅中共，配合美国的“围堵中国论”或“中国威胁论”，卒至发展到1995年6月的访问美国，爆发了当年8月的中共导弹演习及1996年3月第二次的再演习，使中美两国几乎兵戎相见，最后美国重新检讨对华政策，才有1997年10月江泽民访美，1998 年 6 月克林顿访华的“战略性伙伴关系”。

台湾的不幸在于成为中美斗争中的一颗棋子，失去主动性，又以“戒急用忍”政策，自甘于被动受制的地位。而美国的战略大致上可见基辛格的《大外交》、布热津斯基的《大棋局》，和亨廷顿的《文明的冲突与世界秩序的重建》理论观点的影子，其背后理念是“实用主义”的思想。中国的因应之道，需要建立“夫欲用天下主权者，必先布德诸侯”“明大数者，得人”的新世界观，以便更上一层楼。从较高的角度，找出当前西方文化的弊病，中国文化思想之长，重新诠释三百多年来，由西方文化中所发展出来的民主、自由和人权的意义，不必因为克林顿拿这些东西来教训我们而感到自卑或无计可施。必须要有信心，撷取古今中外思想理论之长，超越共产主义和资本主义意识形态的对立，创造一个有中国特色的政治、经济、文化、社会制度，走出一条人类文化发展的新方向，此之谓“明大数”“用大计”的大国之道，使其成为世界各国学习仿效的对象，再创中国人的汉唐盛世，方为当代中华民族的远大抱负。

台湾最大利益或唯“一国两制”了

从这样的新世界观的高度来诠释江克会谈后的各种意义，笔者先从美国，次从中国大陆，最后再从台湾三个方面来分析说明之：

（一）美国

美国自 1972 年与中国发表《上海公报》以来，即坚持“一个中国”政策，后来在 1979 年的《建交公报》发表后，也制定了一个国内法《台湾关系法》，其中第四类第 d 条“本法不得解释为支援将台湾自任何国际财务机构或国际组织会籍排除之基础”，此次克林顿的“三不”表述，已经违反《台湾关系法》，亦可见美国对华的新政策，已经明显地倾向北京，并以“三个公报”的位阶，高于《台湾关系法》。

美国的“一个中国”政策，事实上是可以推导出“三不支持”的，只不过一直采取“战略模糊”的策略，利用台湾作为制衡中共的筹码，直到今天，为了建立“建设性的战略伙伴关系”，才不得不转变为“战略清晰”，干脆说明白。所以，“一个中国”政策与“三不支持”是一体之两面。

至于另一个两面更富有相当的意义。此次克林顿在北京大学演讲首次提出：美国对台政策并非两岸“和平统一”的障碍，两岸统一必须以和平方式达成。换言之，中美的战略性伙伴关系，已逐步达成“和平统一”的共识，这是美国总统从来不愿说的。至于“和平统一”的另一面，是否就是“一国两制”呢？克林顿在香港并未明言，也许香港实施“一国两制”为时尚早，如果将来一千多家美商及四万多美国人在香港的既得利益没有损害，而美国又在其他议题上有求于中国，或有可能模仿此次在上海主动说出“三不支援”的方式，自动说出“一国两制”适合于台湾的主张，在逻辑上是有其如此推论的可能性。因为台湾既然不能以国家资格加入国际组织，则“一国两制”已是台湾最大的利益了，否则两岸兵戎相见，那只有“一国一制”的最不利的结果了。

克林顿在北京与江泽民联合记者会中，口齿清晰，不断以人权、“天安门事件”做文章来“教训”中国人，江泽民的针锋相对虽表现了主人的气度，未予严词反驳，似乎让人感觉，美国人的民主自由和人权的理念是一种普世真理，克林顿好像是传播福音的美国传教士。

美国三大“族群”：原告、被告、律师

其实，中国需要新世界观和新的理论，大可以告诉克林顿，从中西文化交流史来看，中国人自鸦片战争以来一百五十多年受尽西方帝国主义的侵略，西方人哪有什么“人权”观念？1937年日本侵略中国，发生南京大屠杀，讲人权的美国人为何袖手旁观，直到1941年日本偷袭珍珠港，才和中国建立抗日的联盟关系？可见美国人所谓的人权、自由、民主只是一种“技术理性”的手段罢了，好比“诚实是最好的政策”把“诚实”化为一种政策或手段，这是典型的实用主义思想，从结果论断价值，而非道德的本身具有内在价值。

中国人把道德信条视为具有内在价值或“实质理性”的东西，“诚者，天之道；诚之者，人之道”，“诚实”具有目的价值（即实质理性也），不可化为手段，否则就不是君子。诚是天道，诚之者是人道，天人合德，中国人对于大自然是采取一种欣赏和谐的美学精神，而非西方文化三百多年来的天人对立、主客分离的相对冲突的精神。

因此，中国文化的儒释道精神，莫不强调跳脱“自我中心”的我执，而以人道、人文、人伦、人义为优先考量。在彼此互敬互爱中，尊重人权是应有之义，这是文化精神较高的态度，其缺点是法治保障人权的措施做得并不够，这是需要努力的地方。

西方文化三百多年的历史，强调“个体主义”，以自我为中心，个人的权利应受法律保障。先想到自我的保护，固然维护了人的自由和尊严，但在基本自由保障的架构内，人是否具有人道、人文的精神，或自律慎独的功夫，已所不欲、勿施于人的修养，那是我的隐私权，别人不

能过问。如此结果，难怪有人讥笑美国可分为原告、被告和律师三种人，颇为传神。

美国这种以结果或效用来运用道德信条的实用主义精神，实际上即是一种“功利主义”盛行的结果，既不能坚持道德理想，又不愿冲突对立而两败俱伤，也就变成了美国所信守的“打不赢就入伙（If you can't beat them, join them）”的信念。从这里可以理解到美国何以对日本侵华没有道德理想的坚持，何以从“围堵中国”后发现行不通，立即转变为“全面交往”的过程，何以为了拉对抗苏联，解决越战的困境而拉拢中国。而今日中国经济逐渐富裕，民主自由人权超过“文革”时期，克林顿为何不能给予同情的理解，反要大谈人权？中国自邓小平复出，1978 年 12 月的三中全会，确定改革开放的政策，迄今不过二十年，何能苛求民主人权问题？当然这是我们中国人应该自我期许而努力奋斗的目标，用不着你美国人“为了美国的利益到北京来教训我们”。

克林顿为了平衡他对中国政策倾向北京，而大谈人权，这已非站在“普遍真理”的用心来说服他人。中国人可以将之作为警惕以自勉，从中国文化传统中创造出新时代的法治和民主人权制度，不必盲从西方文化的价值理念；同样的，在台湾的中国人，更不必视这种人权说教为普遍真理，20 世纪的新物理学已启示我们，物理学理论已非绝对的普遍真理，哪能迷信人文社会科学理论为普遍的真理呢？

民主不是比谁的声音大

（二）中国大陆

中共自建国后，民族自信心提高了，不幸的是因为后来的“大跃进”

与“文化大革命”，蒙受很大损失。自 1977 年邓小平复出，开始改革开放，转移工作重心，以经济建设为主轴，中国又起死回生，在二十年的摸索中，从“两个凡是”“姓资、姓社”“姓公、姓私”的争论中解放出来，终于确立了“有中国特色的社会主义市场经济”的政治路线。

虽然这一路线至今仍然在“摸着石头过河”中，但据笔者的研究，这是一条人类的新方向，在学理上社会主义是可以和市场经济结合的。而社会主义虽与资本主义相对，但有其中国文化思想的渊源，建设有中国特色的社会主义，不仅显现了不盲从全盘西化的改革方向，亦肯定了民族自信心，回归到自己的文化传统再出发、再求创新的过程，值得肯定。

不过，新的世界秩序正在形成中，中美建设性的战略伙伴关系，至少有十五到廿年的可行性，在这段时间内中国要争取几件事：1. 经济改革要突破，朱镕基的任务艰巨；2. 在国民所得即将接近小康水平时，必须移拨较多的资源加大力度增加文化教育的建设；3. 思想再解放再创造，这就需要培养搞理论的大思想家，指引未来的方向。有了这样高度战略性的认识，才有可能形成新的世界观。

天下没有什么不变的政治路线

东西方国家的宗教信仰，源远流长。即使到了 21 世纪，人类有许多问题，科学仍无法解决，科学主义已遭批评，无神论也是一种信仰。何况 20 世纪 20 年代量子理论出来后，早已超越牛顿旧物理学唯物论的信仰。由此可见，马列主义的唯物论并非 20 世纪新物理学强调“心物一元论”的新科学观念，科学家也不敢随便肯定或否定宇宙是否有神的问题，科学并非追求普遍真理，顶多只能“接近真理”。

中国大陆须知，只有认识到20世纪的新物理学所引发的世界革命或学术名称“典范移转”，才能真正体会愈是当代物理学的世界观（即时空相对论、心物一元论与曲线思考）与中国传统文化思想愈能相通。马列主义的唯物论、历史命定论，以及直线思考方式，皆是牛顿物理学的世界观，已难以有效地诠释当前的自然世界与人文社会世界的意义。

只有认识到新物理学的世界观，中国大陆才有可能使人民恢复对中国传统文化的信心，所谓“中国特色”的社会主义才有真正的文化基础。也唯有这样的认识，才有可能与西方文化建立基本共识，减少分歧，并共创未来。

最后，中国大陆尚须再来一次思想的大解放、大创造，发起第三波中国文化复兴运动。从新物理学的启发，我们认识到没有普遍真理或最后真理这一回事。资本主义、共产主义、马列主义、三民主义皆非普遍真理，左派和右派之分已无多大意义。同理，阶级斗争虽然存在，但阶级斗争作为所谓的普遍真理之论，已经一去不复返了。

中国今后需要博采古今中外的思想理论，从事创造性的综合，同时体认到，任何一条政治路线，皆有其时空条件的局限性，切勿视为什么普遍真理，而永远执持不放，必须随时代环境而做出相应的补充修正。

（三）台湾

这次江克会谈结束后，台湾各党的反映，仍陷于“短线”利益的反省，始终提不出一个长远的“立国之道”。这种动物性本能的危机意识是很自然的，但最糟糕的是执政党的“无动于衷”与“掩耳盗铃”，简直到了“麻木不仁”的地步。

不管怎么说，台湾今日陷于被动的处境，是十年来“务实外交”最不务实的结果，也是“戒急用忍”政策所走出来的苦果。试想如果台湾一开始就走“经略中国”，加强两岸的往来（未必要立即统一），则美国反而要提高警觉，“有求于台湾”或阻止台湾放慢交流的脚步，台湾反而会增加一些主动性。

江克高峰会后，朝野各党的反应，有务实也有不务实的观点，但都是短期的因应策略，没有长期的、宏观的前途考虑，这或许是“中华民国”不复存在矣，或民主政治体制政客们受任期的限制，难有长期利益考量。下面将举例以说明之。

四党的阿Q和鸵鸟作风

（一）国民党

李登辉说：“本人要对美国政府遵守保证之诚意，表示肯定。”他肯定美国未损害我利益。

1998年6月20日“中央日报”社论：“对毫无新义的三不竟如此杯弓蛇影。”

1998年7月1日，李登辉参加桃园龙华工专毕业典礼，未出席；台湾“行政部门”萧万长因事先行离会。

宋楚瑜在会上以临时动议发言，引古诗抒怀：“草堂春睡足，窗外日迟迟。”许多常委听不懂他说什么。“宋省长”要求执政党及政府应发表严正声明，台湾人民绝不能接受共产主义的统治，也不能牺牲自由民主的生活方式。

（二）民进党

民进党发表七点声明，与国民党同样主张继续推动加入联合国。

一方面主张“台湾为一已经‘独立’的‘主权国家’”，“任何改变台湾‘独立’现状的要求，都必须经由台湾全体住民以公民投票的方式加以认可，始能实现。”

许信良说：“应采取先一制，再谈一国”的策略。“一制”指的是民主制度，“一国”是指一个中国，主权统一等原则。许并痛批建国党等团体的“台独”主张为“愚蠢”。

民进党秘书长丘义仁表示，“民进党对‘台独’的立场没有改变，希望朝野尽速整合看法，形成共识”。

（三）新党

郁慕明秘书长说：“美国倾向和中共全面和解，对台湾不见得是伤害，但绝对会造成压力，在国际和平的大环境下，这会对我构成‘促谈’‘逼谈’的压力。中共应放弃‘武力犯台’，台湾则应修正‘戒急用忍’，并进行三通，以化解压力，改变局势。”

（四）建国党

代理秘书长魏瑞明表示：“台湾并非马上要宣布‘台独’，但须对世界表达清楚，台湾不是中国的一部分，才能在国际上走得出去。”

以上朝野各党的反应，除了宋楚瑜有点忧患意识，其他的反应都是一种危机意识的表现，不是阿Q精神就是鸵鸟作风，令人拍案叫绝。

李登辉说，美国未损害台湾利益，其实本文前述即说明原来《台湾关系法》并未排除台湾加入国际组织的会籍，后来美国采取“战略模糊”的策略为对台政策，此次江克高峰会已很明显地倾向北京，采取“战略清晰”策略，将“三不支持”在上海说清楚，并首次提出两岸“和平统一”

解决问题，可见“三个公报”的重要性已超过《台湾关系法》，何能说未损害台湾利益呢？这不是鸵鸟是什么？

在克林顿主动说明“三不支持”之前，萧万长说：“‘三不支持’都是媒体说的，自己吓自己。”等到克林顿在上海说出“三不支持”后，他又说：“克林顿没必要如此说。”两种说法均可见国民党的阿Q精神。然而，宋楚瑜在批评“中央日报”的社论后，竟然说“台湾人民绝不能接受共产主义”，则诚不知今夕何夕。大陆早已在1992年中共十四大党章中确立“社会主义市场经济体制”，人民早已有许多私有财产，个体户也遍地存在。由此可见宋楚瑜的这句话不务实。

民进党一方面承认台湾为一已经“独立”的“主权国家”，但始终不说出这个“主权国家”即是“中华民国”，这不是阿Q是什么？至于以公民投票改变现状的做法，这在“宪法”上并无根据，也无此必要，这不是不务实又是什么呢？

许信良比较务实，愿意遵循“一个中国”原则，但要先谈“一制”再谈“一国”。如此不愿先回到“一个中国”原则，试问你如何上谈判桌呢？许信良目中毫无“中国”的存在，不是鸵鸟又是什么？江克高峰会后，国民学和民进党还要继续推动台湾加入联合国，建国党还企图向世界清楚表达台湾不是中国的一部分，也是目无“中国”的存在。全世界有一百五十八个国家承认“一个中国”，而台湾是中国的一部分，试问你要向谁清楚表达啊？你要走到哪里去啊？这不是阿Q加鸵鸟又是什么呢？

新党主张修正“戒急用忍”策略并进行三通，以化解压力，改变局势。这个主张很正确，可惜新党已经式微，内讧闹到今天，还不敢大声说出遵循“一个中国”原则，比许信良还不如。

回归中国人的历史经验

综上所述，美国的世界观仍停留在“实用主义”“打不赢就入伙”“技术理性”当道的阶段，没有更高明的立国大计，不足以号召世界各国，难怪亨廷顿要有“西方文化衰弱的危机感”。中国应再来一次思想解放运动，迎接新时代的来临。然而，中国坚持人民币不贬值，挽救了东南亚各国的金融再度陷入危机，此虽符合管子所言“欲用天下之权者，必先布德诸侯”之教，但仅仅消极地“减少麻烦、不搞对抗”是不够的，必须提出帮助西方解决文化衰退中的危机的大计，同时还要“明（治国）之大数”。这样即使你攻伐台湾，台湾人也不会说你“贪”，因为你有治国的“大计”或“大道”嘛！这就要求大陆提出未来的治国宏规，取得台湾人的信任，并加强布德各“诸侯国”，或布德台湾人，才是大国之所以为大国也。

至于台湾的自存之道，只有深思反省，承认自己原是中国人、中华民族一分子。总结中国150多年来遭受西方帝国主义和日本帝国主义侵略、屠杀的历史经验，与中国大陆的中国人，共用民族悲情，共创民族的未来。否则，妄想“出埃及”或“走出去”，其结果一定是走不出去。别忘了今日中国已非昔日吴下阿蒙，你目无中国，可全世界以美国为首的158个国家却不但心中有中国，而且在意得很，不是你“蒙着眼睛”“捂着耳朵”可以“掩耳盗铃”或“无动于衷”的。

《海峡评论》第92期，1998年

蒙着眼睛看世界，糊里糊涂过日子

——评《中国时报》与《自由时报》的主权观点

前言：美国的中国政策从未走回头路（台湾始终是中国的一部分）

马英九先生最近在接见日本学者若林正丈时，谈到“外交政策”，主张不从事双重承认，也不会推动“两个中国”。接着在接受墨西哥《太阳报》访问时，再定位两岸是“非国与国的特殊关系”。

马先生的观点一出便引起绿营的反弹，这早在预料当中。可悲的是，《中国时报》长期以来摇摆惯了，竟与《自由时报》沆瀣一气，蒙着眼睛看世界，糊里糊涂过日子，简直不知所云。该两报刊所谓“事实的陈述”，完全忽略了释义学关于意义的诠释，受制于“动机”与“背景”两种因素的影响。如果动机是搞“台独”，在主观上不承认国际政治“一个中国”的现实，当然就会有两报的奇谈怪论，美国也不承认“中华民国（请注意：不能用台湾两字）是一个主权独立国家”，美国政府照例通电所有驻外使领馆，不得出席台湾的“双十国庆”活动。这是美国“一个中国”政策自然衍生的意义，哪有像《自由时报》所说“行政命令自缚手脚……美对台政策走回头路”？

自 1949 年以来，美国始终坚持“一个中国”政策，只不过美国在

1979 年以前承认“中华民国”代表这“一个中国”，而 1979 年之后承认中华人民共和国代表这“一个中国”而已。美国所谓的“一个中国”即指中国的主权包括台湾和大陆，这为海峡两岸的中国人所共识或共认，也是 1972 年的《上海公报》所明确记载的。这才是真正的事实陈述，美国哪有走回头路？只有那些“台独”分子，蒙着眼睛，一心一意希望中国早日衰亡，变成日本人与李登辉终日盼望的“七块论”，那样“台独”就有希望了。偏偏这种主观希望拗不过世界形势的快速变化与中国惊人的崛起速度。自以为看不起衰世的中国永远不会崛起，思维方式走回头路还不自知，糊里糊涂过日子还以为理直气壮，诚不知今夕何夕。一群可怜的顽固分子，硬拗太阳从西边出来，已到了不值争辩的地步。

民进党的谴责莫名其妙，马英九不必道歉

李登辉在 1999 年 7 月 9 日提出两岸关系是“特殊的国与国关系”后，中美两大强国立即表示不予承认，理由是破坏两岸的现状，乃至于破坏世界的现状。因为全世界只有“一个中国”，没有两个中国，更谈不上什么特殊不特殊的“两国关系”。这种客观的现状，当然也是一种主观的认定，但却是全世界各国“互为主观”的认定，有二十三个国家认定“中华民国”代表“一个中国”，而一百九十多个国家认定中华人民共和国代表“一个中国”。这种互为主观所认定的现状自 1949 年迄今尚未为任何国家或任何政治团体所打破。

因此，马英九不接受“双重承认”“两个中国”“国与国”的关系，正式承诺全世界各国互为主观的认定做法，是一种务实的做法，正是“维持现状”，没有什么争议好搁置，中美领导人对“一个中国”原则取得共

识，没有陈芳明所说的“屈辱退让主权”问题（联合报，2008 年 9 月 11 日，A4 版），也没有吴钊燮所质疑的“让主权倒退”问题。《中国时报》社论：“现在除了‘一个中国’和‘统一’，台湾还有什么牌可打？”（2008 年 9 月 11 日）是的，除了“一个中国”和“统一”，台湾还有什么牌可打？因为李登辉的“两国论”和阿扁的“一边一国论”都被美国强权所压制，牌都打光了，发出去的牌都被美国强迫我们吞进去。《中国时报》和《自由时报》多见其不自量力，要学李登辉“打破国际社会的现状”和“向不可能挑战”，这对获取台湾民众的选票或有用处，对国际社会的强权而言却只有撞墙去死的悲哀，足见自不量力的愚昧。

这些绿营人士，包括经常摇摆的《中国时报》，你们为了选票和短期的现实利益而采取的做法，与李登辉 1999 年提出“两国论”时国民党一群政客立即放弃“一个中国”原则的行为如出一辙，同一境界，同一水准。而今马英九不过承认或接受国际强权所界定的“一个中国”政策，你们就这样修理他，试问你们的牌美国就能接受吗？马英九接受 1949 年以来国际政治的现实，一路走来，始终如一，他哪有“太早丢掉了太多牌”（《中国时报》社论标题，9 月 11 日），是你们不信邪，自大无知，硬要向“一个中国”原则或美国的政策挑战。你们为了自己的选票或短期利益不怕死，玩火自焚，我们还要和平安定地过日子。马英九所谓“不统不独不武”，诚如王作荣所说是一鬼混政策，但比起还封闭在 20 世纪初期，以为中国还处在人尽可欺的时代的你们，比起一直以为中国人又脏又贫，又愚又丑，不敢认祖归宗的李登辉之徒，要有出息和勇敢多了。美国之所以压制“两国论”或“一中一台论”，说穿了还不是因为中国已经和平崛起，不由得美国不去面对。台湾只有以合作而非冲突的策略对待大陆，才有出路和活路。这个合作的罩门，不仅是马英九应自认为是中华民族一分子，还要更勇敢地扫除身边或国民党里一群认为“两国论”可以，“一边一国论”也可以，而“非国与国的特殊关系”更可以的小孬孬，要勇敢地提拔能为“一个中国”原则辩护的有志之士，务实地坚持下去，这样台湾才有出路。除此之外，台湾已无牌可打。

民进党昧于国际情势过度宣扬“台湾主体性”，是一种自卑的心理状态。美国不必一天到晚强调自己的主体性，谁又敢把美国当被宰制的客体？台湾“独立”既然没有成立的条件与实力，则“中华民国”的存在，可以免于中共“武力犯台”，也是目前保障2200万台湾人最佳的屏障。依据“中华民国”法律增修条文（第六次）（2000年通过）所说：“为因应统一前之需要……增修本法条文如左……第十一条：‘自由地区’与大陆地区间人民权利义务关系及其他事务之处理，得以法律为特别之规定。”可见“中华民国”的“主权”始终涵盖台湾地区（所谓“自由地区”包括台澎金马），所以马英九提及“中华民国台湾地区”完全合乎遵守法律的意义，哪有“主权倒退”或“主权掏空”危机？如果再批人家“叛国”，笔者只好问究竟“台独”叛国还是守法的人叛国？这其中到底谁是精神错乱者？马英九遵守法律不必道歉，相反的，真正叛国的“台独”才应向13亿中国人民（包括台湾2200万人民）道歉与忏悔。

两岸主权问题是当代中国尚未完成的建国问题：不完全继承论

民进党针对马英九的主权观发表声明：（一）台湾是“主权独立的国家”，任何有关“独立”现状的改变，必须由全体住民公投决定。（二）民进党认为两岸是“国与国”关系，马英九身为民选“总统”，竟以“地区”自我定位，不但不符合现状，也违反现行“宪法”。（三）马英九的“台湾地区说”，不仅无法将两岸诠释成两个对等地区，反将台湾降格为中国的一个地区，变相承认中国对台湾拥有主权。（四）马英九的说法，使“总统”职位沦为“地区特首”。（五）民进党对马的“台湾地区说”表达最强烈抗议，要求马英九公开向全民道歉，民进党也将组专案小组以采取必要的行动。

笔者看了民进党这五点声明，觉得他们的主观性、主体性甚强，阴极盛则阳生，主观性与主体性过强，则变成自我中心的偏执，十分可怜。兹提出如下五点意见：

（一）台湾是地区，现在这个地区尚未成立“台湾共和国”，何况还有金马、澎湖、东沙、南沙等地区。你们想在台澎金马这四个地区，推翻“中华民国政府”，消灭“中华民国”，即是一种“叛国”的心迹与行为。千万不要在“中华民国”体制内搞革命，不遵守“宪法”和法律就不要领“中华民国”纳税人供养的薪水，否则像阿扁那样对“中华民国”无法无天终究要被绳之以法的。台湾四百年来的命运，几乎由国际的强权政治所决定，岛上的台湾人从来没有实力决定自己的前途和命运，至今则是中国势力与美国势力的最后较量。“台独”人士如果执迷不悟，自甘为美日两国制衡中国的鹰犬，精神已失去独立性，何能谈“国家独立”的“建国”运动？“台独分子”早已无法赢得崛起中的中华民族的尊敬，欲求成功不过自欺欺人罢了。

（二）两岸关系经李登辉的“两国论”与陈水扁的“一边一国论”，早已为中美两大强权所抑制，“中华民国”法律规定“自由地区”（包括台澎金马四区）与“大陆地区”法理上平行对等，完全合乎现状，合乎法律。民进党若要说太阳从西边出来，笔者只好说神经病才会如此。

（三）中国的主权包括台湾和大陆，主权并未分裂，但治权已分离快六十年了。将来无论哪一个政党统治中国，中国的主权范围均涵盖台湾加大陆。两岸如统一了，就是主权与统治权一致了。目前则是“主权重叠，治权分离”的状态。

（四）民进党都想干掉“中华民国”了，还担心“总统”职位沦为特首，实在滑稽。

（五）马英九的主权观，“合宪合法”有如前述，民进党可以骂马英九法奴、法匠，但说他叛国简直是“太超过了”。民进党想要采取行动，恐吓谁啊？大家依“中华民国宪法和法律”来行动吧！

其实，从历史观之，中国目前的主权问题，溯源于孙中山推翻清朝，建立现代化的主权国家。因为中国的封建王朝（“封建”两字本来不妥，兹随俗姑用之）缺乏现代的主权观念，普天之下莫非王土，那种文化团体观念，领土边界往往还搞不清楚。1912 年中华民国成立了，主权与治权仅限于中国大陆，台湾被日本强索治理，1945 年台湾光复后，台澎地区归还中国，此时中国的主权与治权包括中国大陆与台澎两大地区。中华民国是联合国的创始会员国，中国代表团中还有共产党的董必武，没有所谓的“一个中国”问题。不料到了 1949 年，乾坤变色，中国共产党推翻中国国民党，蒋介石退守台湾，直到蒋经国执政十三年，1988 年去世为止，蒋氏父子与中国大陆，始终坚持“一个中国”原则，而为国际社会所共认，没有双重承认问题。现有 23 个国家，如中美洲的多米尼加，迄今仍视“中华民国政府”为代表中国的唯一合法政府，所以他们的“大使馆”称我为“中国台湾”。民进党等人以为“中华民国”的主权与治权仅限于台澎金马地区，可谓一厢情愿，蒙着眼睛看世界，糊里糊涂过日子。更奇妙的是他们长期的妄想早已使他们把空中楼阁的“台湾共和国”视为具体存在物，形成一种观察外物、诠释意义的信念。一旦涉及主权问题，这种主观的信念也就或明或暗地投射到客观的世界，所谓“信念即所见”，他们所见者其实早已是主观的信念所封闭的虚虚实实范围而不自知。台湾前途就被这些人的偏执、硬拗乃至于煽动所塑造的政治路线所蒙蔽而日趋向下沉沦。《自由时报》(2008 年 9 月 11 日) 犹洋洋自得于最新民调：“五成一八的民众不能接受‘两岸不是国与国关系’的说法。”试问连带头的精英都不清楚复杂的国际问题，一般老百姓又如何表态呢？而且从审议民主的角度观之，你民调时，有没有给受访者一些问题的背景资料呢？凡此种种，笔者可以回溯两蒋时代的民意，“独派”很少，统派居多；笔者亦能推知，2008 年北京奥运后，台湾人对中共政权的好感会增加一些，对你们这些井底之蛙的偏执狂会“堵烂”一些。所以民调可以参考，但不可自欺欺人，视为真相，那就成为不幸之事。重点在于政客讨好民意，别无方向感；而政治家一方面重视民意，另一方面还要勇敢地领导民意，提出愿景，说服民众追随。马当局的危机是前者动作太多，后者太少，偶有正确或正当的理念，又无战斗的勇气！一遇舆论压力，只晓得乡愿妥协，进退失据。清乾隆年间张船山有言：“今古茫茫貉一丘，功名常笑烂羊头。”台湾真是无出色的政治家，深夜扪心自问：你们从政是为了什么？为国为民？为名为利？还是深度心理学所说，掌握不住下意识对死亡的焦虑与恐惧，投射到意识层面对权力饥渴的追求，以为权力愈大愈能万古留名，获得永恒的生命象征？

结语：唤起民众，掀起认同“一个中国”的文化思想浪潮

如前所述，两岸当前的主权问题，是当代中国现代化主权国家的建国运动尚未完成的统一问题，中国的主权在国际法上至今尚未分裂，也不可能再有帝国主义强行瓜分中国的主权。民进党已日薄西山，随着中国政经文化实力的日益崛起，“台独”想要瓜分中国的主权，已愈见自不量力。他们所要者，不过是掌握统治权，以满足权力的虚荣，并借“台独”麻痹人心以巩固权力。“台独”已非理想目标，沦落为追求权力或巩固权力的工具与手段。

二十年前，他们看不起中国，鄙视中国人，喋喋不休嘲笑中国时，可敬可爱的中国人忍辱负重，默默无言地拼命干活，大陆终于在 1996 年外汇存底超过台湾；1999 年 GDP 世界第七；2005 年外汇存底超过日本，世界第一，GDP 世界第四；2007 年广东一省的 GDP 首次超过台湾，这一年也是二战以来中国第一次成为对全球经济成长贡献最大的国家，首次超过历年的美国；2008 年的 GDP 成为世界第三，仅次于美国和日本，这一年的奥运会，由中国人首次举办，第一次获得金牌五十一枚，世界第一，洗刷东亚病夫的恶名。2008 年 9 月 25 日，神舟七号三人升空，第一次漫游太空。种种的第一次和世界记录，终于使中国人能够抬头挺胸，有尊严地做个中国人。中国的建设国家运动最后将在中国人不断的突破中凝聚民族自信心和文化自信心，而形成沛然莫之能御的统一运动，完成“一个中国”主权和治权的最终统一，结束鸦片战争以来帝国主义的残暴欺凌，超越四百年来中国文化衰退的局面，而开启人类新的文化方向，使西方文化霸权宰制非西方国家的形势扭转回旋，而出现《易经》

“地天泰”的新局面和新世界。

在过去中华民族晦暗不堪，不见天地光明，大家在拼死拼活的时候，“台独”分子却落跑，不愿和民族同胞一起奋斗者，在一旁说风凉话者亦有之，更糟者自惭形秽，不愿做一个真正的中国人，抛弃自家无尽藏，沿门托钵效贫儿，去做那个假日本人或假美国人，搞了一辈子“台独”运动，愈搞愈难看，在世界舞台上丢人现眼。至今两位前领导扁李互咬洗钱扯不清，原来搞“台独”不是理想，只是工具，最终目标只是名利两头烧，真是莫名其妙的烂羊头。

寄语迷失的烂羊头，只有符合下列最低的要求，才能迷途知返：

（1）注意本土化与全球化的均衡

中国已是全球化过程中最重要的力量，且有可能使全球化走向“再国家化”。从长远观之，这一变化可能比冷战体制崩溃更为重大。“台独”不足惧不足以成事。中国建国整合的力量将愈来愈大，使“台独”终将消失在沛然莫之能御的中国建国运动的大潮中，所谓台湾的“本土化”也将回归到真正的中国文化精神怀抱中。

（2）从“分离意识”回归到“整合意识”；放弃“冲突”策略，改采“和谐”策略

人类早期文化发展源头，中国文化、印度文化、印第安文化大抵默合于“天人合一”的预设，当近代西方文明在八九世纪兴起，而崛起于1600年左右，即走上“天人对立”的预设。“履霜坚冰至”，累积四百年左右的发展，乃惊见生态环境的破坏，人与人以及人与自我的疏离。世界各国社会普遍诚信衰退，重视分离意识的多元价值，而鄙弃整合意识的一元价值，驯至从选举中，制造冲突以获取多数利益，一旦执政又失去建构和谐社会的能力，如此分裂冲突永无宁日。其实，一元与多元原可辩证地统合，常与变互相依持。“台独”分子在中国近百年内忧外患中不愿与民族同胞共同奋斗以振兴中华，反而依恃西方势力，企图背离家园，另辟蹊径。当中华民族逐渐崛起于东方，这一股分离势力将逐渐消失，对西方人而言，也将逐渐失去利用价值。

我们因此要呼吁全世界的华人大团结，向伟大的中华民族老祖宗的文化源头预设回归认同，再次担负起领导人类文化的新方向、新契机，以和为贵，克服人类各种各样疏离的困境。这个任重道远的新文化精神的开拓与发展，就必须首先落实到“一个中国”主权与治权的完整统一，才有能力担负人类未来命运的开拓，告别四百年来人类围绕西方文明而旋转的日子。西方文化的贡献已留给人类成为可贵的历史文化资产，同样的，她的极限与灾难，早已证明她的文化精神已不足以领导人类文化发展的方向。

《海峡评论》第 214 期，2008 年 10 月

前途茫茫后继无力：评马萧配没有政治愿景的现实主义路线

I took the one less traveled by,

And that has made all the difference.

千山万水我独行，

蓝海策略，另辟蹊径

前言

前面这首诗出自美国著名诗人弗罗斯特（Robert Frost 1874—1963）的一首名诗《未选择的路》（*The Road Not Taken*）的最后一句。中译所谓“蓝海策略”系最近一本畅销书名，意谓企业投资要创新，另辟蹊径，不要在饱和的市场内捉对厮杀，形成一片红海。

在政治市场上，陈水扁七年多来的“台独锁国政策”早已使台湾经济边缘化，几乎走投无路。这其中经济问题是表象，政治路线的模糊，中国民族主义精神的丧失，无法挽救中国大陆寄希望于台湾同胞的最后期待，而造成两岸的冷漠与冷对峙，才是台湾经济无可救药的主要原因。国民党的马萧配对此有意忽略，无胆呼吁两岸以中国民族主义和中国文化来凝聚孙中山“振兴中华”的伟业，暗中呼应美日维持两岸僵局的现状，以争权固位，享有未来的名利。这种“台湾主体性的本位主义”的思路，不顾两岸“互为主体性”的愿景，欲求台湾脱困，反而缘木求鱼，与陈水扁的思路何异？

国民党最大病痛在于只有短视的现实主义而无崇高的政治愿景

威权时代的国民党尚有假性的政治愿景如“反攻大陆”“三民主义统一中国”等口号以凝聚民心士气，亦未放弃中国民族主义精神。面对国际强权，虽能忍气吞声，尚知不甘为强权所利用而成为制衡中国的棋子，勉强维持中国人的一点尊严，尚能以智慧维持台湾的现状。

李登辉时代以日本军国主义的皇民思想为指导，尊后藤新平为导师，开始动摇台湾人的民族气节，再加上陈水扁的民族虚无主义，不知“小国守拙”的道理，再三挑战美国“一个中国”的政策，招致美国不断地压抑“台独”与干涉中国内政的借口，可谓自取其辱，已无民族尊严可言。

面对如此险恶的环境，国民党终于弃守中国民族主义的防线，所言所思，只有救台湾、为台湾奉献。“台湾到了这个地步，你我都不能袖手旁观啊！”（马英九语）这种狭隘本位主义的主体性思维，能代表真正的理想主义精神吗？台湾今天的困境何尝不是面对民进党权力的挑衅失去论述能力，对“本土化”的攻击招架无力的结果，乃至于对民进党拿香跟着拜所造成的后果？一言以蔽之，这是失去信心的征兆，到了北京只敢谈生意，不敢提民主化议题，而在台湾面对民进党则不敢提中国民族主义，只知讨好观众，博得掌声赢得赏钱，却忘了政治路线的坚持即是一种理想精神的奋斗，这也是政治领袖真正的魅力所在。

评估政治领袖的标准在哪里？

政治领袖的魅力或政治精神，在于他提出的政治路线和坚持路线的毅力。观察国民党的发展历史，自蒋介石“清党”以来，只见派系斗争和人际关系的恩怨愈演愈烈，缺乏路线斗争，以路线决定人事的安排。很遗憾马萧配又落入这一长期的历史陷阱而浑然无所觉。刘兆玄看到了马萧配可互补，只看见表面上的什么财经背景和南部人，还有什么老萧对李扁都亲，有助开出浅绿票。这种小学程度的加减法，竟然也能浮出台面，而老萧说“台湾不够务实、不肯开放，唯有务实、开放与稳健，主动出击，才能再建经济奇迹，布局更广的国际战略”这种连高中生都会说的话，竟然也会让天真的马英九大为折服，当场邀请他担任副手。

众所周知，台湾经济的前途有赖于“一个中国”的坚持，“陆委会主委”陈明通认为中国大陆无法正视“中华民国”存在的事实，两岸经贸往来“能放的都放得差不多了”，如果要进一步开放，就会触到政治瓶颈，这些政治问题不解决，两岸经贸交流很难进一步突破。试问马萧两人，你们两岸政策的蓝海策略在哪里？谢长廷可以提出“一国两市”“宪法一中”的主张，你们如何与他区隔？模糊两岸政治关系的议题，空讲救台湾的经济困境，未免天真。何况陈明通昧于两岸关系现状，马萧竟无信心也无能力批驳，对这样的领袖还有追随的动力吗？

马萧两人不敢为天下先的秘书性格，使他们看不出民进党政策的盲点，只能拿香跟着拜。中共今天全力搞经济建设，只要台湾不搞“台独”，可以维持两岸现状一段很长的时间，所以中国人民解放军目前拼命保卫“中华民国”的存在，不愿因“台湾共和国”的出现而发生战争，延误经济发展。台湾既然是“中华民国”的一省，当然也就是中国的一省，只是中华人民共和国政府至今尚未统治台湾而已。而台湾的主权，在“台湾共和国”成立之前，虽中华人民共和国政府尚未能有效统治台湾，在法理上仍属于中国，此诚国际关系所认可，非中共主观性的胡扯。

“名不正，则言不顺；言不顺，则事不成”，民进党“锁国”，因自己主观性的胡扯，经济被边缘化是自然的事，国民党想挽救台湾经济，却闪避“一个中国”的主张，空讲救台湾。二者都是无可救药，悲乎！

萧万长对经济是外行，顶多有一点事务官的经济工作经验而已，他从年轻时担任“领事”开始，习惯于以其笑容迎合他人，博得好感。更深知中国文化心理，以“黎伯伯”的称呼取代“黎大使”，以讨好长官，从此平步青云。靠此种伎俩步步高升，取得权位，这种能力只是评估中级主管的标准而已，非高阶首长的核心能力。高阶首长的核心能力表现在提出愿景与坚持路线的能力，要敢于为天下先，提出方向策略，并以抽象概念表现出来，此即概念技能。马萧两人都是在威权领袖的严厉领导下成长的，一个是听话的乖宝宝，由上而下地空降，靠谨言慎行的保守性格取得威权领袖的青睐；另一个则由下而上，靠那张似真笑似假笑之相，迎合长官，获取权力。其实，在国民党的政治生态环境中，类似人员多如牛毛，他们不敢有路线之争，都是威权领袖长官意志下的技术官僚或办事员，缺乏领袖魅力。这种领袖魅力必须在艰困的环境中历练，既能拿主意，又能定策略目标，开始时有千山万水我独行的信心与毅力，最后接收成果时淡然于名位，欣然于政治路线或政治生命得以永续长存。这样的领袖魅力或权威领导力，非长期坐办公桌，迎合长官意志而出人头地的官僚所能具备。

结语

在两蒋威权统治时代，当时的党外，现在的民进党，敢于向国民党呛声挑战。你独裁我民主，你统一我“独立”，你经济我环保，你资本家我劳工……勇于做出政治市场的区隔，直正实践蓝海政策，他们并非真有什么“真实信仰”，主要是自我中心的主体性得到抒发与满足，抒发与满足后，下一步的目标或理想顿时成为虚无缥缈的东西，在骄傲中疯狂地追求金钱与性交易的满足，以填补理想丢失的虚无。

令人奇怪的是，国民党人竟然对自己的主张愈来愈无信心，弃守自己一贯的信念，拿香跟着拜。节节败退的结果是，连自己是真中国人，假中国人，真台湾人，假台湾人，都说不清，或者不敢说。

国民党从政人士，时间愈久愈有钱，也就愈脱离他所赖以支持的群众。庄子曰：“今富人，耳营于钟鼓管钥之声，口嗛于刍豢醪醴之味，以感其意，遗忘其业，可谓乱矣。”这是个价值混乱的时代，有什么样的群众就会出现什么样的领袖，像马萧配这样不敢为天下先的政治人物，照道理说已非领袖之才，2008 年能否当选，已超出理性分析范围。但可以肯定者，如果落败，国民党已无为政治愿景、政治路线、政治理想而艰苦奋斗的人物。这是国民党长期在自以为是的现实主义下行动所得的报应，也是被赶到台湾和被民进党赶下台的思想原因。

《海峡评论》第 199 期，2007 年 7 月

根本没有方向感：缺乏政治路线的九万兆“新内阁”

一、前言

《贞观政要·论刑法》中有言：“贵不与骄期而骄自至，富不与侈期而侈自来。”这是人性之常，人情之短，原无可厚非。不过，有非线性思考或曲线思考能力的人，品人论事则有异于一般凡人。骄而溢则败，富而侈则贫，原是天理回圈。贞观二年，唐太宗谓侍臣曰：“为政之要，唯在得人，用非其人，必难致理，必须以德行、学识为本。”此所谓学识，非仅止于当代所谓的专业知识，主要是神明通达，遇事能当机立断，有责任有担当的德行之学或智慧之学。据此而言，当今所谓的九万兆“内阁”，距离理想的人事安排，尚有一段不小的距离，问题的根源不在别处，正是在九万兆本身，值得讨论。

二、意识形态与政治路线

任何一个新政府上台，很少听到没有意识形态的政党执政。民进党的意识形态非常明显，他们有强烈的使命感要推动“台独”，尤其在中国经济崛起后，仍有“台独”基本教义派幻想终极“台独”的最后成功。因此“台独”成为核心价值后，坚定不变，终生奋斗；而其做法却成为能适应大环境的变色龙，能屈能伸。陈水扁失德败政，反而能得到深绿“台独”基本教义派的支援，而原谅其贪腐的言行举止，其原因即在于深绿群众所顽固坚持的意识形态。

国民党原来信奉三民主义，将之作为全党上下共同奋斗的政治路线或愿景。表面看来三民主义虽属于社会主义阵营，可实践过程与结果皆滑向资本主义。亨廷顿1993年在《外交事务季刊》发表《文明冲突论》一文，即指出：“这二三百年来的世局，尤其是资本主义与共产主义的斗争，只是西方文明内部的冲突。中国的内战，即国共两党近百年来的斗争，不论资本主义与共产主义都是西方价值的意识形态。”由于形左实右的资本主义路线的失败，国民党退守台湾后，几十年的政局演变，国民党终于从独裁者政党转型为威权主义的政党，逐渐放弃意识形态的理论建构，也失去了政治路线的坚持。为了选举胜利，只剩下广告似的政绩宣传，终究表现在短期利益的竞争，而无长期愿景或使命的奋斗。“南渡君臣轻社稷，中原父老望旌旗”，国民党已无“终极统一”的精神动力以激发全体党员奋斗的使命，这就是国民党当前“不统不独不武”维持现状，利用大陆以经济自保的原因。也可见马英九周围充斥了“独台”分子，根本没有方向感，摸着石头过河，无法根据使命愿景，或政治路线制订政策，再由政策决定人事。结果，马英九与刘兆玄两人，要求“部长”们不要搞意识形态，只好一方面对他们工具性地利用以调和政治策略的权谋，一方面讨好绿营美其名曰“扩大社会共识”。其结果是先得罪蓝营，又未必能讨好绿营。其实，九万兆“内阁”不要“部长”们搞意识形态，等于承认面对民进党搞意识形态的斗争，自己无能应战，自缚手脚，原地踏步，叫作“维持现状”。马英九也不过是只想过八年“总统瘾”，胸无大志，没有历史透视能力，也无中华民族永垂不朽的使命感。

三、民粹威权主义领袖的特征

观察“马英九现象”不是一件简单的事。从政治上的威权体制转型到成熟的民主政治，无法一步到位，中间历经一段难以计算时间长短的“民粹威权主义”。所谓“民粹威权主义”型领袖，在外表上其言行举止，面对权力来源的民众，不得不表现亲民爱民的作风，以赢得选民的好感，而骨子里在面对权力低于他之下的干部，仍难以脱离他高高在上的权威性格，而无法展现佛法所谓的“平等心”，双方上下互动的内容难免展现一种不自然、不亲切的行为特征，这在马英九的身上看得特别明显。其始作俑者为蒋经国，而盛行于李登辉与陈水扁，马英九不过延其余绪，而无理想大志以扭转其方向耳。

政治家有别于政客，其主要差别在于政治家不仅注意民意趋向，顺从民意，更注意到民意往往是自我中心的、零碎的意见，因而要想方设法将零碎的意见形成整体利益的意见。而且整体利益并不等于所有个别利益之和，所谓“整体大于部分之和”，这个多于部分之和的整体特征的把握，就是政治领袖领导民意的主要功能。换言之，政客只关注于顺从民意，而政治家不仅顺从民意，还要领导民意。马英九选举时的 Long Stay 只不过增加与民众亲切的接触而已，当然多少增加了一点对民众需求的理解，但要他把这种零星的个别的意见或需求，转化成为代表整体利益的公共政策的制订与执行，则是政客、专家学者与行政人员三方面共同面对的挑战。以马英九的高度，他可以提醒“部长”们关注民意的需求与趋向，至于要不要 Long Stay 那是“部长”们的裁量权，老百姓要检验的是公共政策的制定与执行，是否落实民意的需求，未必是形式上亲自与“部长”见面，那是选举的民粹花招，非执政精英之所必要。以领导人的高度，应向全民宣告未来的政治路线，以此凝聚多数民众的共识，而非自欺欺人的所谓“全民共识”。政治路线不明确，“统中有独，独中有统，亦统亦独，不统不独”，终至内外各种力量相互抵消。国民党与马英九没有路线斗争的理论建设，而以模糊、投机、现实、摇摆等四个核心概念主导政策方向与人事布局。

企业拥有使命愿景未必就能成功，但是没有使命愿景必然失败。同样的，治理国家也是如此。当政治路线暧昧不明，人与人之间的互动失去行为准则或目标，其结果必使政权趋近于妥协性大于原则性的坚持。久而久之，自然会出现不知为何而战、为何而活的乱象。马英九任命赖幸媛为“陆委会主委”与任命郑瑞城为“教育部长”最能说明此一现象。

赖幸媛早期追随陈履安，中期转向宋楚瑜，后又投靠陈水扁，终于捞到台湾安全会议谘议委员的职位，最后落脚于李登辉的台联党。当她所投靠的政治势力衰退时，就另寻新兴的政治势力，以为靠山。以此推论，如果有一天台湾势微，中共崛起已成势不可挡，此人倒向中共亦不无可能。

由此可见，马英九的终极统一论是一虚假的命题，而他的“台独”是选项之一，则是无胆的、虚伪的自由主义观点，既然“统独”两边皆为假命题，可见维持现状才是真的命题。在失去“统独”的真实方向后，只剩下与中共相互交流的经济发展。然而，中共在“振兴中华”的民族使命感驱动下，准备恢复中华民族应有的历史地位，而马英九只想保住八年的两岸和平和把经济搞上来，至于将来台湾经济愈来愈依赖大陆而失去政治谈判的主体性或筹码时，如何表明台湾主权归属则已非我小马哥的事。

由此以观，马英九的志向何其小哉！他利用既无知于大陆事务的专业性，又投机摇摆于各政治势力之间的赖幸媛，美其名曰“扩大社会共识”，实际上却是政治性任命大于专业性任命，妥协性大于路线原则的坚持，工具性的利用大于实质理性的考量。因此，这种任命是否有牵制连战等人的作用，将来是否会造成海陆大战，乃至于马英九身边充满了一群“台独”或“独台”分子，他都无所谓。这样子的妥协性格，自然会吸引一大堆投机摇摆的政客投靠，因为九万兆“内阁”在意识形态的路线斗争中早已弃械投降，而美其名曰不谈意识形态。实际上，不是不能谈意识形态，而是只有九万兆才能谈，所谓“不统不独不武”这种策略选择，即是一种意识形态，只着眼于八年短期的个人利益，终将使台湾失去长期的政治主体性。“部长”们因为官小了一级，自然无权参与路线选择的决策机制，只好被工具性或技术性地利用，丧失政治人格基本的主体性要求。

孔子曰：“君子不器。”又说：“所谓大臣者，以道事君，不可则止。”“部长”们相当于古之所谓大臣，如果没有大道或路线的坚持，自甘于被技术性地利用，结果不过是把大臣做成小臣，正所谓“今古茫茫貉一丘，功名常笑烂羊头”。

“陆委会主委”是政治谋略妥协性的产物，有人愿意这样子被利用，古今中外不乏其人。最莫名其妙者，是用一位自以为是自由主义者，又自以为擅长沟通，爱讲笑话，却在传播学界没有什么学术地位，因缘际会参加选举，选上政大校长，政绩平凡，既不懂中小学教育，又无方东美所谓高远的文化理想，不知中国文化的精神及其历史定位，让这种只有“司长级”必备技能专长的人来担任杜正胜“去中国化”及种种教科书问题后遗症的修正者，的确令人惊讶。这是路线和政策问题。然而，深谋远虑岂是一位只会耍嘴皮讲笑话而美其名曰“善沟通”者所能做到的？足证九万兆“内阁”弃守意识形态，最后只能流于依据那些不可告人的私人恩怨或利害关系来决定人事。这类号称自由主义分子的人，最喜欢抗击任何形式的权威，标榜开放、多元、包容等价值，却无能力在多元价值中选择最有力的策略价值方向。例如他可能主张言论自由，却未必具有承担言论后果的责任感，如果再加上表面标榜包容实际上是妥协性多于原则性的性格，则易流于虚伪的托词，还自以为开明。这种自由主义分子，很容易看出他们自然主张教科书“一纲多本”，而未察多元价值，只是考量解决问题诸多面向之一而已。同理，这类自由主义者也很简单地认识到西方文化、中国文化、日本文化都可以在台湾相容并蓄，可他们却无能力说出如何截长补短以提升中国文化的境界。郑瑞城不懂教育文化，却要来当“教育部长”，他没有哲学的论文或著作，当完政大校长却自封为“哲学家校长”，十足表现爱好虚名、缺乏内涵的性格。庄子说的“外重者内拙”就是这一类型的人。

四、政治家必须领导民意，开创新时代

马英九向来缺乏领袖气质，不敢为天下先，自然保守，缺乏承担的勇气。当刘兆玄面对赖幸媛任命案的人事争议时，他说两岸关系由“总统”负责；马英九则说赖幸媛的任命是问过萧万长和刘兆玄的。读者请看这一幕官场现形记，或可题名为“‘总统’没高度，‘宰相’无气度”。当年美国总统杜鲁门面对其下官僚们推责于上，幽默地放一牌子，上书“The Buck Stop Here”（责任到此为止），未闻杜鲁门再往下推卸责任（To Pass The Buck）。

由此可见九万兆“内阁”之一斑，他们没有中华民族的历史意识，亦无实践“台独”的勇气，更无以终极统一的使命愿景作为推动政务的

精神原动力，剩下的只有维持政治现状的经济发展工作，在外省人原罪的自卑感下，始终不愿面对“一个中国”下具有“两个中国”的“国号”的台湾主权与大陆主权重叠的事实。

马英九工具性地利用国民党以前的老技术官僚，虽然大致上可以马上上路，立即补上陈水扁的破网，值得点头赞赏。但是以马英九的高度和刘兆玄的气度而言，他们的责任应是注意各“部会”之间的关系；注意人民与执政者之间的关系；注意台湾与大陆之间的关系等等关系的关系，这就是彼得·对吉所谓的“系统思考”。而不是拿个笔记本抄写教育或内政的个别问题，那是“部长”们的事。系统思考需要直观的能力，职位愈高愈需要直观统合的能力，职位愈低愈需要理性分析的能力，这已是决策理论的知识。从选后九万兆三人的言行举止来看，理性分析能力高于直观统合能力，已非一流领袖气质；再加上前述缺乏承担责任的勇气，可能沦为二流领袖气质；如果再加上自矜为留美博士而流露出“高人一等”的傲慢，那就有可能在权力的迷幻药下堕落为三流领袖。诸位如果不信，可查阅美国哈佛或耶鲁等一流大学毕业的MBA，他们在十五年或二十年以后的事业成就，反而不如二流或三流大学的毕业生。

九万兆“内阁”有许多博士当“部长”，有专业却无通识，更难奢望他们有中国历史文化或台湾史的基本修养，也找不到如当年台湾的经济大功臣尹仲容那样的人，每日体会《吕氏春秋》的微言大义，这些博士们或略通西方某部分狭窄的专业知识，属于单向度的“一曲之士”，更需要九万兆的直观统合能力来领导，可惜九万兆也差不多接近“一曲之士”。明明刚说过用人要“德胜于才”，转眼就“论功行赏”，用了几个无德的“部长”。或许有几位搞财经的“部长”们，短期内可见功效，但“治国”要看重“系统思考”的能力。当大前研一推测二十五年后日本的GDP可能将是中国的10%左右时，日本人要用“中国客户论”取代“中国威胁论”以拯救日本；林毅夫也认为到2030年中国的人均收入达到美国的一半不是不可能，而中国人口是美国的五倍，中国的整体经济规模将是美国的二点五倍，中国市场当然成为全世界最大的市场，也是所有投资者所希望参与的市场。

现在中共要在世界各重要城市设“孔子学院”，马英九则要设立“台湾书院”与之对抗，这种对立而非和谐的文化战略思考，更充分证明马英九没有中国民族历史文化意识的自保心态。马英九一方面要利用中国以壮大台湾，同时又不能以“中国客户论”善待中国，却去讨好美国人的口味，以修理中共来博得深绿群众“我马英九非卖台集团领导人”。如此自卑无谋又胆小保守的性格，将来政绩或许没有陈水扁那么恶劣，但也不必奢望有何丰功伟绩传之后世。马英九不过以其家人遭受对手的羞辱换来“总统”的权力宝座，他平常对人的感情在理性的压抑下，充分表现不粘锅的现象，这种性格已是单向度的政治人格，能成就多大的功业大家或可拭目以待。

五、结语：管子的一段话

马英九虽然不敢为天下先，但从赖幸媛和郑瑞城两人的任命来看，他颇有其父马鹤凌“化独渐统”的谋略，只是忘了“策略执行”比“策略规划”更重要。他如果不先请教连战和吴伯雄，是OK的，“一朝天子一朝臣”嘛！但若能先密告江丙坤，取得谅解，也就减轻不少是非。幸亏不久爆发“外交”大丑闻的新闻，盖过九万兆“内阁”人事的纠纷，此事暂告一段落，只等“五二〇”后的表现再说。

笔者在2007年10月的《海峡评论》有一文，呼吁台湾爱国主义统派要从含泪不投票转向含泪投票。不料仍有一些人表示他无可奈何地要含恨投票，结果马英九大胜对手。这只能说明陈水扁及民进党的失德败政激起天怒人怨，并非表示马英九及国民党给人民带来希望。换言之，观望大于希望，为了台湾的未来，我们仍要继续监督九万兆"内阁"的所作所为。《管子·立政篇》有一段话正可以送给九万兆作为警惕之言：

> 君之所审者三：一曰德不当其位，二曰功不当其禄，三曰能不当其官。此三本者，治乱之原也。故国有德义未明于朝者，则不可加于尊位；功力未见于国者，则不可授予重禄；临事不信于民者，不可使任大官……是故国有德义未明于朝而处尊位者，则良臣不进；有功力未见于国而有重禄者，则劳臣不劝；有临事不信于民而任大官者，则才臣不用。三本者审，则下不敢求。三本者不审，则邪臣上通，而便辟制威。如此则明塞于上，而治壅于下；正道捐弃，而邪事日长。

寄语九万兆"内阁"，你们都是中华民族的精英分子，不要得了美国博士头衔而忘了中国文化要义，更不能以有限的专业忘了系统思考的能力，缺乏终极统一的精神动力，又无"台独"的胆识愿力，所作所为只有维持现状的经济现实自保，又不能视中国大陆为客户，还有冷战时代的对立性思考。前提已误，欲求和平往来、和谐相处已不可得，遑论利用中国壮大台湾的策略早已为人所洞悉，迟早将为时代潮流所抛弃而被日趋边缘化，将得不到13亿中国人的同情，也会遭鄙视于海外。真有那么一天来到，历史将会记载九万兆“内阁”错过大好历史机运而自弃自外于中华民族再度崛起的时机，那已成为民族的罪人，悔之晚矣！

《海峡评论》第 210 期，2008 年 6 月

马英九的政治人格与领导问题

一位土生土长本土教授的观察与建议

笔者在 2001 年 4 月的《海峡评论》曾经发表《陈水扁的领导模式：不粘锅领导》，曾有如下一段话：“台湾教育的成功主要在量的成长，而非质的提升。许多有识之士常感叹，台湾各界精英学历愈高者愈自私，‘专业’知识分子多，‘人文’知识分子少。这些精英如陈水扁、吕秀莲等从小都很会读书，名列前茅，或因家贫，一股出人头地的潜意识冲力使他们容易以‘正义化身’自居而打抱不平，无形中养成‘我对你错’的心理惯性，同时也塑造成‘自我中心’的思维模式，缺乏将心比心、设身处地的能力。一旦有了权力，更妄想自己的‘正确性’。此即不粘锅的心态。阿扁从政一路走来，不就是一路骂人骂到底，自诩正义的化身吗？如今当了‘总统’，旧习未改。”

威权性格的病态现象

观察马英九的政治人格与领导问题，笔者看出马英九与陈水扁两人实际上是台湾五十多年来威权统治政体下威权教育的两个典型代表。前者从小在“悍父”的威权教育下，立志出人头地，早已养成循规蹈矩的“乖宝宝”性格，其后又在建国中学、台湾大学、美国哈佛大学念法律，一帆风顺取得博士后，返台任职蒋经国的英文秘书，以及后来的党政要职。马英九的服从性高，自然深得威权领袖的欢欣，长期形塑了女性化的倾向，为求感恩竟然将家父长的权威投射到蒋经国的身上，视蒋如父，并有感恩下跪的举动。此种上下之间权力关系的“威权性格”自民主时代观之，自然有点滑稽。

同样的，乖宝宝的对立面，就是带有高度攻击性格的陈水扁。他自幼家贫，经济生活的恐惧不安与受剥夺感使他形成自我中心的自恋人格，在政治行动上充满了对抗性与依附性的矛盾现象。这种威权性格也使他每逢选举必定制造受迫害的妄想症，从制造吴淑珍车祸和受国民党迫害的假象博取同情，到中共的打压和“台湾人与大陆人的对立冲突”等等伎俩，都是这种威权性格的投射与表现。马英九的威权性格表现在对威权者的顺服，而陈水扁的威权性格则表现在制造威权假象与对抗威权的漩涡中。两人其实在威权的淫威下都有其心灵深处的脆弱性和心理的敏感性，他们对所谓的权威都有一种撒娇的惯性。陈水扁在政治受挫时，必定返回台南家乡，向他视为民主选票权威的乡亲们撒娇取暖；同样的，马英九也会返回他的青年偶像神主牌权威，接受青少年的欢呼，以获取心灵创伤的慰藉。

马英九威权性格的五个特征

马英九的威权性格主要表现在：(1) 对威权者的信赖与服从；(2) 对群我的投入与奉献；(3) 对同侪的不信任；(4) 易听从团体的社会压力而改变政见；(5) 重视目标达成，忽略与下属的关系及他们的意见。第 (1) 点马英九表现在对蒋经国的关系上；第 (2) 点表现在对“中华民国”和中国国民党的奉献；第 (3) 点表现在对过去的台北市府团队和现在的国民党党工，以及对大多数同辈朋友的不信任；第（4）点表现在“‘台独’是选项之一”与“终极统一论”的摇摆；第（5）点表现在最近对詹春柏秘书长和文传会副主委黄玉振未经知会就予以撤换。对黄玉振妻子重病在身毫无所悉，只重视工作目标的达成，却缺乏关怀干部的革命情感。

马英九成长过程一帆风顺，缺乏挫折后的许多学习机会，早已养成自我中心的思维模式。他在真父亲马鹤凌的霸权下成长，在假父亲蒋经国的权威下依靠顺服权威的方式取得孝子和忠臣之名，其成功模式颇有利于威权体制下的进取之道，却无益于民主时代领袖性格所必需的坚持原则的毅力。他需要“去掉学习”过去成功的模式，重新改换新民主时代的理念、性格和才能，使内在的修为和外在的环境相互配合，才能成为一个新时代的政治领袖。以下各点是笔者的浅见，或有一得之愚的参考价值。

（一）在政治路线的确立与坚持上绝不可摇摆不定

马英九在 2006 年 12 月底的行动中常会中宣示“国民党与民进党差距再大，也大不过我们与共产党的差距！蓝绿同在一条船上，2300 万人民都是命运共同体”，“国民党将朝野和解的顺位优先于国共合作”。这充分表明了：1. 国民党荣誉主席连战 2005 年赴大陆与胡锦涛总书记双方合作的“一个中国”路线被马英九修正为“独台”与“台独”合作的路线。2. 未能记取 2005 年 2 月宋楚瑜与陈水扁所谓“真诚”合作的破裂使亲民党从此一蹶不振的教训。3. 泛蓝支持者一直保持 60% 的支援度，马英九没有信心去依靠他们的支持，却反过来一再撕裂泛蓝内部的团结。4. 马英九对于连战访问中国大陆后民意支持度的上升现象视而不见，却对自己外省人的原罪始终抱有自卑感，以为向民进党做出路线妥协即能跳脱原罪的拘绊，确属天真。政客与政治家都要顺从民意，但政治家还要加上领导民意，马英九只顾选票而顺从民意，却未敢坚持政治路线而领导民意，此与政客何异！

（二）政治理性主义优于感动民心的战术方略，终将自食恶果

国民党自从推翻清朝建立民国，以来一直处于坎坷的道路。“打天下”的帝王思想残存未泯，以及治国所必须具有的理性与逻辑思维，使许许多多的党工干部发展成为“欺上瞒下”的性格与扫描环境的“盲思”。在威权体制或性格的笼罩下，情感压抑不得解放，缺乏真性情的流露与释放，党内同志无法真诚以待，彼此关系夹杂着权力因素在内，因而扭曲了人性自然关系的发展。而所谓逻辑理性也片面地往“工具理性”的方向膨胀，因为最后的“目的理性”只能由最高的领袖拍板决定，久而久之，干部之间，上下之间的身份、地位、年龄因素决定了是非善恶的标准，且不自觉地将之投射到与群众的关系上，缺乏真诚的互动，让群众感觉虚伪而不自知。前有连战，后有马英九，都被群众批评连握手都形式化，缺乏真诚感人的力量。至于调整人事，仍继承蒋经国“天威不测”的作风，事先也不知会一声，毫无人性礼貌的基本态度表现，十足为威权性格的伪善态度。

领导能力就是同理心

丹尼尔·戈尔曼（Daniel Goleman）在《EQ：为什么 EQ 比 IQ 更重要》这本书中提到“情绪的表达和控管，要比传统智识技能还要来得重要，此一讯息对世人犹如暮鼓晨钟”。大文豪叶芝（William Butler Yeats

1865—1939）也说："只依赖逻辑、哲学和理性思维的人，心智将大半饥渴无着。"领导能力就是同理心，发自内心本能的行为，而非思而后行，它不是为别人感到难过，而是感同身受，去感觉他人内心的感受，进入旁人的心智，体验他所面对的世界。这就是儒释道的直观能力，也就是梁漱溟所谓"敏锐的直觉——仁"。当代管理学也强调愈是高阶管理愈要重视这种直观能力的培养，例如2000年7月20日的"八掌溪事件"，当四人在溪流的石堆上抱在一起等待救援，分秒必争的时候，官僚们还要搞那一套法规理性、程序理性、技术理性等常态规矩来因应非常态的事件，简直是"麻木不仁"，缺乏敏锐直觉的同理心。马英九及其所领导的国民党，所以无法无能振衰起弊，主要性格原因就是长期以来党的文化盛行技术理性，尤其马英九仍陷于此种威权性格技术理性的漩涡中而不自知。

（三）真在内者，神动于外，法天贵真，不拘于俗

马英九的法规理性和程序理性的秘书性格必须转型为法天贵真、不拘于俗的真正领袖性格，才能挽救国民党的危局。领袖的魅力建立在语言文字难以形容的形上境界，所谓"内养足，不怒而威；内养不足，怒而不威"。即是一种内在精神的修炼，并超乎理性的算计。《庄子·田子方篇》："夫子不言而信，不比而周，无器而民滔乎前，而不知所以然而已矣。"马英九在威权体制下的家父长和威权领袖的指导下循规蹈矩，又面临当代科技理性、专业理性、法规理性的压抑，整个社会充满了医病关系、师生关系、君臣关系、商人与消费者关系……都在所谓的专业、程序、技术理性的主导下，失去了真诚的、真实的情感互动，久而久之，人与人之间成为功能性的相互利用而变成麻木不仁，反应迟钝的官僚成

为形式上的生命存在，失落了真实意义的价值。由此可知，当年杜月笙的领导魅力全在于“深通人情世故”“乐于助人”“闲话一句，诚信到底”那种真性情的流露，“英俊帅哥”“美国博士”等“一曲之士”难以望其项背。

自古以来，有神魅性格的领袖，如耶稣、孔子、释迦牟尼等人，莫不是真在内者，所以神动于外，乃能感动人类两千多年的心灵，其震撼力又岂是文字语言所能形容一二？

马英九对待人类的苦难所发出的慈悲，是一种普遍意识，而非尊重“个别差异”的人文精神。简言之，这是一种执着普遍精神的法律主义，例如他为人证婚时，往往千篇一律复诵那些“夫妻谁对谁错……”的笑话，从未见他与新郎、新娘双方关系的特殊叙述。久而久之，那种可以“一体适用”的普遍笑话，也就无法落实在双方情感巩固的基础上，类似一位独裁者对人民充满着普遍“一体适用”的政策与感情，而将自己与他人的特殊感情局限在非常狭小的范围内。其所面对的人际关系困境大率皆由此而起。

政治家必须抓紧独特价值，清晰政治路线

在“宪政民主”的架构下，才有真正的“国家认同”高于政党的竞争。台湾政情非常特殊，民进党人根本不认同“中华民国宪法”，甚至想提出“第二共和国”的实践，他们的国家认同与马英九的认同决然不一样，试问如何妥协合作，共存于一条船上？民进党始终不愿接受“一个中国”的事实，自外于国际政治的现实世界中，马英九又有何本事与这种不顾国际政治现实的政党合作，而胡扯什么与共产党的差距大于国民

党与民进党的差距？马英九若还有一点中国民族主义精神的坚持，则应该如亨廷顿所见，“近百年来国共斗争，实际上反映了西方文化资本主义与社会主义价值的内战”。因为这个内战而分裂，其实双方尚有民族主义的共同点，而民进党则想自外于这个民族主义的范畴，鼓吹所谓的台湾民族主义，试问马英九，以国民党与民进党空间的距离鼓吹合作较易呢，还是国民党与共产党的民族主义联结较易呢？舍易取难，已非政治家的智慧，尤其为了选票，只有顺应民意的媚俗作风，而无领导民意的眼光和坚持，更非政治家应有的勇气和担当。

《海峡评论》第194期，2007年2月

从断裂到联结：韩国民族主义的统合对两岸关系的启示

报载韩朝于5月17日举行历史性的火车对开，跨越分隔韩朝的非军事区试通车。这一计划是在2000年韩朝高峰会议上达成协定，随后两国工人花了数年时间重铺铁轨及清除地雷。韩国总统卢武铉曾表示，朝鲜半岛应成为连接欧亚大陆和太平洋的东北亚和平之门，希望有朝一日能在釜山购买前往巴黎的火车票，途经平壤、新义州、中国、蒙古、俄罗斯，到达欧洲大陆。

突破孤岛，再次腾飞

韩朝一旦复通，将有助于解除孤岛状态，降低运输成本，对出口导向的韩国经济意义重大。此一消息再结合前不久韩国与美国签订自由贸易区协定，将使韩国因东西两岸的中国和美国，与韩国建立世界自由贸易的广大市场，再向北方开拓韩国的统一契机，并与俄国连接，进而打通与欧洲的紧密关系联结。韩国不仅统一有望，朝鲜半岛将因民族的统合逐渐创造“再次腾飞”的机运，突破百年来东西方帝国主义强加给朝鲜民族的枷锁，而在全球化的世界中与世界接轨，不再成为昔日东西方冷战结构下为强权所利用的“亚细亚的孤儿”。

南北韩双方都有强烈而自尊的民族主义精神，虽然因1950年起三年的韩战，朝鲜民族被国际强权所迫，而不得不分裂为两个“主权国家”，但双方却因民族主义的联结，朝野上下从未主张“分裂”与“反分裂”的战争，这种民族团结的凝聚力，与台湾当局上下，一股“反中国”或“去中国”的“异化现象”形成强烈的反差对比。

朝鲜民族的自尊自爱，形成韩国经济和文化的进步动力，也成为朝鲜对抗乔姆斯基所谓“流氓国家”——美国的勇气，相信在朝鲜民族主义的联结下，终将克服国际强权，从恶意的民族断裂，恢复到民族主义的联结，终于创造两个主权国家的统一。

反观两岸，一个因强烈的民族使命感力图振兴中华，恢复中国民族与中国文化在全世界应有的国际地位，而有“大国崛起”的气势；另一个则因两蒋时代民族主义的误用与轻忽，复经李登辉皇民化对中国民族主义的摧残，直到今天陈水扁的民族虚无主义的彷徨与投机，剩下台湾“‘国会’瘫痪，‘国家’瘫痪：只问选举，不要治国”（《联合报》社论标题，5月12日）。

民族虚无主义导致台湾向下沉沦

民族虚无主义没有民族利益，也没有国家利益，只剩下范围逐渐缩小的党派利益和家族利益，最后则浓缩为只有个人利益的保存与挣扎，而这种个人利益，说穿了只是建立在自己心理恐慌不安的权力饥渴的挣扎上，庄子所谓“外重者内拙”即是指明这一心理状态。为了权力的巩固，幻想权力愈大愈有安全感，而权力愈消失愈无安全感。这种病态的政治人格，因无中心思想，一切作为均转化为“工具理性”的暂。于是只要有人喊出“‘总统总统’大帅哥，你是我的巧克力”或在新成立的“台湾民主纪念馆”陈列陈水扁被当年“警总”查禁的书籍资料，都不会以为可笑荒唐，反而有填饱他权力饥渴的满足感。

从韩朝的民族统合思考韩朝两个主权国家朝向将来的国家统一，反思两岸因外患或东西方帝国主义的侵略而有中国民族主义的崛起，因民族主义的崛起而有现代化的建国运动，因建国运动而导致民族分裂，其间虽有外患的侵扰，却未有强权国家将中国切割为两个主权国家，犹如韩国那样，此诚不幸中的大幸。然而悖论的是，韩国热切企求民族国家的统一，而台湾却迄今尚未“独立”，国家现状尚处于“一个中国”“一中两宪”“宪法一中”的情形下，既无实力突破国际政治“一个中国”的现状，又不安于“中华民国”的现实，既要割断过去的历史，又无前瞻愿景的憧憬。这种前不着店、后不着村的现实虚无主义，将在失去方向感中分散民族的内聚力，而终致难以团结成为任何一种形式的“国家”。

中国文化精神的组织，以伦理为基础，从家庭组织到同乡会、宗亲会、讲学会、诗酒会，乃至于扩大为具有民族文化意识的国族团体，均以一种人与人相互结合的背后感情为基础，或为血缘关系，或为地缘、宗族、兴趣与嗜好的关系。而当代西方文化精神，因为人与人之间具有外在的、前面的抽象共同目标为媒介以结合成为一社会团体，具有竞争性、冲突性或斗争性，而扩大成为国家组织以调和、贯通、形成统一的大团体，因此特性使个人与团体容易发展成为相互利用的工具物件，而无中国文化精神将个人与团体相互涵容、融化为相互合作的伦理精神。

结语：以圆而神的伦理精神与方以智的契约精神结合成为东方形式的民族国家

因此，在东方文化区域的建国过程中，一方面要吸纳西方文明的契约精神，以立宪建国，另一方面更要坚守东方民族的伦理精神，以“圆而神”的和谐的、无所为而为的伦理关怀精神贯注于西方形式“方以智”的国家组织中。韩国的民族主义共识如何转化为现代契约式的统一国家，其实和两岸中国人都是一家人的民族主义精神如何转化为现代契约式的统一国家，都是同样的道理。只是在建立现代化的国家过程中，台湾有人因自己的民族虚无主义，放弃民族的伦理责任，只看见个己的利益，而忘了这个私利是附属于较大格局的民族利益，因而自我异化、自我扬弃乃至于发展成自我逃避的“封锁现象”，与国际潮流背道而驰，成为名副其实的“亚细亚的孤儿”，悲乎！只有恢复中华民族主义的联结，像韩国那样，台湾才有可能重返世界的舞台，创造“再次经济腾飞”的新纪录。

《海峡评论》第 198 期，2007 年 6 月

千山万水我独行，茫茫大海何处寻

马英九的历史定位与“内阁”大改组

I took the one less traveled by.And that has made all the diffrence.

千山万水我独行；蓝海策略，另辟蹊径。

美国著名诗人罗伯特·弗罗斯特（Robert Frost，1874—1963）

苏格拉底对于像伯里克利斯那样的人也要看不起……因为他只晓得国家是一个政治团体，他只从军事、政治、经济这一方面着想。他不晓得文化理想、教育政策是最能够建设人的心灵的。

《中国大乘佛学》，方东美，1984 年

一、前言：历史定位要从时间的纵深和空间的全球文化发展的比较来观察

政治家的历史定位，不能从当时他的事功表现来衡量他的意义，必须把他的事功放在历史演变过程中，在纵向与横向的比较中来诠释它的意义。**一个时代的问题，根本是思想问题，时代的危机，需要伟大的思想家，看出其根本核心，再从文化方面培植根基以便疗伤止痛。**这就是方东美所谓的“崇本抑末”，文化是本，军事、政治、经济是末。所以，方东美常说：“近代 20 世纪的例子里面，不是弱国亡国，而是

强国亡国。”（《中国大乘佛学》）强国的文化根本衰颓了，其亡国将是迟早的事。

马英九在乎他的历史定位，但很可惜他对中西方文化哲学没有深邃的体认，更无高瞻远瞩的洞识。真正爱台湾的人，应该把台湾的文化根基建立起来，使台湾成为新时代中国文化的重镇，融会中、西、印与回教四支文化后的人类新文化精神，具有约瑟夫·奈在2004年所创造的“巧实力”，才可以吸引欧美等西方国家。例如2012年1月14日选举过程之和平理性，即接近民主成熟“国家”的境界，对大陆同胞就有相当的吸引力。

然而，从文化哲学的角度来看，马英九任用擅长哗众取宠和以批判时代文化为起家的龙应台，则为一大败笔。龙应台对四百年来中西文化的盛衰起伏过程没有基本的认识，早已从深层意识的西方世界观来看待这个世界的变化。她对中国文明缺乏敬意，认识肤浅，在理念上已无助于扭转时代文化的方向，谈何历史定位问题。马英九又任用一位优秀的土木工程研究人员担任“教育部长”，恐怕把教育问题看得过于简约，而过度膨胀理工人才对教育和文化问题的解决能力。试问李远哲对政治、文化、教育、两岸关系等等问题的见解，又有哪些能让人受启发而有益于世道人心呢？马英九用人之草率与肤浅或浮夸，于此可见一斑，将来何有什么历史地位可言？他不过是一位不懂做人之道、略通权谋之术而尚有好心肠的普通人物，因缘际会登上历史舞台，有这么个时代机遇伸伸拳脚，比划比划，随波逐流，还自以为有那么一点可怜的历史地位供他妄想把玩。

1991年苏联解体后，哈佛大学弗兰西斯·福山教授写了一本书《历史的终结》，意谓全球从此将进入资本主义市场经济的民主时代，社会主义将结束。福山哪里想到20年后《历史的终结》被中国崛起的势头所否定。人类未来何去何从？2008年美国的金融海啸和2011年欧洲的债务危机，更增加人类迷惘的想象。19世纪工业时代产生的资本主义和社会主义对立的危机已然结束。知识经济时代，生产过程中的有形要素如资金、土地、工厂、机器等的重要性逐渐下降，而创新、品牌和学习能力的重要性逐渐上升。因此，资本主义和社会主义因有形资产而作的区分已无意义，这并非说马克思主义已不值一顾，而是说将马克思主义等一系列政治意识形态作为笼罩全国行动方向的意理已一去不复返了。

就在这个迷惘的时代，中国宣告走社会主义市场经济的道路的百年愿景，又在2011年10月的十七届六中全会宣告“文化体制建设”，可见中共在这一迷惘的“黑暗时代”正在摸索一条“中国模式的道路”，以摆脱四百年来西方文明“意识形态”霸权的宰制。

二、马英九的历史地位，要先扫描全球人类的共同问题，其次是两岸的共同利益，最后是台湾的发展方向，才能观察他的“新内阁”改组之所作所为是否有助于突破现状，领先世界潮流。地方虽小，其文化上的“巧实力”却具有深厚而长远的影响力。

从此次“内阁”改组的人事变动，吾人实在看不出马英九的策略规划已经扫描到全球人类的共同问题，也看不出“行政院长”执行这些策略的决心，这主要是台湾选民长期以来成为国际孤儿的短视所造成的现象。为了取得政权，政客们不得不讨好民意，习惯成自然，其思维惯性早就失去“领导民意”的雄心和魄力。四年执政期也难以使个性上“不敢为天下先”的马英九突破现状，为人类为两岸同胞带来和平统一的决心。没有这个决心和毅力，也没有文化理想，便不能突破四百年来西方文化霸权的宰制，最后将再度成为西方文化霸权没落中的弃婴，也难以吸引或说服中国大陆同胞的向心力，只好逐步丧失筹码，再度臣服于崛起中的中国民族主义与文化主义。

（一）全球人类的共同问题

1. 无极世界的非极化

信息革命改变了1648年《威斯特伐利亚和约》确立的主权国家的性质。“我们面对越来越多影响某国人民，却主要或全部源自于其他国家的风险、威胁和挑战……比方说金融危机、组织犯罪、大量移民、全球暖化、流行病与国际恐怖主义……最主要的难题之一是权力水准与垂直的扩散。我们身处的不是多极世界，而是个无极世界。”（转引自Joseph S.Nye，《权力的未来》。）这种无极世界改变了层级节制的官僚组织。网络沟通使组织内外关系和上下关系的界线日渐模糊，从层次结构（hierarchy）转变为网络组织（heterarchy），核心与边缘的关系不是固定的，而是流动不居的。有人在救灾时，自以为是领导，在民意的压力下，竟然无视专业的权威性，跑到第一线去救灾，这种平时不烧香、临时抱佛脚的作为，只反映了民粹主义的作风，非常要不得。无极化的世界，上下无常，谁是核心谁是边缘，当事人必须随时做出适当的判断，“君子时中”，知进也知退嘛！马当局等一干人号称博士者多矣！精英分子自谓高人一等，与群众心理脱节，难怪所作所为，老百姓没有福，其来有自，行政执行力严重落后，后叙再补充。

2. 宗教精神、哲学智慧和艺术精神的全面衰退

我们所处的时代是一迷惘的时代。早在 1973 年，方东美演讲“中国哲学对未来世界的影响”时就说过：“今天这个时代，不只是宗教的精神衰退、哲学的智慧衰退，连艺术的精神也衰退，几乎都到达了一种不可理解的程度。”

20 世纪 70 年代的美国是一个灾厄不断、国势衰弱的年代，水门事件，越战失利，贸易赤字节节攀升。1974 年的通货膨胀率高达 12%，创下美国和平时期的历史新高纪录；1975 年的失业率亦高达 7.5%。福特总统两次遭人行刺，幸未受伤。苏联挥师入侵阿富汗。美国感受到经济、社会甚至军事力量都在相对衰退。美国资本主义的保守主义复兴运动始于 20 世纪 70 年代，而 20 世纪 80 年代的美英两国又厉行新右派的政策，终于导致金融海啸的危机及 2011 年欧债危机的扩大。

1991 年苏联解体，有人以为“历史终结”，二十年后又被中国崛起所否定。当代全球经济危机，突显了人类文化自 20 世纪以来科学主义的过度膨胀与文化世俗化，物欲横流，上帝死了（尼采之语），精神上的虚无和彷徨，仰赖物质消费和性欲泛滥来填补空虚。在世俗化的潮流下，宗教精神的神圣性消失了；在逻辑实证论流行的冲击下，形上哲学瓦解了，哲学智慧也消融了；而工具理性和功利主义的打击，更使“无所为而为”的艺术精神为实用主义所替代。

《资本主义为什么会自我崩溃？》（中谷岩，2010 年）称，未来十年可谓人类文化的转型期，四百年来西方工业主义的形成与资本主义的盛行，旧典范日趋衰退无力，失去整合政治、经济、社会各方面发展的力量，而中国社会主义市场经济的崛起与传统中国文化的复苏所形成的新典范，将重新整合中国的政治、经济、社会文化的发展方向。

这一新典范必须超越西方三百年来的功利主义和一百多年来的世俗文化，恢复宗教精神、艺术精神和哲学智慧，方有整合效力，否则新典范存在的活力必不长久，终将为另一新典范所取代。深受西方旧典范影响的龙应台，对于新典范的崛起可说毫无扫描的能力，对大陆的崛起也无信心，这种情况反映了马英九的无知与执着。马无知于中国文化精神，而执着于台湾本土发展的压力，何有气魄谈什么历史地位呢？马英九好好做完四年，不要再犯错，当一个平庸无为的领导人即可，笔者最怕那种孜孜于历史地位的人，看不清历史方向，开大车闯大祸，结果害人害己。

3. 科学主义的膨胀与危机

这个时代无人反对科学，但什么叫科学？还有很多人搞不清楚。科学无能为力追求真理，顶多是追求“接近真理”。百分之百正确的理论只是“重言反复”的命题，没有否证性，那就不是科学命题或科学理论。20世纪的人类过度相信科学的能力，误以为科学可以解决一切问题，这就是科学主义，其膨胀的结果，十分危险。当然，国家的进步、社会的发展，没有科学的精神也不行。五四运动时代的科学观，仍停留在牛顿物理学的典范，当代所谓的“科学发展观”又过度膨胀科学的作用，大学校长和从政人士理工背景太甚，多少也反映了对科学过度的膨胀。

人类文化的发展根源于求真求善求美求神圣的心灵要求，因而有科学、道德、艺术、宗教等的现象出现，四者均衡则社会正常发展，否则如欧洲中世纪宗教过度膨胀与20世纪科学过度膨胀，均非正常的社会发展。谋国者都必须有此相应的基本认识，否则谈不上什么历史地位。

4. 新自由主义的穷途末路

二战结束后，1945 年到 1975 年之间，被 2008 年诺贝尔经济学奖得主克鲁曼（Krugman）命名为“大压缩的时代”，即贫富差距比二战前缩小了。但 1980 年的英国首相撒切尔和 1981 年的美国总统里根，厉行所谓新右派的新自由主义政策，强调市场机制至上，政府少干预的理性预期学派，反而造成中产阶级消失，成为大前研一所谓的 M 型社会。根据托马斯·皮克迪和伊曼纽尔·赛斯的研究，2005 年的美国，1% 的富裕阶层的收入，超过国民总收入的 17%。克鲁曼认为，20 世纪 70 年代，美国具代表性的 102 家大企业的高层的年薪，仅为企业员工平均收入的 40 倍，而到 2000 年，就已达到 367 倍。而此期间所得税却从 50 年代末的 91%，降到现在的 35%，因此纯收入的差异还要更大。

新自由主义理论以个人为分析单位，强调市场竞争，谁有能力赚钱谁就是英雄，为求目的可以不择手段。他们不关心贫富差距和公共利益问题，只求胜者为王。这种自由主义和全球化资本主义的结合，造成了以下问题：(1) 世界金融和经济的巨大不稳定；(2) 贫富差距扩大，中产阶级消失；(3) 地球环境污染和食品污染加速。

这种欧美式的价值已流行了两百年，已经难以解决世界的问题。龙应台无知于此，对西方社会贫富差距扩大疏于谴责，却严于责备中国改革开放才三十年而兴起的“一小部人先富起来”的自然现象，毫无民族同理心。而此次“内阁”大改组，未见“经建会主委”尹启铭和“财政部长”刘亿如对缩短贫富差距拿出真正具体可行的办法。整个马当局奉行 90 年代以来的“小而美政府”及所谓“顾客导向”，视公民如顾客的民粹主义风潮，导致公民失去对公共利益的承担责任和严重的贪污腐化现象，并未对新自由主义严加批判，整个政界和学术界仍以美国为师。这种所谓“台湾人”毫无独立自主精神，竟想大言不惭地搞“台独”或“独台”，抱美国大腿混日子，终将因中国崛起而被美国抛弃。

（二）两岸的共同利益仍然是中国民族与中国文化共同崛起所确立的发展方向

1. 中国正在寻找下一个四五百年人类的文化发展方向

20 世纪初德国的斯宾格勒发表《西方的没落》，中国人没几个人相信；到了 20 世纪中期，英国的汤因比发表《历史研究》，并提出“21 世纪是中国人的世界”，同样的，没几个人有信心，因为中国人自身难保，哪有闲工夫吹牛；到了 20 世纪晚期，1996 年亨廷顿发表《文明的冲突与世界秩序的重建》，宣告“帝国主义是普遍论必然的逻辑结果”。这些西方精英对中国文化精神虽未必深刻体会，但已警觉西方文明的独特性，西方价值并无普遍性。我们的马当局“阁员”和舆论精英，你们沿门托钵效贫儿，以美国为师，抛弃自家无尽藏，流浪于中国大陆的海外，有家归不得，自以为是，何时回归与认同中华民族与中国文化的崛起，停止热血沸腾呢？西方文化崛起四百年后开始缓慢衰退，欧美两百年来的功利主义已形成非正义的社会，再加上新自由主义和全球化资本主义，大家已看到是一条走不通的道路。中国正在摸着石头过河，走社会主义的市场经济，再加上中国传统文化的复兴，相信这不仅是大陆的道路，更是两岸中国人的共同道路，同时也是世界人类的新方向。西方人或可谓我们吹大牛，中国人应有此信心，就好像 1900 年八国联军侵华时，你能想象到了 1949 年新中国成立后，结束了中国大陆分裂的局面？新中国成立后，中国人历经“三反”“五反”和“文化大革命”的自我折腾，经

1979 年以来改革开放的不折腾，立即在三十年内就有活力而东山再起。2007 年广东一省的 GDP 超过台湾，2008 年北京的奥运会，2009 年的 60 周年国庆大典，2010 年的 GDP 世界第二，2011 年中国成为欧债危机的救命符和美国国债的债权人，中国崛起势不可挡，中国的和平统一已可预期也。

2. 台湾必须以自己六十多年来的经验，摆脱西方意识形态的霸权和美国学术殖民地的牢笼

1949 年以后，因 1950 年朝鲜战争爆发，台湾在美国保护下，早已习惯美式思维，学术上几乎成为美国的殖民地。50、60 年代流行美国的逻辑实证论，两蒋时代尚有中国民族精神，在美国保护下苟且偷生，尚知保存中国文化的命脉，60 年代发起中华文化复兴运动，仍有可圈可点之处。70 年代台湾退出联合国，年轻人尚有保钓运动的中国民族精神。可惜国民党的“中央日报”推出孤影的《一个小市民的心声》，台湾的中国民族主义精神开始走下坡。到了 80 年代末期，李登辉上台，中国民族主义受到日本军国主义的压抑，90 年代后期，爱国学者戴国辉与李登辉翻脸，1999 年辞掉“国安会”咨议委员。2000 年政党轮替，一个虚无主义的陈水扁上台，更无中国民族主义色彩，依赖美国更深更广，直到 2008 年第二次政党轮替，马英九上台。此时，他错误地想当全民领袖，一味讨好绿营，枉费留美博士头衔，有损哈佛校誉，不通民主深义。马英九并非像陈水扁那样崇尚民族虚无主义，当然也不像李登辉那样反中国民族主义，他多少继承了蒋经国的一点点民族思想和封建残余的帝王思想，修养上完全体会不到庄子之所言“帝王之功，圣人之余事也”。所以，笔者想奉劝马英九好好做个本分的领导人，无圣人之智，圣人之才，即无圣人之功，历史地位如此，自堪满足于权力的追求，守住台湾以免滑向“台独”或“独台”，效蒋经国 1987 年 11 月开放探亲的民族思想精神，再创两岸关系的另一高峰。马英九，你要继续顺应民意、讨好民意，做个平庸无能、“石火光中闹不休”的领导人，还是谨记管子所说“成大事者不谋于众”，领导民意，突破现状，做个开创新时代新现状的历史关键人物呢?

3. 台湾应保存中国文化的优良传统，影响中国大陆实践人类第三波中国文化的来临

所谓第一波中国文化，即中国第一波本土的、原生的文化传统，以春秋战国时代为高峰，孔子承先启后为代表。第二波文化新传统，是以道家为本，吸收外来的佛教，而在隋唐两代大放异彩，宋朝达于文化传统的高峰。此后明清两代中国文化与中国哲学衰颓，迄今仍未振兴。第三波中国文化新传统的开创从 2010 年 GDP 世界第二开始，中国已有经济基础吸收人类各支文化的精华，进而整合消化与旁通统贯，开创以全球为范围的文化大国，如此才有文化的吸引魅力，无形中影响台湾，也就是约瑟夫·奈所说权力的第三面向：“A 协助创造与塑造 B 的基本信念、认知与偏好。B 很可能不知道也未意识到 A 权力的效应。”1979 年林毅夫和吴国祯跑去大陆，那是中国民族主义的吸引力；20 世纪 90 年代颜元叔、许老爹和李钟桂等一批知名人士在杭州西湖等地买房子，那是孙中山的民族主义加民生主义的吸引力；此后的吸引力将是文化的吸引力，是中国统一的核心力量。台湾必须加速以其 60 年来保存中国文化传统的经验为中国最后的统一再度奉献力量，才能获得大陆同胞的最后敬意并促进融洽。正如 20 年前台商协助大陆经济发展，20 年后大陆崛起，台商重

要性虽然下降，但对于爱我中华的台商和接受九二共识的台商，大陆只有鼓励欢迎，没有打压的道理，好比张荣发和许文龙集团的表现。

4. 积极加强两岸政府与民间各行各界的交流与合作协议，少谈“反台独”，促进两岸合作的各项协议之落实或实践，如此不谈“反台独”，反而朝向统合或统一的目标前进

中国大陆应了解现在台湾的新形势，“台独”声音已日薄西山，“台独”背后的日本势力或影响力已日渐下沉，可是台湾人还很现实，还不愿意与中国统一，仍在美国与中国双方影响力之下拉锯战。中国将来不但GDP要超过美国，回到康熙、乾隆时代世界第一的角色，同时在学术文化、哲学和社会科学领域吸引美国，更要修改美国的政治思想，创造符合中国人的政治体制。革命的基础在于高深的学问，建国更难难在没有高深的学问。两岸今后要加强文化思想的交流与合作，多签协议，多实践合作；少谈“反台独”，多默默实践两岸合作协议，统一自然水到渠成。

（三）台湾发展方向的实践及可能发生的问题

1. 文化建设不宜由拘泥于四百年来西方文化意识形态霸权的人来领导

马英九的历史地位要看他有无文化理想，再以这个文化理想指导政治经济和社会思想的方向，更要有心在台湾，恢复台湾人的中国民族主义精神。否则，有经济成就，已成过去式。有民主成就，还不成熟，正在实验中，不到吹牛的时候。最糟糕者，没有中国民族精神，没法凝聚2300万人一条心。台湾人本来就是中国人，你不可忘本，否定自己是中国人，“台湾共和国”搞不来，就必须守住“中华民国宪法”，那你就是中国人，不是“台湾国人”，你要说你是台湾人也行，那就等同上海人、广东人一样都是中国人的地方户籍。

龙应台在信仰四百年来西方文化意识形态的霸权或典范下，偶尔也有精彩之论。例如她在2005年6月23日的《联合报》E7版《大学，如果没有人文》一文中说："大学，是一个人文精神的泉源。所有的科学、技术、经济或商业管理的发明，都必须以'人'为它的根本关照。离开了人文，一个大学，不是大学，只是技术补习班而已。"这句话说得很到位，正好给学土木工程的"教育部长"参考。但仔细观察龙应台的最高共识单位即典范，仍属于西方文化四百年来盛行的典范，因此看贬中国文化的典范，也未能体会当代新物理学典范的强调：愈是新物理学典范，愈与中国传统文化的世界观相通。

笔者在《海峡评论》2006年3月号《驱耕夫之牛，夺饥人之食，不为也：龙应台的"价值认同"及中共与马英九应记取的教训》一文中，批判龙应台认同西方价值的普遍性，提出中国文化的价值与知识经济的相关性，指出民主发展道路不可以急切，而且民主政体并不能真正保证宪政人权自由等一系列观点，可以看出她尚未体会东西方文化的典范移转早已开始。马英九没有这一个体会，不当在此关键时刻，任用迷执西方价值的普遍性，而忽视中国文化精髓的"文化部长"。有人说龙应台是大中华文化者，笔者只能说她是浮游无根的中华文化的宣说者及西方文化价值的牧师。

2. 教育问题必须由深切了解民族精神问题，体会当前社会"过度理性"与"技术理性"膨胀的严重问题者来领导解决

新任"教育部长"，由"中央大学"校长接任。由他成长的背景和经历来看，此人或许是很优秀的理工研究人员，但是否有人文素养的深

切体认则大有问题。当前的教育问题有几个严重性：1. 中小学教科书已失去民族精神教育，已让青少年不知自己是哪一国人。郝柏村春节期间考问其外孙女时即有此感慨。四年来，马当局对此问题吊儿郎当，未能见及履及，不敢为天下先，还好意思谈将来的历史地位？ 2. 过度理性即指过度理性主义，忽略了应予考虑的情境而使深思熟虑的满意结果成为不可能，例如在不确定性、暧昧与资讯不充分的情况下，仍然要求特别地理性决定。（詹姆斯·博曼，1996 年）3. 技术理性过度膨胀，使许多人只讲权谋、技术、手段或效率。

以上三点使台湾的民主政治没有民族认同和国家认同，终将失去社会的凝聚力，社会资本难免流失，民主体制不易加速成熟。由于过度理性主义，缺乏同理心的厚德，在情势不明与资讯有限的情况下，立即做出决定，或简化为金钱、利害、性因素决定了人的外显行为，好像这个世界没有就事论事的真诚，于是权谋盛起，人性日趋下流而不以为耻。这些都必须依靠在教育过程中培养美学、宗教精神和哲学智慧来解决，可惜台湾历任“教育部长”不是流于功利主义，即陷于事务主义，所培育的人才，不是学历愈高愈自私，就是我执甚重的一曲之士。吾人对新任“教育部长”并不寄予厚望，原因即在于此。

（1）**深切反思新自由主义在 80 年代对台湾政治、经济与财政的负面影响**

20 世纪 80 年代，欧美国家流行新右派的政治思想，强调小政府的市场机制，以及法制的松绑和公民成为顾客的导向。这在法治不健全的国家和地区非常危险，因为实践检验真理的可行性：小政府在当代复杂环境下已不可行；市场经济主要靠人民自动自发的法治与文化精神；法制松绑正好上下其手贪污腐化；顾客导向变成民粹风潮，公民丧失对公共事务的责任感。

90 年代以来台湾许多学者和政客无知，成为美国学术殖民地，跟着喊顾客导向、企业精神政府，强调竞争取代合作，自利成为自然的人性取向，破坏社会和谐与政治腐败莫此为甚。吾人未见马当局四年来有此反省。麦克尔·桑德尔（Michael J. Sandel）对民主治理提出政治利他主义取代政治的利己主义，他说：公民超越自利而关注较大的公共利益，采取较广泛而更长远的观点，此则必须具备公共事务的知识和归属感，关心整体，并与命运休戚相关的社群具有道德上的联结。

曼斯布里奇认为这种公民精神观提供了黏合剂，将政治系统结合起来，这就是她所谓的公共精神或政治上的利他主义，与爱和责任相关，具有重要的地位。

以上的话，就可看出李扁二十年执政，对台湾社会的伤害。马当局四年来对此像呆子一样，没有福也无能扫描环境，“新内阁”亦未闻“文化和教育部长”对此提出治理方案，反倒沉浸在行政事务的琐事上，吹吹牛唬唬人罢了。悲夫！

（2）回归中国文化家园，摆脱精神虚无主义，接受“九二共识”即同意“不同意”的最低共识指标，等待将来政治谈判

一个没有文化理想的社会或世俗化的社会，将会导向精神虚无主义。台湾与大陆本来是同一个民族同一个文化，没有分裂的理由，只因西方国家工业化过程中分裂为资本主义与社会主义两条路线的追求而决定了今天两岸政权的分离。国民党自 1894 年即以振兴中华为奋斗目标，后来逐渐失去民族主义的方向，反而让共产党接下民族主义的旗帜，为中华民族的伟大复兴而奋斗。如果国民党不愿重新再回到孙中山的民族主义的方向，最后将会为全民所唾弃。民族利益高于政权利益，“丰功岂在尊明朔，确保台湾入版图”（张学良语），谁背叛这一原则，最终没有好下场，史有明鉴，历历不爽。

所谓“九二共识”，即为 agree to disagrement，搁置争议，争取最起码的共识，那就是台湾与大陆具有一个中国的共同主权，两岸主权尚未分裂。有人想要搞分裂，依辩证法，自然要激起反分裂力量的出现，而且是力量更大的反分裂法的出现，这就是中国的民族主义沛然莫之能御的洪流。

2 月 7 日下午四点半，笔者率《海峡评论》访问团，拜访国台办时，笔者告诉王毅主任，“中华民国政府”存在的理由：1.“中华民国宪法”是一中主权原则，有主权即有治权，目前的治权涵盖台、膨、金、马等地区；2. 保卫“中华民国政府”事实的存在，可以防堵“台湾共和国”的出现；3. 保卫“中华民国政府”事实的存在，可以作为将来两岸政治谈判的一方主体代表。“两岸一个中国”可以等待有利时机来谈判，但无力也无必要去闹分裂自讨苦吃。目前的国际政治并无人敢于分裂中国的主权，只有在台湾的少数人见不及此，还要自闹分裂，岂非螳臂当车自寻烦恼或死亡？

三、为什么行政体系让民众无感或没有福？

此次“内阁”大改组，吾人有所忧虑者，即“总统”及其执政党，责在策略规划，行政部门及其各“部会”首长、“政务次长”，责在策略执行。策略执行比策略规划还要重要，执行失败等于完全失败。为什么马英九要向公务行政人员提出苦民之所苦，却不得其门而入，流于口号呢？此固为领导人个性过度理性，执着依法行政的一体适用性，未能体会情势复杂的个别差异性已逐渐成为时代的主流，使法规和程序僵化成为无情的独裁者：物化的独裁者。人民没有福已算是顺民了，否则这个政权早被推翻了。

此次“新内阁”大改组，吾人所生起的忧患意识，大致有下列各项：

1. 行政部门领导陈冲，是否有系统思考的统合能力

陈冲是优秀的财经人员，又有法律的知识背景，这一类人才是刘邵《人物志·流业第三》上所谓“法家之流，不能创思远图，而能受一官之任”。为什么因应金融经济问题，就要让他当行政部门领导呢？这种直线思维，即暴露非线性系统思考的不足。如果再加上马英九“清节之流，不能弘恕”（流业第三），其格局之小，可见一斑。难怪自马市长起，几乎各政务官都像事务官，循规蹈矩有余，却不见政策担当的果断，因为所有风头都给他，我虽是政务官，却恐功高震主，何况他还要选举嘛！所谓民粹威权主义即此意也。

2. 民意与专业的冲突

“新内阁”号称博士一大堆，过于迷信知识精英解决问题的能力。而且博士精英难免沾惹专家傲慢之讥，庄子曰：“以贤临人，未有得人者也；以贤下人，未有不得人者也。”（《徐无鬼篇》）这些博士专家绝大部分以贤临人，藐视民意，视为无知之徒，难免走上专业独裁之路，而与“立法院”形成沟通失败的拉锯战。这些知识精英面对社会和政治的复杂性，倾向“过度理性主义”有如前述。所谓“过度理性主义”即忽略有效的公共审议，以及系统与环境之间多元的非线性互依关系，无法充分理解情境的知识，因而使得理性的公共决定成为不可能。因此复杂环境加上过度理性，使组织更加强调技术与资讯的控制，拙于回应公共批评，闭锁于官僚组织内部的专业权威。这种博士“内阁”曾经在孙运璇时代，由魏镛宣传得意一阵子，却让孙“院长”后期慨叹无力感盛行，且后悔重视经济忽视文化的后果。一流人才能够驾驭变迁，二流人才尚能因应变迁，三流人才等待形势已不可逆转，反而唉声叹气。国民党 1949 年被赶到台湾，2000 年被民进党赶下台，喋喋不休闹了八年，又被毫无远见气魄的马英九重新执政，世人所见者，他们汲汲于权力分配的满足与不满足，已难见内在理想与道义的凝聚力，其前途早已不问可知焉。

3. 行政人员为什么无法苦民所苦而麻木不仁没有福

这当然是官僚主义过度理性化，过度强调一体适用的法规化、程序化的物化独裁所自然形成的现象。官僚体系强调客观理性的决策基础，事实上没有感觉辅佐或协调一致的理性相当于睁眼瞎。哈佛大学精神病学家西弗尼奥斯（Peter Sifneos）1972 年提出，有一种心理病态的人叫“述情障碍”，指个体缺乏用语言描述感受的能力，也就等于没有产生过这种感受。这种过度理性的客观性决策，缺乏敏锐直觉能力，很难培养出同理心或同情心，类似所谓“麻木不仁”，对于法规或程序只知客观一致性地处理，对于个别差异的判断缺乏敏锐的直觉，因而无法做出真正公平的处理。例如同样罚款五万元，对富者未必起到有效的吓阻作用，但对贫者可能起到过分处分的伤害。中国文化的礼治重视人伦关系的差异性与西方文化重视法治关系表面上的一致性，可以辩证地综合起来，创造第三波中国文化的新气象。所以，公务员的训练，此时此刻不应以博士专才为傲，但也不必排斥这种专业权威，重要的是，培育情理交融的均衡个性，避免过度理性的决策。凡此问题均应在教育部门和文官培训单位改变教学或教材内容，积年累月改变国民的个性，自然会提高文化素养，解决有福没福的问题。

四、结语

中国统一即两岸同胞共同的幸福指标，其势已不可逆转，不以人的意志为转移。马英九能否突破现状，做一个平庸无能的烂羊头或历史留名的领导人，几乎全系于实践此一理想的程度而定。台湾四百年来历经以中国文化为主体，吸收欧洲文化、美国文化和日本文化等多元文化，而存在于今天的样貌。吾人深信以中国文化渊源之深厚流长，以及过去历史之丰富经验，当有能力再度吸收而融会贯通西方文明，再创新时代的新文化。

马英九将来的历史地位，必将在这个历史文化发展的背景下衡量，若无此高度视野，那马英九也不过是人生旅途中因缘际会，玩了八年权力游戏，过过瘾头罢了。庄子曰：“帝王之功，圣人之余事也。”人生除了权力的追求与满足外，还有更重要的价值追求，无此深切体认，奢谈历史地位，都是“有生如被梦勾留，石火光中闹不休”。

本文刊载于《海峡评论》第 255 期与 256 期，2012 年 3、4 月号。

第三部

政治与社会思想

政治家不仅应注意民意趋向，更应领导民众实践政治理想

顷阅《联合报》刊载的《亚洲周刊》日前访问宋先生的报道，笔者愿在此提出个人浅见。

首先宋先生提出“上面老是听不进真话”的感慨，足证宋先生还有心向上面提一提真话，的确令人佩服。孟子曰：“长君之恶，其罪小，逢君之恶，其罪大……今之大夫今之诸侯之罪人也。”可见宋先生非“逢君之恶”的人物，宋先生在当前“以权谋私”的政治风气下而能获有如此清澈，确实有为有守。

不过，宋先生以民意趋向评论林洋港的失败，则有待商榷。政治家不仅应注意民意趋向，更应领导民众实践政治理想或政治路线，否则政客也能以民粹主义为手段，获取政治权力。十年来朝野两党政治领袖把“政治表演术”发挥得淋漓尽致，除了讨好民意趋向，实在看不出什么政治路线的实践。没有政治路线指引的民粹政治，充其量只是务实或现实主义的政治人物，谈不上长远的历史理想。

宋先生前不久在检讨国民党县市长败选时，曾批评执政党决策粗糙，然而为什么决策或沟通品质会那么粗糙呢？从管理角度来看，那是缺乏长远的管理哲学或永续的目标所致。

美国著名品质管理学大师戴明就说过如下一段话：“品质问题的关键是组织文化与管理哲学，百分之八十五的品质问题皆出在管理阶层，而

非员工的错误，其中最大问题是缺乏来自高层的‘永续愿景’或‘目标的持久性’，公私部门组织皆如此。”

所谓“永续愿景”即本文前所指的“政治路线”问题。孙中山先生等于革命之初被清朝扣上“四大寇”的帽子，支持革命者的民意趋向可谓少之又少，但经百折不挠的努力，革命者终于赢得民意支持，推翻清朝政府。由此观之，或谓林洋港先生处理民意趋向问题不如宋先生机灵乖巧，但若不以成败论英雄，林先生所坚持的政治路线亦非无所可取之处。宋先生若能在这方面多加发挥，不仅符合全民的期望，也可显现政治家的厚道与智慧。

八百多年前，宋朝的吕祖谦在《臧哀伯谏纳郜鼎》一文中有如下精彩的话：“观人之言，当先考其所处之地，然后听其所发之言。苟失身于篡逆之区，虽有忠言嘉谋，未免为助乱也。以乱助乱，其罪小；以治助乱，其罪大。”

十年来李登辉的主要政治路线，很明显与蒋经国相背。李登辉又在两岸关系上采取“统独”不明的模糊策略，使民众早已不知为谁而战，为何而战。宋先生是“勤政”“治政”的政治家，吾人希望宋先生谨记“忠言嘉谋，非为助乱者也”，乃“以治助治者也”，台湾前途或有望焉。

《联合报》民意论坛，1998 年 1 月 4 日

优秀的政务官应是一个“全人”

最近，台湾地区中研院李远哲院长是否适合担任“阁揆”引起舆论界的重视。《联合报》民意版又有讨论“职业化政务官”问题的文章，亦有其所见。

但政务官需要具备什么样的条件？恐怕不是如该文所说谁都可以做的。该文认为学而优则仕，医而优或工农而优亦可以为仕，如果这样的话，请问这个地区将出现什么样的领导人物呢？

从管理学的角度来看，政务官应是领袖型的政治人物，所需要的人才应是“通才”，而非“专才”。一般说来，专业人才如果过于专精其所学，而忽略作为一个“全人”所必须具备的知、情、意三方面的均衡，则这样的专才一旦成为政治领袖，是相当危险的。法兰克福学派的马库斯（H.Marcuse）所说的“单向度的人”，即指因当代社会分工过于细密而出现的以其专精的知识来诠释复杂世界的人，此亦《庄子》所谓“道术为天下裂”之后产生的许多“一曲之士”，无法成为时代的领袖。

所谓“全人”必须是在知、情、意三方面均衡发展，具有丰富专业知识的人，未必深通人情世故，亦未必有择善固执的意志力或勇气。

目前的主管官员，专精一门者有之，然而“卒遇故人曾无旧言”的无情无义者亦不少，而不能坚持理念、投机摇摆的意志力薄弱者亦甚多。这些现象的出现非一朝一夕之故，几十年来的升学主义，重视智育（所谓专业知识教育），忽视美育（所谓怡情养性）和德育（意志力的培养）

等时代背景，“造就”新一代的官员在人生价值上偏重“权势”与“财富”等外在价值，而忽略仁、智、勇等内在价值。

正如庄子所谓“外重者内拙”，一个人只重视外在价值，而内心有无情、投机、自卑等拙劣品质，又如何能成为优秀的官员呢？

《联合报》民意论坛，1996 年 1 月 15 日

没有真情实义的君臣关系：缺乏思想根基的政治危机

台湾行政当局“陆委会”文教处处长龚鹏程日前发表《政治需要真情实义》一文后，朝野意见分歧。龚处长希望借此提醒社会建立新的行政伦理。

龚先生此文有两个重点：（一）当前行政机关普遍注重外在的、表面化的人际关系，“陆委会”的作风不过是其中一例罢了。（二）由上而下的命令体系，在政策形成过程中未能尊重作为“专家”的部属意见，君臣关系没有“真情实义”。

丧失内在价值的“异化人”

仔细分析，这两个弥漫当前行政机关的风气，其实是一体之两面，前者重“形式主义”，以权力或各种奖励等“外在价值”来满足工作的动机，后者则强调“专业精神”，以“内在价值”的“真情实义”来满足组织生活中永恒意义的追寻。从深度心理学来看，一个人愈是缺乏“真情实义”内在价值的追求，愈会以外在价值或权力的扩张来满足自己“存在价值”的虚荣感，以掩饰自己失去内在价值的不安感。举例而言，一位专家追求专业知识时，若失去真正的兴趣，就无法全力以赴，以之为志趣。同时，他却借着“专家”或“教授”的名义，追求知名度，或追求“系主任”“院长”“校长”等行政权力为其首要价值，以图掩饰自己专业知识的退步。从外在权力中寻求自己价值的定位，这种专家已经成为一种丧失专业精神的异化人，内在价值丧失越严重，他就愈会加强对外在价值的热切追求，两者适成反比例的关系。因此，愈重视外在的、表面的人际关系，也愈容易对内形成“十分霸道的行政运作风格”。

体验儒家“内圣外王”精义

补救之道，在于改变组织中互为利用的“角色关系”，以道德主体的存在为第一位的价值，凸显人的“个己性”，消除非人的角色关系，亦即重视“真情实义”的主体间的关系，而非把对方当工具的角色行为关系，此即儒家“内圣外王”的真义。只有内圣或内在价值体验深刻的人，才真正懂得运用权力，而非为权力所运用。换言之，懂得超然的、出世的人生价值，才能更好地从事入世的权力运作。

理性精神堕落的阴谋论

龚处长此文发表后，有些官僚自然会为其长官辩护，认为“这个时候挖些烂泥巴抹黑，根本是一项拙劣的阴谋”。这种不顾一篇文章“内在逻辑的理性精神”，而专门以派别、立场、背景或功利的观点来看其动机意向及其所可能发生的利害关系，实际上即是一种“理性精神的堕落”。这样一来，不仅容易造成是非不分、黑白莫辨的风气，还使得知识分子之间缺乏“规过劝善的勉励”和“见义勇为”的道义责任。其背后的思想基础，总不外实用主义和实证主义，着重人之功利效果或外表行为，而无“反求诸己”的精神，一切高尚的人格或精神价值往往被贬为各种“行为模式”的科学分析。当代社会之所以愈来愈失去理想精神，就是这种思想影响的后果。台湾两党迄今没有深厚的思想根基，才是台湾社会真正危机的所在。

培养文质彬彬的行政文化

因此，社会需要建立新的行政伦理，使异化的行政人重新具备专业精神，不以“专业”为手段去追求外在价值，而能以专业本身作为自足自满的内在价值，并从此内在价值寻求和体会其永恒的存在意义。如此，方能消弭当前行政机关重形式、讲外表的恶劣风气，培养出“文”“质”彬彬的君子，建立起“客观性、公开性”的行政文化。

《联合报》民意论坛，1993 年 6 月 20 日

卡尔·波普尔论民主政治

犹太裔奥籍学者卡尔·波普尔是倡导开放社会理论的先驱，著有《开放社会及其敌人》《历史主义的贫乏》《科学发现的逻辑》等脍炙人口的作品。

自开放党禁后，台湾各界对政党与选举制度颇多讨论。波普尔此文对比例代表制与多党现象加以批判，本报特请吴琼恩博士节译，以供参考。

从柏拉图到马克思以及其后的思想家们，经常被提出的基本问题是“谁应统治国家”。柏拉图的答案是简单而质朴的：最好的人来统治。如果可能的话，应是全民中最理想的人，其次是最好的少数人即贵族，但绝不是多数人。

依法而治的民主理论

到了中世纪，“谁应统治国家”的问题遵循这个原则：上帝是统治者，他透过合法的人类代表来统治。

马克思同样遇到柏拉图的老问题所支配：“谁应该统治国家？工人还是资本家？”即使是无政府主义者，也难以摆脱这个古老的问题：“谁应该统治国家？”

在《开放社会及其敌人》书中，我曾表示：“吾人应该认识的一个全新的问题是理性政治理论的基本问题。”这个新问题有别于“谁应统治国家”的旧问题。此一新问题可以表述如下：“国家应该怎么建构，以便可以不经流血和暴力即可推翻坏的统治者？”这一问题比较实际，而当代所谓的民主政体都是解决这一新问题的好例子。因为这些民主政体都是采用解决这一新问题最简单的方案，那就是政府可以被多数选民所解散。

然而，在理论上，这些现代的民主政体仍然是建基于那个旧问题以及完全不实际的意识形态：只有人民，全体成年人，才是实际的、最后的和唯一合法的统治者。但是，人民并未成为真正的统治者，政府官僚，我们的公仆，才是真正的统治者。

我所想要说明的问题和其解决之道，亦即我所谓的民主理论并非强调“人民统治”的理论，而是“依法而治”，经由多数表决可以不流血地解散政府的基本原则。

选择民主政体的依据

我的理论很容易地避免了旧理论的矛盾与困难，举例而言，如果人民选择去建立一个独裁政体，我们必须做什么？当然，假如选举是自由的，这一问题是不可能发生的。

如果吾人放弃“谁应统治”的问题，而代之以新而实际的问题：“吾人怎样才能避免坏的统治者引起重大灾害的情况？”那么这些实际的困难均可以避免。

我们整个理论的基础，不是独裁政体就是民主政体。而且，我们的选择并不基于“民主之善”，因为这是可疑的；我们只是基于“独裁之罪恶”，这是可以确定的。这一理由，不仅因为独裁者必然滥用他的权力，而且因为一个独裁者，即使他是仁慈的独裁者，也将剥夺他人的责任感，因此连带地剥夺了他们的人权和义务责任。这已足以作为选择民主政体的根据，那即是依法而治，使我们有权解散政府，亦即使“绝大多数”人民没有资格放弃依法而治。

比例代表制与个人责任

新旧理论之差别在于旧理论采行比例代表制，其假定是人民经由他们的代表以及多数的票决，在代表们之间意见的数字分配上尽可能密切反映实际上合法权利的来源：人民本身。

比例代表制即是间接地授予政党以宪法的地位，因为“我”不再选择“我”所信任的人去代表“我”，“我”选择一个政党，而可能代表党的人也只是被党所选择。虽然人们和他们的意见永远应受尊重，但政党所采行的意见不应被视为与一般人的意见相同，因为政党的意见只是意识形态。

在比例代表制度下，候选人被视为党的代表，如果他被选上，他是代表某一政党，因此，他必须效忠于他的党以及党的意识形态，而非人民。如果他不能在道德良心上忠于他的党，依笔者的意见，他不仅在道义上有责任辞去他的党籍，而且亦应辞去国会职务。

事实上，在这种制度下，候选人个人的责任感被剥夺，他成为一个选举机器而非一个有思想、有感情的人。依笔者之见，这本身即足以构成反对比例代表制的论证，因为在政治上，我们所需要的是能独立判断以及准备去承担责任的个人；而即使没有比例代表制，我们也难以在任何政党制度中发现这样的个人。如果我们必须要有政党的话，依据我们的宪法，吾人最好不要引介比例代表制而有意地促使我们的代表成为政党机器和政党意识形态的奴隶。

比例代表制的明显结果即是造成政党数目的增加，吾人起初或许以为这是可欲的现象：多党意味多选择，多选择就会少僵化而多批评；同时，它也意味着影响力和权力更广的分配。

然而，这初步的印象总的说来是错误的。多党的存在主要意味着联合政府成为不可避免的，也意味着形成任何新政府和维持长期政府存在更多困难。

虽然比例代表制是基于这样的理念，即一个党的影响力应该和它的选举能力成比例，但一个联合政府通常意味着小党能运用它不成比例的力量，决定性地影响一个政府的组成和它的解散，以及所有政府的决定。最重要的是，多党制意味着责任的衰败，因为在一个联合政府中，所有的合伙者均将日趋不负责任。

两党制较多党制具弹性

为了使多数政府成为可能，我们需要一个接近两党制的制度，正如英国和美国那样。比例代表制的实际存在，使得这一可能性难以达成。为了使国会负起责任，我们应该拒绝似乎诱人的意见：民主政治需要比例代表制。相反的，我们应该为两党制而奋斗，至少应为近似两党制而努力，因为这一种制度鼓励两党不断进行自我批评。

然而，这样的观点将立即激起反对两党制度的声音，这些声音值得在此检视一番。说两党制度压抑其他政党的形成一点也没错，但是在英美两国，在两党制内，很明显地现出相当多的变化，因此这种压抑不一定就造成僵化。

重点在于，在两党制内，被打败的党必须严肃地承担它选举失败的责任，所以它将为其目的而展开一个内部的改革，这乃是一个意识形态的改革。假如这个党连续失败两次，甚至三次，寻求新的理念或将成为这个党激切的愿望。无疑的，这是一种健康的发展。即使选票的损失不是很大，这种情况也是可能发生的。

在多党制以及联合政府之下，这种情况就不可能发生。尤其当选票的损失很小时，党的领袖及其选民都可能静悄悄地去改变形势，他们将视之为一种把戏，因为没有一个党具有清晰的责任。民主政治需要政党对于责任感较有警觉的意识，如果可能，必须经常保持警觉性，只有这样，他们才会倾向于自我批评。正如实际情况所显示的，在两党制的国家中，相比比多党制的国家，政党在当选举失败后更倾向于自我批评。实际上，两党制比多党制更具有弹性，这和我们前面所说的第一印象正好相反。

一般人会说，比例代表制给予新党崛起的机会，没有比例代表制，这机会将会消失，而第三党的存在或能大大地促进两个大党的成就。这或许对，但假如有五个或六个这样的新党出现又将如何？正如我们前面所说，甚至一个小党也可以运用相当不成比例的权力去决定将加入哪一个大党以形成一个联合政府。

完全开放与完全自由

有人说，两党制与开放社会的观念是不相容的，因为开放社会是为新观念和多元的理念而开放的。回答此一问题，我的看法是，英美两国社会都对新观念开放。当然，完全开放将会导致自身失败，正如完全自由所造成的结果一样。另外，文化的开放性和政治的公开性是两件不同的事，而比政治论辩愈趋开放更为重要的是对于政治判断日（指投票——译者按）的适当态度。

吴琼恩节译自伦敦《经济学人杂志》，《联合报》，1988年4月28日

怎样做一个有创造力的管理人员

- 人是自己思维方式的囚徒，也是他自己定型反应的囚徒。
- 过去行之有效而成功的管理实务，现在再也行不通了。
- 科学发现带来新的思维方式，挑战我们放弃过去所珍惜的信念。

社会变迁可能威胁我们既有的认同。个人的变动也可能影响我们的价值，引发人们质疑何者为足以及何者才是真正重要的。

——引自彼特·罗素与罗杰·伊文斯合著的《有创造力的经理人》，1992 年

面对即将来临的 21 世纪，科技的进步似乎给人类带来控御自然环境与人文社会的信心。同时，人类社会的变化愈来愈复杂，尤其是后冷战时代来临，新的政治秩序在重组过程中，人类益加迷惘，带来更多更大的不确定性，科技知识的进步显得益发渺小，使人类难以控御他们所面对的环境。

在这样复杂、悖论、多变的时代环境中，我们既有的信念、知识和管理方法面临了严峻的考验。今天的形势，大至国家大事，中至组织内的事务，小至个人生活上的琐事，无时无刻都需要当事人发挥有创造力的管理才能，否则他必然成为一名失败者，或在不断挫折中成为一位充满“无力感”的人。

过去的管理理论往往认为管理才能必须包括一些特定的技能，现在

最新的看法则认为管理才能并不在于某些特定的技能，管理人员的态度、价值和思维倾向才是最具关键性的特质。换言之，管理才能不是技术层面的问题，而是管理哲学的问题。美国著名组织理论家加雷斯·摩根（Gareth Morgan）在其名著《驾驭变迁的波浪：发展变动世界中的管理才能》中指出："过去，管理能力与某些特定的技能结合在一起，现在其所指涉者不止这些，而是渐渐地有赖于态度、价值与思维倾向的发展，使管理人员能面对、理解并因应组织内外诸因素的变化。"

摩根这段话的意思，即过去管理人员的特定技能乃为应付某些特定问题而有的，这些特定技能只有在大致上比较稳定的环境中才有效。一旦环境快速变动，各种特定问题彼此牵连，因而很难孤立起来个别解决时，则解决微观问题的特别技能将无济于事，或者将治丝益棼，剪不断，理还乱。此时则需要管理人员发挥宏观的见解，了解"整体大于部分之和"的道理，先把握其整体特征，再来从事微观问题的解决。宏观特征的把握，不光是理性分析的过程，更是"理性与直观""逻辑分析与辩证思考"的综合创造，这就需要培养哲学思辨能力。

组织中的每一个人都是面对许多"确定与不确定因素"的管理人员，层级愈高的人，面对不确定因素的概率愈大，因而也愈需要从巨集观面把握问题的"整体特征"，不能光从局部观点来分析整体特征。比方说，我们说某人眼睛、鼻子、耳朵等局部特征长得很漂亮，但这些局部特征搭配起来，可能变成很不漂亮了。此即中医方法论所谓"全观性的途径"，先从整体特征把握问题的本质，再谈局部的分析。

能宏观把握问题本质的人，才有资格成为一位有创造能力的管理人员。他不仅注意局部问题，更能将这些局部问题放在整体架构上来观察或思考它的意义本质。这种思维方式引导人们在巨集观与微观层面上来来回回地从事多面向的思考，从而找出新的观点，突发新的意义，最终打开一条解决问题的新出路。

组织中的基层行政人员，也需要发挥宏观面的创造能力，理解到他所面对的局部问题在整体组织甚至整个国家或人类世界中的意义，如此才能处理好他的小问题。比如说生态保育问题、犀牛角问题、缺水缺电问题等，这些问题早已超越微观技术层面，而关乎宏观上的生态特征。不理解宏观上的整体特征或其哲学意涵，则难以有效解决眼前的小问题。

基层行政人员今后再也不能“奉命行事”，被动地执行法条，他应知道法规只是为了解决问题所立下的一般性规定。这为解决问题带来实际方便，但没有道德上的必然性，当运用法规处理个案时，必然时时遇到法规的不足之处，在此一般性规定和特殊性个案之间遵循适法的精神，又不违背人文精神，则需要发挥创造力，从这里可见法规不能成为拘束或控制人员行为的工具，人员对法规的理解或诠释，均与其背后的世界观、价值观和人生观息息相关，难以保障“价值中立”。所以与其要行政人员“价值中立”，不如强调行政人员应有“正确的价值观念”，如此才能真正发挥人员的自主性，有了自主性，人员才有可能发挥他的创造力。

有创造力的管理人员，其眼光不仅是现实的，更具备历史性和前瞻性。第一流的人才是有御变能力的，对即将来临的迹象很敏感，因而预作防患。所谓“居安思危”的“忧患意识”（不是“危机意识”）即是第一流人才或有创造力的人所具有的心态价值。第二流人才则仅具有应变的能力，变迁来了，他才明白觉悟。他事先无前瞻御变的能力，也无历史意识，不能从过去演变的过程看到未来可能演变的轨迹，只能等待事变来了再采取措施，因而往往措手不及。不过，第二流人才尚知因应，最差的是第三流人才，即“骂变”。时代变化已走在前头，他还迷迷糊糊不知怎么一回事，反而以其旧有的信念“怨天尤人”，怪人不了解他，久而久之，自己愈形孤立而成为“遗世独立，不食人间烟火”的人了。

一般说来，能御变的人少之又少，大部分的人都是因变或骂变的人。能御变的人即为有创造力的人，不受既成的观念或价值所拘束，敢于创新，能看出未来的可能性，这类人也因而常常不为世俗人所理解，甚至遭人侮辱杀害，哥白尼的悲剧即是一例。所以，有创新能力的人，还要有不与现状妥协的毅力，这样他的创造能力才不会受到严重压抑，庄子所谓“心若死灰”就是指丧失创造能力而无所作为的人，不幸的是，今天的行政组织，在层级节制的组织结构下，创新精神得不到鼓励，反而是服从性高的人可以按部就班爬上高位。这样的行政组织使人员难以因应复杂多变的环境。

21 世纪的组织应是学习型的组织，人员应在工作中不断学习，而且要终生学习。在学习过程中，必须建立良好的学习环境，养成“实事求是”的精神，不以“长官意志”定是非对错，不以私情小惠或利害得失决定大是大非，这也是约翰·奈斯比特在《公司重组》这本书中谈判的，他强调在新的资讯社会人人都要“学习如何思考”“学习如何学习”“学习如何创造”。由此可见，层级组织结构在因应未来社会变迁中有其制度上的局限性。

最后，培养创造能力，必须在重重矛盾或悖论中训练“两者皆可”的思维方式，走出新的途径。它需要的就不只是传统教育所强调的片面的逻辑分析或理性思考而已，还有直观能力、美学态度、形上哲学的训练等，它们都是激发创造力必备的学养。

《铨叙与公保月刊》第 4 卷第 2 期，1991 年 7 月

文明的冲突与世界秩序的重建：亨廷顿去世及其文化意义的诠释

亨廷顿的去世因缘

哈佛大学网站2008年12月27日宣布，美国极有影响力的政治学家、《文明的冲突与世界秩序的重建》一书的作者、哈佛大学教授亨廷顿已于24日去世，享年81岁。

亨廷顿在哈佛大学任教58年，2007年退休。他著作等身，自撰、合著与编著共17本书，大部分有关于美国政府、民主化、军民关系和政治发展。20世纪90年代初期，冷战结束后，为建立美国外交政策的基础与方向，并作为理解世界的依据，亨廷顿1993年在《外文事务》夏季号发表《文明的冲突》一文，强调冷战后世界的暴力冲突将来自于文化和宗教的差异，而非国家间的意识形态冲突。此文后来发展成为1996年的大作《文明的冲突与世界秩序的重建》，并在美国2001年的“911”事件中得到初步验证。后来布什政府入侵伊拉克，收买埃及，压服约旦；2008年底以色列袭击加沙地带，“阿拉伯联盟”向联合国提出要求，请以色列停止轰炸行动，而美英两国竟予否决。

论者或谓美国有犹太裔选民政治利益团体的压力，却很难解释英国的行动原因。除了美英两国共同的文化因素的作用外，似乎没有更好的理由了。益见亨廷顿所谓盎格鲁—撒克逊的基督文化与伊斯兰文化的冲突，自十字军东征以来从未消融弭平。亨廷顿说得对：“我的论点是，文化认同、敌对与联系，在国与国关系中不仅扮演角色，而且是重要角色。”2007 年他在《伊斯兰杂志》上回应中东学者爱德华·萨义德有关推销“西方对抗其他地方”的理念。

其实，亨廷顿的观点并非像一般论者所言，西方要向其他地方搞对抗或采取冲突的谋略，而是基于反省西方文明盛世。自工业革命以来，世界上有两百多年的霸权主义，先是英国后为美国。资产阶级在国内虽然创造了所谓资本主义的文明，但也因此剥削大自然的生态环境，并造成社会经济的严重不平等。国内压榨不足，又以自己的宗教信仰即“基督教文化”理念作为行动的正当性，忽视各国的文化差异，而无警觉地预设自己的文化信念具有普遍性，或自视“真理的化身”，横扫世界，自以为拯救世人，实际上却欺人太甚，自讨苦吃。自 1840 年英国发动侵略中国的鸦片战争开始，到走西方霸权主义并自以为是在救亚洲人民的日本两次侵略中国，再到美国一位任职于一家国际顾问公司的首席经济学家约翰·珀金斯（John Perkins）的告白，即撰写《一位经济杀手的良知》一书，吾人才明白所谓资本主义式的民主，其根源不过是“贪得无厌”四字而已。如今这一套制度“吃人已够”，走入穷巷，难以为继，已然失去正当性。亨廷顿不是要西方文明再去对抗其他文明，而是想方设法要保卫西方文明，拖延西方文明衰退的进程。这种自保的心态，才是亨廷顿的用心，也说明他尚有知识分子的良知，肯面对西方文明逐渐走下坡的事实。只不过他只提出自保西方文明的外交策略，并未具备反思西方文明的根本预设，自然也是西方文明的本位主义，未能宏观全人类共生共存之道。

资本主义的危机根源

作者先从珀金斯（Perkins）的一段话开始，再引述亨廷顿对西方文化的自白。珀金斯在1982年开始撰写《一位经济杀手的良知》时说了如下一段话：

> 经济杀手（EHM）是一群领高薪的专业人士，专门向全球各国诈骗数以兆计的钱财。他们透过世界银行、美国国际开发署（USAID）及其他国际“援助”组织，将钱汇入大企业的金库，或少数掌握地球天然资源的家族口袋。他们的手段包括不实的经济报告、操弄选举、以回扣收买、勒索、性，甚至谋杀。他们玩弄的把戏就和帝国的历史一样古老，然而在全球化的时代，这把戏已进入另一种更新、更骇人听闻的规模。我知道，因为我就是一名经济杀手。

这种杀人不见血的经济杀手，比船坚炮利的军事侵略和政治压榨的殖民统治更为可怕，可谓置人于死地，还不知凶手是谁。这是西方文明崛起后四百年来逐步发展到今天而出现的登峰造极的表现，是所谓的“金融海啸”的根本原因。难怪美国新任总统奥巴马要呼吁美国人结束“怎样都行”那种不负责任的态度，开启“负责任的时代”。

文明冲突论的精要论点

西方文明四百年来崛起的顺序是这样的：葡萄牙、西班牙、荷兰、法国、英国，最后是当代的美国。西方的崛起主要是靠科技的力量，其背后自有一股形而上的精神，例如相信上帝创造世界是有规律可以寻找的和人定胜天的务实精神等基督新教的精神动力。不过当他们把眼光从天上的上帝转向地上的物质欲望之追求时，“技术理性”逐渐膨胀并取代“目的理性”，西方自以为是地认定自己的文化信念具有普遍性，要替天行道，于是乎枪炮随着基督文化的前导。明明是欺侮伊斯兰文化和儒家文化，却把后两者硬说成“白种人的负担”，声称要解放落后的民族。亨廷顿指出这四百年的西方文明是强势的、霸道的。以下各点，均出自《文明的冲突与世界秩序的重建》一书中，条列如下：

（一）以力服人，非心服也

亨廷顿说：“西方赢得世界并非因为思想或价值或宗教胜人一筹，因为其他文明国家因之归顺者少之又少，而是靠其在运用组织暴力上的优势。西方人经常忘了这个事实，但非西方人无时或忘。”岂止西方人忘了这个事实，亨廷顿也搞错了一点，那些没有丰富的历史意识，穷得只剩下西方社会科学那一点点苍白的“经验理论”的人，都只见表面的经验现象，而无知于深层的历史流动的轨迹，更对于滋养他们成名的民族血泪无动于衷，以为西方的概念或理论具有普遍性，夸夸其谈，以之为楷模。西方人的文化潜意识诚如英国史家汤因比所说，是一种“自我中心幻觉”，以为世界绕着它转，并有一个“不变的东方”，或如金观涛所谓的“超稳定结构”。这只表现了西方文明“偏狭傲慢”的“西方史观”，忽略了“文明的多样性”，看不见或体会不到其他文明或有其高明价值的所在。

（二）西方文明价值的普世论，是一种脱离文化背景的语言

亨廷顿醒悟到倡谈西方价值的普世论根本就是一种帝国主义，他说：

“帝国主义是普世论必然的逻辑结果。”又说：“西方所谓的普世论，对其他地方而言是帝国主义。”这种空谷足音的良知之言，岂是东方国家一些浅薄思想家所能理解的他们只见民主、人权、法治或个人主义、自由主义、市场经济的普遍价值，却不见其局限性，自然无法理解东方思想那种高明的“默会知识”的真实普遍性可比的。

（三）保卫西方文明的独特性，而非普遍性

亨廷顿说：“西方文明之所以珍贵，并非因为它很普及，而是因为它很独特。因此，西方领袖主要的责任不在试图依西方的意象重塑其他文明，这已经不是其正在没落的力量所能为，而在保存、保护和重建西方文明独树一帜的特性。由于美利坚合众国是西方最强势的国家，责任自然大部分落在它的头上。”亨廷顿这一段话让台湾长期以来以美国为师，尊奉亨廷顿为大师之徒应感惭愧。但是，作为人类历史上最长久、生命力最持久的中国文化，其核心精神是什么？恐怕不是亨廷顿所能知，更非那些拥有美国博士头衔者所能知，因为这个时代大师已死，新的大师尚未诞生，黄钟毁弃，瓦釜雷鸣。

（四）全球化后文化差异更加重要

亨廷顿认为，中国的内战实际上是西方文明价值的战争。资本主义和社会主义的信仰者，都认为自己所信仰的理念具有普遍的真理性，欲以此强使他人接受，纷争自然难以止息。事实上，当现代国家的未来理想追求失去凝聚力的时候，民族传统的差异性自然突出，此所以全球化后，意识形态消失，文化差异反而突显，因而民族主义仍有其庞大的吸引力。德国哲学家伽达玛说得好：“我不信‘全球化’这名词。我认为任

何界限消失之后总会有新的界限产生，这是一种无法阻挡的现象，我也希望没人可阻挡这种现象。事实上，人类只能透过界限来了解自己……”（引自 1999 年 12 月 27 日《联合报》记者专访）这就是冷战结束后，民族主义在全球化浪潮中仍然不会消退的原因。

结语：实用主义思想的超越

根据以上四点，可知亨廷顿早已警觉到西方文化在逐渐衰退中，也承认西方文明价值并无真正的普遍性。亨廷顿心心念念者仍在如何保卫西方文明价值的独特性而非普遍性，这对读者产生了两点启示：(1) 亨廷顿这种自保心态，对美国来说，是一种爱国主义，但对人类来说，仍是一种偏狭傲慢的自我中心，并未从世界公民角度思考全球人类共生共存之道；(2) 亨廷顿的思想充分显现美国式的实用主义思维，“打不赢，就入伙”，这种实用主义或能一时取巧，终非立国建国的康庄大道。中国的历史文化精神早已说明这一点，美国当前的经济危机也再度证明这一点。

《海峡评论》第 218 期，2009 年 2 月

第四部

其他重要论著

孔子思想是当代西方文明向上提升的发展方向

各位先进：

今天我在这里做这个演讲，说实在，很不敢当。因为南老师的冥诞，我有责任和义务把跟南老师三十多年的学习心得在这里跟各位报告。因为我长期以来从事学术工作，难免有一点掉书袋子，请各位原谅。

反对科学主义，不反对科学方法

我一直从科学哲学的角度来研究学问，我认为科学并不是在追求真理，顶多是追求接近真理。所以我们要运用科学的方法，但是不可以把科学过度膨胀，如果那样的话，那就是科学主义。我们反对科学主义，不反对科学方法，这里面有很深的学术的思想，必须要跟各位报告。但是，我个人的学问有限、思想有限、经验有限，如果我有些批评、批判的地方，有不对的地方，请各位原谅，都是学术上的观点。为什么这样讲呢？世界知名的科学哲学家卡尔·波普尔讲过一句话："科学不是在追求真理，顶多是追求接近真理。一个科学的命题，百分之百正确的命题是重言反复。"重言反复就是废话。这一张桌子就是桌子，百分之百正确，这个就不是科学命题，这是废话。所以一个科学的命题，必须要有可错性，可证为误性，可以证明它是错的。你消除了错误，使这个科学的命题逐渐接近真理。

这三四百年来，科学在往前发展，但都只是接近真理。牛顿去世的时候，英国人很得意啊，他们说："伟大的牛顿，你发现了宇宙的真理。"现在不能这样讲，牛顿当然是了不起，但是到了20世纪，他的科学观、世界观完全被爱因斯坦取代。牛顿运动三大定律，到今天还是有用的，只不过它的应用范围是有限的。宇宙那么大，你好意思说它就是真理吗？

当代物理学世界观与中国儒释道思想相通

爱因斯坦起来以后，他转变了世界观，在学术上的名词叫作"Paradigm"，大陆译作"范式"，台湾译作"典范"，意思都一样。这就是说，我们观察世界的方式已经转变了。刚刚周瑞金先生提到了朱清时校长的科学观点，我非常高兴、非常赞叹。还有杨振宁先生也讲到当代的科学的观点，跟我们这个佛法已经很接近了。杨振宁先生可能没有研究佛经，以南老师的话，他讲的应该是佛法，我们不讲佛学，讲佛法。

那么这个世界观怎么转变呢？爱因斯坦的"相对论"取代了牛顿的"时空决定论"。20世纪20年代，量子理论的心物一元论取代了牛顿的科学典范的唯物论，我们从这个"典范"的观点看得很清楚。马克思是19世纪的人，他的唯物论就是牛顿的典范之下的产物。1977年诺贝尔化学奖得主普里高津，他好像来过中国，他的混沌理论的非线性思考，就是曲线的思考方式，老庄、道家的思考方式则与西方人的直线的思考方式相反。普里高津在1984年出了一本书，叫作《混沌中的秩序》，里面有一句话："越是当代物理学的世界观，越是跟中国传统儒释道思想是相通的。"然后他又引用了《庄子·天下篇》的一段话，说他的混沌的思想跟中国的道家，尤其是庄子的思想是相通的，这是他1984年在《混沌中的秩序》中写的。所以20世纪人类的世界观已经在转变了。转变得怎么样啊？越是当代物理学的世界观，越是跟中国传统儒释道的思想相通，这个话不是说我们在这里自抬身价，说我们中国人怎么了不起。不是，这种讲话在西方国家已经多得不得了。其实我接近南老师那么久，他老早就讲了。但是我到国外念书的时候，才慢慢体会到这个。这是让我们中国人慢慢地对自己的文化有信心。

大家都知道，1949 年我们中国人站起来了，这是中国的民族主义刚刚开始。你看那个开国大典阅兵，几支破枪，世界各国的武器都有，那个服装、装备也不行，但是已经不简单啦。中国百年受到帝国主义的侵略，我们多悲惨，好不容易这样起来。但是，还不行。**中国的未来，一定要两条腿站起来，一条是中国的民族主义，一条是中国的文化主义。**我们一开始受到了很多的灾难，五四运动又打倒孔家店，我们这个民族对自己的文化一点信心都没有，这是非常可惜的事情。当然中国连年的战乱，20 世纪初这些学术思想的变化，大家逃难都来不及了，哪有闲情逸致知道那么多国外的学术思想的变化。等我们国家慢慢强盛起来，经济也富起来了，我们知道了学术的行情，就不难提高我们对自己文化的信心。所以现在，我觉得习总书记要全面恢复国学，这个就是我们国家强盛的开始，是中国的民族主义跟中国的文化主义两条腿要一起站起来的时候。所以这个时候，我们也更知道南老师的苦心。

我们跟着南老师，他有些话，我们年轻的时候听不懂，事后慢慢研究。哎呀，我在美国念了那么多书，回来一看、一翻，很多南老师都讲过的，我年轻的时候不晓得重视。我们自己也有毛病，非得要到美国绕一圈，才看到南老师了不起啊。比方说，南老师在《老子他说》老早就讲过："丁卯年（1987 年）以后，我们的民族气运与国运，正好开始回转走向康熙、乾隆那样的盛世，而且可以持续两三百年之久。"你不信，去查《老子他说》。后来我才发现，我早就看到了，怎么没有注意到这一点？

这是了不起的地方，南老师是了不起的先知啊。我不是在替南老师吹哦，要替他吹牛也要有点学术基础啊，不能乱吹牛。

当代物理学的世界观，现在越看越是跟中国传统儒释道的思想相通。通在哪里？通在时空相对论、心物一元论、非线性的思考。非线性的思考又是曲线的思考。西方人过去受牛顿的物理学观念的影响，认为做好事固然有好的结果，好事做得越多结果越好，这是你们外国人的想法。我们中国人不是这样，中国人是曲线的思考，好事固然要做，做到某一个转折点，你要注意，要拐弯哦，好事变坏事。你看有没有？生活上，我们常常去人家家里做客，乡下的老太太非常热心，拼命夹菜给你吃，她绝对是好意。但是她好事做得太多了，使你吃不下饭。你那个筷子有没有口水？干不干净？是不是这样？这个好坏是相对的嘛，对不对？你现在做好事也要替对方着想，你没有替对方着想，只是自己一厢情愿，自己认为是好事，拼命做，有时候人家讨厌。像我在台湾，最讨厌一种佛教徒，一下子"阿弥陀佛"，一下子"佛菩萨"，我说这种人不晓得是什么人。有一次听南老师聊天，他说，这种人叫"佛油子"。南老师很有趣啊，他有时候聊天，会谈到正式场合不会讲的东西，他说的"佛油子"就是佛的教条主义者。

普遍论必然走向帝国主义

讲到这个教条主义者，不得不说 1996 年美国哈佛大学亨廷顿教授写的《文明的冲突与世界秩序的重建》。我看好多人大概翻了几页就写评论了，现在要卖稿费嘛。大家都写他是儒家跟伊斯兰教联合起来要跟西方的基督教文化斗争。没有啊，不是这样啦。他是分析问题，不是代表他的主张。我现在可以证明，这本书从第一页到最后一页，英文版我都看完了，后来我又看繁体中文版，他最精彩的就是他的结论。我背给诸位听，你就知道亨廷顿没有说要主张文明斗争，他还是很内行、很谦虚的。他说："帝国主义就是讲普遍论必然的、逻辑的结果。"过去，美国人说，亚洲落后的国家要现代化，一定要学美国的两党制、市场经济，好的坏的通通要学。

你们都知道台湾有个李敖，20世纪60年代的时候，他主张全盘西化论，幼稚啊。我去过李敖的家，有一点交情。他哗众取宠，文笔非常好，但是讲这种话没有料啊。他现在不敢讲，为什么不敢讲了？中国要崛起了嘛。全盘西化论，开玩笑啊。那不就是亨廷顿讲的帝国主义啊？亚洲落后国家，全部都要学美国的市场经济、两党制，什么都要学，那还得了啊。这是亨廷顿讲的，你看，他很谦虚啊。他又讲了一句，更谦虚。他说，保护西方文明，不是因为西方文明的价值有普遍性，而是它有特殊性。了不起吧？他没有说他西方文明的价值有普遍性。也就是说，我们保护西双版纳的文明价值，不是因为西双版纳的文明价值有普遍性，而是它有独特性。

人家啊，做学问还是有反省，还是有他谦虚的一面。做学问的人，不管他怎么样，哈佛大学，不管学术怎么样，至少懂得学术的规范，很严肃，不能随便卖狗皮膏药。这样写写文章，全盘西化论，这样吹牛是不行的，你这样没办法在哈佛大学立足的。所以保护西方文明不是因为西方文明的价值有普遍性，而是它有特殊性。所以我们自己要反省了，你跟西方人学东西，老是追着他尾巴走干什么。但是亨廷顿没有跟我们南老师学啊，他讲那个普遍性，是指外在文化现象的普遍性，当然市场经济、政党、政治等，那个都是外在的东西嘛。

君子有三畏

真正有一个普遍性的，就是我们人的内心，对不对？我们这个仁心、爱心、佛心，刚刚讲的这个佛心，这个是不分种族，不分黑人白人黄种人，这个才是真的有普遍性。所以孔子了不起的地方在哪里呢？当时古代夏朝商朝，只有国君皇帝才有资格祭天，老百姓不可以祭天的。但是孔子了不起，他是第一个在天人之际，从他开始打破了这个传统观点。原来只有国君才可以有资格祭天，从孔子开始，祭天可以有个人来祭天，不一定专属国君。

所以，《论语》讲："君子有三畏，畏天命，畏大人，畏圣人之言。"畏天命，这个宇宙的大生命，我们还有很多都不知道啊，你科学好意思说你追求了什么真理呢？科学的理论之所以成为科学理论，要有可错性，随时要接受推翻、改正错误的，所以科学的方法就是批判的方法，批判错误，接近真理，使它更接近真理。不是吗？我们现在科学理论日新月异，一直在修正过去的错误，使我们更接近真理。所以牛顿，后人可以说他发现了宇宙的真理，这么样的大话可以这样讲下去吗？爱因斯坦讲了，宇宙除了物理的世界有规律可循，还有许许多多我们不知道的啊。

所以要抱着一颗虔诚的心、敬畏的心，面对这个宇宙的世界。在我们地球上，人类的经验现象之外，还有一个超越的世界，除了物理的有规则的世界之外，还有很多神秘的、我们不知道的超越的世界。这个叫作虔诚的宗教人。南老师是很务实的人，他不是一个教条主义者，你看他都不讲宗教。但是，虔诚的宗教精神是每一个人都要的。从台湾早期 20 世纪 60 年代民间的歌曲就知道社会的演变。台湾早期唱的歌都是很悲伤的哭调，很可怜的，那是历史形成的，没办法。日本统治了五十年，然后再来国民党的统治。我就事实讲，我不是批判国民党啊，不要误会。蒋经国去世以后，台湾经济有段时期很好。有钱哪，文化的底蕴不够，不懂得富而好礼，结果有了钱翘尾巴，得意呀，有所谓的"四小龙"之说。最近台湾的管中闵说四小龙已经过去了，今后不要讲啦。新加坡的GDP，人均GDP，是台湾的两倍了；韩国，参加G20世界经济会议，根本不把台湾放在眼里；香港啊，挂在巨龙的背上，飞起来根本看不到台湾。可是那个时候，台湾是四小龙之一，很得意啊，外汇存底世界第二，老实讲也不容易。所以那个时候，台湾流行歌曲有一首叫《做“总统”大家都有机会》，还有一首叫《向前行》，什么都不怕。我在台湾演讲就说：“什么都不怕是小人也！”孔子不是讲“畏天命”，还有三畏啊，什么叫君子？君子有三畏。你面对这个神秘、很多都搞不清楚的宇宙，你不怀着虔敬的心，你还什么都不怕？你想做流氓啊？第一个畏天命，这个就是宗教的精神。我们不是讲教条主义，不是搞宗教，南老师不搞宗教，但是这种虔敬的宗教精神是人人都需要的。这就是畏天命、畏大人。你什么都不怕，有学问的人你也不尊敬一下，这个都是问题，这个不太好。我们讲尊敬有德有学问的人，不是说官大了摆架子。

外重者内拙

南老师生前要我看《庄子》，要看百千万遍。我没有看百千万遍，我看了两遍，也是受用无穷。后来看了曾国藩，他也一再地告诫他的弟子，《庄子》要看十几遍，跟南老师的意思差不多。我再看的时候才懂，原来南老师在香港的时候，讲话有很多苦心。他举庄子的话说：“帝王之功，圣人之余事也。”南老师讲的话，我知道都有深意，这个话等于骂人哦，但是他骂得很温和啊，对不对？像孔子一样，孔子骂学生骂得很温和啊。孔子讲：“三年学，不至于谷，不易得也。”《论语》里讲，跟我做学问做了三年，不至于谷啊。稻谷的“谷”，引申为吃饭的东西，就是名利啊。

你们来跟我做学问，都是为名为利来学的，不是真正的求学，所以跟我做了学问三年，不至于为名为利的，这样的学生不容易看得到啊！这不是在骂学生吗？圣人讲话很温和，学生有时候被骂都不知道，那是可悲啊。

所以南老师就讲《庄子》“外重者内拙”，说的是一个人很重视外表。漂亮的小姐出个门，化妆化两个钟头再出去，你太重视外表了吧。你到了外地，一切要随地主之谊，还摆着你的威风，干什么？这个就是“外重者内拙”，重视外表的人的内心是很自卑的，没有信心。我在台湾碰到某某名人，他一天到晚跟我说，我最近也常看书，看什么什么书。我心里想，偶尔讲一两遍，或者有什么新书看也可以。可是他老讲这个，很自卑啊。你看书看什么老跟我讲干什么？我们教书的人，读书本来就是我的本分，那我要不要跟人家讲我一天到晚看书啊？都是假的。

所以这个时代，有很多假人。现在正在坐牢的陈水扁，常常喜欢说“拢是假的”（闽南语），没有几个真人。你不要以为人家不知道，你假人，我真人，我当然就知道你是怎么回事，所以“外重者内拙”。我在香港体会到南老师的苦心，他经常讲，很多人都没有注意，“帝王之功，圣人之余事也”。听到这句话，我悚然一惊啊。当时《庄子》我还没有看完，回去赶快查，当时是20世纪90年代初期。“帝王之功”，这个功业啊，最高的权力，人人都喜欢。对于修道的、有道的圣人来讲，是多余的事情。修道忙都忙不完了，你还一天到晚追求权力？当然我不是说权力不可以追求，而是说要淡泊权力的人才能够真正有效地运用权力。如果心心念念要追求权力，到时候位置给你拿到了，你就不会尊重道德、宗教、文化、艺术，是不是？

所以，我们讲为什么孔子的思想是当代西方文明向上提升的发展方向。西方的文明，讲来讲去，一开始天人对立，只想到保护自己。我的权利受损，法律要保护。你这样讲，也不是说不对，但是处处都是以自我为中心。你侵犯我的权利，我用法律来对付你，这样子走到极端，就会发生严重的问题。我举个台湾的例子。有一个小学四年级的学生，他爸爸叫他少看电视多用功，这个小学四年级的儿子是真宝贝啊，跟他爸爸吵起来了。两个人吵到派出所去协调，派出所协调了三个小时。警察就问这个小朋友："你要听你爸爸的话，少看一点电视。"小朋友说："政府又没有规定我们不能看电视，看电视是我的权利。""利害"那个"利"，不是"力量"那个"力"。权力英文是power，权利（right）是法律上保障你的人格权。你的人格权受到侵害，你可以依据法律来保护你自己，这是西方文化的发展，走向这个方向。

你看我们小学四年级的小朋友，他就懂得怎么样保护他的权利。他说，政府并没有限制我们看电视，这是我的权利。哦哟，这个小鬼也知道这个。更糟糕的是，两年前台湾大学毕业典礼是九点钟举行，有几个大学毕业生，不晓得是睡觉晚了还是怎么样，结果迟到了，九点多才到。典礼会场门就关起来了，也不过是暂时关一下。那几个学生在外面就大吼大叫："这个毕业典礼是我们的权利，你怎么把门关起来，不让我们进去？"这学生只想到自己，没有想到别人。为什么说没有想到别人？一个庄严的毕业典礼，两三分钟几个人进来，三五分钟又来几个人，你说这个典礼有没有庄严哪？当然要暂时关闭一下嘛。你这个学生只想到你自己。"毕业典礼是我们的权利，为什么要关门？"这样就跟人家吵架，完全没有考虑对方，只考虑到自己。这就是台湾今天吵吵闹闹的真正的文化思想的根源。

当然，过去很多大陆人欣赏台湾的文化根底，是不错，也有不错的地方，但是不要看到表面，不要看到宣传的地方。什么台湾最美的景观是人，但是台湾最丑陋的景观也是人啊。你们到台湾去看电视就晓得啦。这个名嘴是最丑陋的。三年前，台湾的《联合报》有一个职业声望调查，那个名嘴排名第几，你们知道吗？第十九名。第二十名是谁？妓女，应召女郎。最近《纽约时报》讲，台湾的媒体舆论乱七八糟，乱讲话。这名嘴啊，没有文化，胡说八道。这个我就不再讲了，再讲下去，等下有人误会我，说我来这里卖台啊。我只是说有这个现象，提醒大家注意，这个就是文化没有根底。所以台湾 1987 年戒严令解除以后，言论自由了，这个他律、外在的压力没有了。他律解除了，这个内律也没有了，内律就是自己对自己的行为后果负责。修养不行就放言高论。

我今天这样讲放言高论，不是我批评，前几天台湾报纸登了。《纽约时报》大牌的记者讲，台湾言论糟糕了，煽情，看着没有什么内容，看不到精彩的文章。这个就是文化不行哪。像孔子的思想里面，重视我们内在的修为，不是说只有他律，还要重视内在的纪律。他律不在的时候，我们自己要面对自己的良心。所以孔子的思想讲究慎独，当你独处的时候，自己面对自己一个人的时候，你不要乱来，这是修养的问题。这个了不起。你看美国现在，只要不违反法律，狗屁的事乱搞，你管不着，这样不好啊。

所以发展到现在这个程度，连亨廷顿都谦虚了，他说："西方的文明价值没有普遍性，只有独特性，保护西方文明的价值是因为它有独特性，不是因为普遍性。"他们慢慢地体会到东方的思想，尤其中国文化的可贵之处。这些可贵的地方，年轻人看到了吗？ 20 世纪 80 年代的年轻人满脑子只想到美国去，这个不行的。所以最近习近平很多做法，我很欣赏，比方说，大学考试，即所谓的"高考"，英文的比重下降。这个是对的。他没有排斥英文，试想一个人从幼稚园开始一天到晚叽叽呱呱地学英文，这个也不像话。你学英文可以，比重下降，要全面地恢复国学。我觉得就是要让中国的民族主义站起来，以后还要中国的文化主义。现在我们有这个信心了，中国人可以做到科技进步，登陆月球、航空母舰、导弹，你西方人会的我中国人都会。下一波，中国文化精彩的东西出来，你西方人要好好学。

最近台湾有一本新书，讲什么正念减压的书，很厚，说三十年来救了多少人，经典著作。我看了两章，我笑笑，这个都是抄中国人的东西，你看南老师的书更精彩嘛。当然，西方人的东西也有他的长处，他一步一步，逻辑很严谨，跟你讲得很清楚。中国人有时智慧太高，"平常心就是道"，这一句话，搞了半天，这里面好多没有讲清楚，还要慢慢地体会，是不是？"平常心就是道"，你当个高级官员又怎么样？你平常心对待就好了嘛，你不要要求这个、要求人家这样子对你，他自己就没有做到。所以中国人往往几句话，点一下，最后慢慢体会，中国人精彩的东西多了，像南老师那里，你跟他学你都学不完哪，三教九流的什么都有。学功夫啊，像南老师在台湾的时候，我记得信义路九楼，还有官员都来跟南老师学太极拳、打坐，很多哎。你没有两把刷子，那些官员跟你学？哪有二十八颗星等人来跟你学这个？他自己都是头，还跟南老师学？是不是？当然，你要是蒋经国，你心里做何感想？将来这些二十八颗星的将军，是听我蒋某人还是听南怀瑾的啊？所以南老师 1985 年非走不可，就是这个原因。

中国文化精神的优越性

刚刚周瑞金先生提到彼得·圣吉的《第五项修炼》，1992 年当时这本书一出来，我在政大教书当作教本。彼得·圣吉这本书，说实在的是不错，但是当你再看看中国的书，就只好笑笑。为什么？他说系统思考很好。物理学认为物理现象有一个“自我动”，有一个“生态动”。自我动，比方说我刚刚讲的台大的学生只想到自己，毕业典礼是我们的日子，你怎么不让我进去？这是自我动，但是你没有生态动。生态动就是超越自我中心，从大环境，整体来看。你不要自我中心，你要站在整体的环境中。今天是神圣的典礼，我这样子进进出出，打扰人家，我要替对方想，这就是生态动，整体来动。两个要达到均衡，阴阳平衡，这样就好了。这不是中国儒家思想吗？道家也是这样，佛家也是这样，怎么只想到自己，讲权利，讲了半天只有自我中心？彼得·圣吉讲系统思考，也是这个道理。

我们儒家没有吗？《大学》里讲：“所恶于左，毋以交于右。”你讨厌左边的人怎么对你，你不要拿来对付右边的。“所恶于右，毋以交于左。”“所恶于前，毋以先后。”一排队的时候，你讨厌前面的人不守秩序，你不要拿这个方式对付后面的人，对不对？我有一年从南昌坐飞机直飞台北，大家都在排队，大陆的同胞有五六个。人家告诉你，你们还是排队吧。你猜他们怎么讲？他们说：“哎，我们也不会挤在你们前面，你看，那个没有秩序，他们都不排队。”人家不排队，你就不排队啊？太不负责了吧？所以我们也只好笑笑，碰到这个没办法。所恶于后，毋以从前。”你讨厌以后来接你的位置的人对你不好，你就不要对卸任的人不礼貌。你是前任的科长，你移交的时候，你档案要交接清楚，交给后面的人好办事。所恶于上，毋以使下；所恶于下，毋以事上。”上面的人怎么对你，你不要拿来对付下面的人。下面的人，你也不要随便拿来对付长官。前后左右都要考虑到，这叫作契矩之道，又叫作六合之道。南老师《大学微言》里面讲得很清楚。请问这个不是系统思考，是什么？这个就是系统思考。《第五项修炼》的作者很了不起，他还举了一个例子，也让我增长见识。他说煮蛙的故事。这个青蛙，你把它丢到热水里面，它马上跳出来，本能的反应，动物性的本能。如果你把青蛙放到温水里面，底下温水加温，温度逐渐地升高，青蛙就会死掉。

其实《易经》早就讲清楚了。台湾有一个名人，我就不好意思讲他的名字了。20 世纪 90 年代，有一次，台湾国民党选举失败，县市长选举失败，那个时候正好煮蛙的故事在台湾流行起来。他当国民党的秘书长，就说，我们国民党要向青蛙学习，就讲了彼得·圣吉。我说幼稚啊，你还当国民党的秘书长？书都没有念通，你就乱讲话。为什么呢？是青蛙要向人类学习，学不来嘛。我说，你不信，我把你的手放在热水里面，青蛙会跳出来，你的手会不会跳出来？你也会啊，这是动物性的本能，有什么好学习的。青蛙会，你也会啊。但是，如果把小孩子放在温水里面，水加温，这个人会怎么想？温度差不多了，小朋友一看不行，他就会赶快跑掉，因为人才有忧患意识嘛。危机还没有来，我事先就想到要预作防范，这就是忧患意识。青蛙是没有忧患意识的，因为它不会思考，所以它最后被煮死了。所以，彼得·圣吉讲的系统思考，你看看儒家的书就有，道家佛家也有。这个忧患意识，《易经》里面也有讲到，“作易者其有忧患乎”，随处都有。你说我们的文化是不是比他高明？他看到我们的古书，他当然只有赞叹。你念懂了，只有赞叹。

亨廷顿觉悟了，慢慢也看出中国文化有它高明的地方，那你就不要那么狂妄啦，不要说你西方文明有普遍性，都要亚洲人现代化，什么都要学你美国的，没这回事。他们以前多狂妄啊，殖民统治亚洲的时候，他认为你们亚洲人落后啊，我们来帮你殖民统治，这是白种人的负担。你看这多狂妄的事。现在我们要有志气，**中国的民族主义站起来了，中国的文化主义也要站起来，要两条腿站起来，我们可以引导这个世界文明的发展。**

我们现在经济力量慢慢起来了，将来就是文化要起来。过去穷，现在突然间暴发户，难免稍微要得意一阵子，世界奢侈品，中国人消费量最大。大陆游客到台湾消费，买一大堆，太阳饼啊、凤梨酥啊，买好几箱运回去。现在难免有点狂热，出出气，过去穷，穷得太厉害，但是不能老停留在这个地步，不能这样，要有文化，要懂得责任。儒家的思想也讲责任，你看我们讲“为人君”，做国君的要怎么样？“止于仁”，就是你要有责任，要发挥你的仁性。“为人臣止于敬”，要尽忠职守。“为人子止于孝；为人父止于慈。”“与国人交”，跟同胞们交往，“止于信”。刚刚周瑞金先生讲，他们温州人做生意，再怎么灵巧，还是很有信用，这个就不错。这个“温州模式”要好好发扬，“止于信”。

超越实用主义

现在的市场经济是一个新局面，市场经济范围要扩大，也要讲究信用。美国有一个世界级的金融专家叫索罗斯，他就讲，市场经济渗透到不该渗透的领域，渗透到家庭，渗透到学校。为什么呢？就是太强调市场经济的交换价值。学生跟老师也没有什么尊师重道的心理，这个论文是你指导的，他过年过节给你送个茶叶，老师长老师短，论文一通过，不见了。他这个是交换，在这个交换价值之上，没有一个尊师重道的价值理性。价值理性就是你该怎么做就怎么做。“为人君止于仁；为人臣止于敬；为人父止于慈；为人子止于孝；与国人交止于信。”这是你该学的价值理性，永远都应该这么做，不是说交换一下就好了。从社会学上讲，父子之间，肤浅的层面也有交换的意义。比方说，我现在对儿女们教得好、尽责任，也是换取将来儿女对我们的孝顺，这个也是市场经济的观念。

但是，你要认识到，这个不只是交换，不是短期交换，还有长期的价值理性。你该这么做，永远这么做，这交换价值上面还有一个东西的。所以从市场经济再度讲，你的价格比较便宜，我跟你买了，交换一下，我们尽了公民的责任义务以及礼貌之外，其他也就不一定要认识。但是，你还是要做人，要坚持那个价值理性啊。做生意你要讲点礼貌啊，不要那么现实。上个月我到江西景德镇，是北京的全国台联安排的。后来我跟他们讲，景德镇的服务人员啊，不敢领教，进门就问："要什么？"我说我东西还没有看好，你就问我要什么，太没礼貌了。

我跟她们讲，你们两位小姐可不可以先学一学台湾？我不是说台湾了不起，台湾人很会做生意，"欢迎光临"这四个字你不会先讲啊？你怎么进来就问"要什么"？这就是文化，价值理性。她们的生意还做得不够，生意做得好，自然会欢迎光临。尽管她们的东西是假的，你管它真的还是假的，至少你听起来舒服一点。当然，文明的进程除了见客人要"欢迎光临"以外，以后慢慢还要货真价实，还要守信用，这要慢慢提高才可以。

所以同理可见，文明慢慢从实用的价值向上提升。像过去我们中国百年来的国难，要逃命，命都没有了，这叫逃难，当然难免要着重一些实用价值。但是，你看孔子儒家，要超越实用，不能那么短期地只讲实用，对不对？孔子讲："三年学，不至于谷，不易得也。"你们学习就好好学习，不要太现实，只是为了名利来学习。"吾不试，故艺。""试"就是考试的"试"，我做任何事情没有带着企图心，我该做什么就做什么，所以才会达到艺术的境界。我读书就是读书，不是说明天考试我才读书，没有一个企图心。我读书不为了考试分数，不为了名不为了利，我读书就该读书。这个道理通了就通了。再看打坐，打坐不是为了身体健康，你有实用的目的就不对了，你就做不好。你打坐就好好坐，自然就会身体健康，应该是这样，对不对？

所以，艺术的境界就是无所为而为，实用的境界就是有所为而为。打坐，你就打坐，不要为了身体健康。读书，你就好好读书，你读书好，你才有成就。人家认同你的学术成就，才给你诺贝尔奖，而不是说，你为了诺贝尔奖才好好做实验，不是这样，脑筋要转过来。我们要超越实用主义，很多的观念要转一转。比方说有人跟我讲，1956 年大陆实施简体字，当时那么多农民不识字，你当然要简化嘛。是，没有错，但是一时就好了，文明要向上提升。

为什么小学生不向大学生学习，而是大学生要向小学生学习呢？脑筋转一下就好了嘛。为什么老实用啊？你感冒了，医生给你开一个药，你吃吃看，你如果吃得好，这个是外部检验。但是真理的检验有两个，一个是外部检验，还有一个是内部检验。谁是内部检验？就是医生。医生是专家，他不要吃，他只是告诉你这个药是什么成分，你吃了保证好，这是专家讲的话，是内部检验。哪有说只有外部检验的？这个道理很简单。大陆不是没有人哦，大陆有学问的高手很多，但是声音没有出来。现在我们的中国是怎么样呢？过去讲实用，时代很苦，现在慢慢好起来啦，大家要开始提高我们的文化，我们的专业水准、专业的规范都要提升起来，所以要恢复儒释道的思想。

我们儒释道的思想起来，保证可以超越西方文明，而且西方文明应该向我们学习，我们可以当世界人类文化的领头羊。所以南老师高瞻远瞩啊，原来金温铁路是修一条路，能走的路。他最大的宏愿是修一条整个民族都能走得通的路，乃至于世界人类都走得通的路，这就是恢复中国传统文化，这就是习近平当前要强调全面恢复国学的道理。谢谢各位。

2014 年 3 月 2 日讲于上海恒南书院

从中国传统文化看现代文明重建

各位学界先进，各位朋友：

大家下午好，我是三年前从台湾的政治大学退休，后来到北京的中国政法大学当特聘教授，每一年在北京待两个半月的时间，给学生上课，刚刚我仔细地听了很多学界先进的报告，非常敬佩，都讲得非常好。不过，我来自台湾，有的时候我的看法也许跟大家稍稍有点不一样。我追随南老师也有三十年了，所以，我跟大家一样，非常敬佩南老师的思想，他可以说是当代社会文化未来变迁的开拓者和启蒙者。我之所以这么讲，是因为中国文化发展脉落使然。中国文化第一波是原生文化，以孔子为集大成；第二波文化是印度佛教东来以后，儒佛融会贯通，到了宋朝，文明发展，达到一个很高的文化水准的高度；第三波就是现在，西方文明来到中国以后，我们怎样把西方的东西融会贯通，创造第三波的文化盛世。南老师生前，我常常听他讲，我们中国的命运将有两三百年的好运。他的这个观点，大家可以看他的《老子他说》。他老人家就说了，1987 年以后，这边动动，那边动动。台湾这边动一动就轮到大陆那边动一动，两岸互动，慢慢就统一了，大概是这个意思。后来我到美国读书，受他老人家的启发，对我有很大帮助，所以我现在是根据最新学术发展的思想观念来谈这个问题。

2012 年 5 月美国国务院对于我们中国在美国设立的孔子学院，也不过对几个教师签证的鸡毛蒜皮问题有一些批评。后来我在台湾的《海峡评论》写了一篇文章，我们的《海峡评论》在北京的中南海也是有的，当然不太好写，我想了半天，题目为《孔子思想是西方文明向上提升的发展方向》，副题是《正告美国国务院必须保护中国孔子学院的理由》。文章的帽子很大，不这样我们是压不住美国的。我知道，美国中央情报局是看我们杂志的，我们欢迎他们看。这一篇文章我从什么地方谈起呢？1996 年美国纽约的百老汇上演了一部以蒙太奇手法结合古今中外的表演技术而轰动一时的歌舞，叫作《神舞》。这个《神舞》剧，一开始说的是现代都市人的生活非常忙碌，没几分钟手机响了，等一下又要赶回家，匆匆忙忙，人们感觉到很严重的疏离感，用舞蹈的形式表现出来。

在舞蹈的表演过程中，他们也找不出解决办法，只好向他们的祖灵祈求灵感。他们的祖灵也只不过是印第安文化，怎样向他们的祖灵祈求呢？现在的水脏得要死，空气糟糕得要死，人与人之间非常冷漠，而我们的祖灵——印第安文化，注重天人合一，人与人之间非常和谐，我们要向那种文化去追求，不像现在的文化，人与人之间是疏离的，天与人之间也是疏离的，才会造成今天的恶果。我看了感慨万千，这是印第安文化的主题没有错，但这个根本就是中国传统文化的东西。印第安文化跟中国文化，这些基本的预设都是一样的，但是印第安文化哪有什么经典记录下来，这些东西我们的老祖宗老早就写得清清楚楚。

可见，美国人也在寻找它的文化方向，它找的东西还不是中国老祖宗的东西吗？1995 年我看到一本书《知识创新的公司》，由两位日本人写的，一个是野中郁次郎，另一个是竹内光隆。这本书 1995 年出版以后，1996 年成为世界十大企业管理名著。本书第二章就写知识管理的方法论和知识论的基础。它说是根据日本哲学的天人合一、心物一元、身心一体、知行合一等预设，我觉得好笑。这个东西是中国的东西，你怎么说是日本的呢？这两个学者不知道是无知还是故意，我不晓得。日本人经常故意把什么好事都揽到自己身上，这种民族也不会有出息。这个不是我一个人在讲。李光耀讲过，美国是会逐渐衰弱下去，还没有那么快，日本就成为一个平庸的国家，欧洲就是衰萎了。

当然，李光耀没有讲得那么清楚。这一波，按照我们南老师讲的，当然是我们中国文化要起来。所以，这本名著，说根据日本哲学，实际上就是以中国哲学的预设，结合日本管理的实务，就创造了一个很新的知识管理理论，然后传到欧美国家去，成为 1996 年的一本世界管理名著，一直到现在还是经典著作。我讲的这个，我很感慨，我们中国几千年来，有那么高明的哲学的东西，结果被这两个日本学者拿去用。我们今后的社会科学的发展，要从自己哲学的高度预设出发，然后结合中国的管理经验，再创造出有高度的、有效的、有解释力的这样的一个社会科学理论，有其普遍性。然后再传给美国和欧洲人用，这样才是我们中国人的志气，不要都是美国人搞的那一套。

中国的政治学、行政学，1984 年才起步，是晚了点，也难怪刚开始要学人家、模仿人家，我们自己没有独立性，你要学美国，搞到最后公共管理、新公共管理到 21 世纪已经被批得一塌糊涂，已经落伍。20 世纪 80 年代，老美搞的顾客导向，台湾也跟着叫，这是不对的。公民是国家的主人，他怎么是顾客？顾客是等待服务的，公民是主人，对国家事务是有关怀、有责任感的。所以，现在公共管理过时了，现在流行的是公共服务。但是，不管美国流行什么，一定要根据中国传统哲学高明的预设——天人合一、心物一元、知行一体、身心不离，结合中国社会现状，开创新的理论，这样才能找出我们文化的出路。

我现在就想到一个问题了，中国孔孟之学这样的心性之学，在今天就落伍了吗？没有落伍，只要稍微看看 20 世纪 80 年代西方物理学科普刊物与书籍就可以知道，愈是当代物理学的世界观愈跟中国传统的儒、释、道思想是相通的。通在哪里？通在心物一元、知行合一与天人合一。20 世纪，物理学有三大理论：相对论、量子理论、混沌理论。1977 年的混沌理论代表人物普里高津，在我毕业的学校——美国奥斯汀德州大学任教，得过诺贝尔化学奖。他在 1984 年写的一本书《混沌中的秩序》（*Order out of Chaos*）中写道，新的世界观已经形成了。他说庄子的世界观和他的混沌理论是相通的，是走曲线的思考。所谓曲线思考，这在我们中国的老祖宗来讲是最拿手的，阴极盛则阳生，阳极盛则阴生，否极泰来，剥极必复。

西方人认为做一件好事，拼命做就有好的结果，好事做得愈多，将来好的结果就愈多，这在中国看来不是这样，不是直线思考，而是曲线的思考。好的事情做得多固然是好事情，但若没有考虑到别人和对方的处境，也没有考虑到生态环境，好事做到了一个极点，好事就变坏事了。《淮南子》有言："重为善，若重为恶，重则不轻易也。"重为善，就是不要轻易做一件好事，就如同我们不要轻易做一件坏事，这是道家的思想。坏事我们不要轻易去做，那好事为什么也不要轻易做呢？因为你做好事时，要考虑到对方是什么情境，看整个环境是什么情境，你再来决定事情的好坏，这是相对的。

比方说台湾有句话叫"鸡婆"，意思就是啰唆、爱管闲事。你到人家家中做客，乡下的老太太认为，你是从台北来的，又是高贵的客人，猪脚你吃吃看，蛋啊你也吃吃，一直夹菜给你。她绝对是好意，但是她轻易地做了一件好事，却使人家吃不下饭。她没有考虑到别人的处境，因为你认为好的事，别人未必认为是好的事。在美国，有的基督教徒，认为好事，为了博爱，一直叫人家做好事，是不是很令人讨厌？现在不是还有件令人讨厌的事吗？俄罗斯的普京在9月12日《纽约时报》，史无前例地写了一篇长文，批评美国民主的霸道，美国人就觉得受不了了，因为我美国是例外主义的。你美国很傲慢，什么都要例外了，你要打叙利亚，也得经过联合国的安理会，怎么就能例外呢？别人都要遵守国际法，你美国就可以例外？没有谦虚的心胸。美国是己所欲施于人，我认为这是好的，我就要加到你头上，这不是令人讨厌吗？那么，这就是说，它在文化上还没有反省到“重为善，若重为恶”的道理。你认为是好的，别人未必认为是好的。美国哈佛大学有一位著名教授，现在已经去世，叫萨缪尔·亨廷顿，1996年写了一本书，叫《文明的冲突与世界秩序的重建》。这本书出版以后，成为世界名著，好多人都写评论，多半都是翻几页就敢写评论，这就草率了点。他那本书是1996年下半年出版的，1997年1月我到美国去，跑了三家书店，才买到这本书。我回去以后仔细地看了，这本书最精彩的是它的结论，了不起。

结论有讲：什么叫帝国主义？帝国主义就是普遍论必然的逻辑的结果。亚洲过去都是落后的，你要现代化都要学我美国的，两党制、市场经济什么的都要学我们美国的。20世纪60年代，台湾有一个人，你们都认识的，叫作李敖。他提倡全盘西化论，但现在他不再讲了。从知识上来讲，全盘西化论是肤浅的。那个时候，两岸的中国人，文化还没有起来，我们的传统文化是很高明的，但是适合现代人的文化建设还没有真正起来。全盘西化论，无知啊，到了20世纪80年代，你们再看一些西方人，就知道了，愈是现代物理学的世界观，愈是跟中国传统文化的世界观相通。搞全盘西化论，他们既不懂西方的东西，也不懂中国的东西。我们中国人，真是可怜，在这种情况下，我是佩服南老师。南老师，他是孑然一身，顶住这个文化。

五四运动的时候，很多人批评孔老二，打倒孔家店，也只有梁漱溟在《东西文化及其哲学》这本书中，全力挺身保护中国文化，为孔子来讲话，这就了不起。你不一定要同意他那本书，他那本书是很年轻的时候写出来的，他是一位才气很高的人，但是这种学术精神就是了不起，站在学术立场挺得住。80 年代改革开放到现在，又要设立孔子学院，但是我要提醒大陆的朋友，我们都是站在同一条战线上，孔子思想不是你设几个孔子学院就好的，当然，孔子学院要设，绝不可以把孔子思想当作工具。如果那样就完蛋了，就搞不好了，你要了解他的高明思想在哪里。大概十多年前，在苏州，有一位领导，也是搞国学的，他找到我，来谈这个振兴国学的事。结果一来谈了，我非常失望，尽是派一些搞考据的人来，没有一个搞思想的。你连西方的思想什么问题都看不出来，中国现在的问题也看不出来，找他们来不管用。我不是说考据不重要，但是，重要的是思想，是整体的思想观念，那你这样还复兴国学。

有的人批评南老师的《论语别裁》，说这个考据那里不对，这里不对。南老师是不会理你的，也不会反驳你，因为这个没意思，你要整体来看，整体来看才有意义嘛。以宏观的、整体的观点出发，然后决定你局部的意义才可以。就跟我们习近平主席，对台湾吴伯雄、苏起访问时讲了四点。习近平讲："以中华民族整体的利益来决定两岸关系"，多正面的讲话。我在这讲为什么南老师了不起，他就是从文化着手，现在中国需要恢复中国文化，这个不是老古董的东西，是最新的东西。我现在手头上拿着一本是 2005 年出版的《信念的力量》，这是美国最知名的生物学家布鲁斯·利普顿写的，它是新生物学给我们的启示。我念几句给大家听听，他说："控制我们身体和心灵的不是基因介导的荷尔蒙和神经质量，而是我们的信念在控制我们的身体和心灵，因此也控制我们的生活。啊！你这个伟大的信念。”还有一句：“新生物学，我们意识到有充分意识的心灵，既胜过遗传也胜过环境。”他说，不是基因决定我们的命运，而是我们人的信念。这本书不是三四流的书，而是一流的书，布鲁斯·利普顿还讲了：“对于那些针灸、推拿、理疗、祈祷等治疗方法，我们过去把这些实践嘲讽为江湖郎中的骗术，因为我们被一种老式的牛顿物理学信念牢牢拴住，能量场对控制我们的身体机能和健康有影响。”他讲了，不要看不起针灸、推拿、理疗，这个是牛顿物理学世界观，不是当代爱因斯坦的世界观。再讲一句：“宇宙就是一个不可见的动态整体，在其中，能量和物质紧紧纠缠，无法分离，不可能把它看成是独立的元素。”你不要唯心论、唯物论，把它看成是独立的元素，能量和物质是纠缠在一起的，这就是 20 世纪的量子物理学给我们的启示。

今天，大陆的学术自由开放，我才敢讲唯物论过时了。我 20 世纪 90 年代初来到北京，见到两位很有名的学者，就是 1979 年陪邓小平访问美国的那两位。一位已经去世了，原来在上海，一位是吴明瑜，七十几岁还在北京，他原来是中国科学院院长的秘书，学问也很好。我就跟他们提到这个问题，他们两个就立刻赞同，因为学术上的东西是就是，不是就不是，你能骗它嘛！

1997 年 7 月 4 日，我在广东东莞参加学术研讨会，他们给我二十分钟的演讲，我还是讲量子理论给我们最大的启示是心物一元。我讲完以后，大陆了不起的科学家钱伟长，跑来跟我握手，说：“吴教授，你这个讲得很正确。”大陆有很多人不了解，我不是批评啊，学学南老师笑笑。大陆不是要与时俱进吗？若要与时俱进，你就要跟新的学术跑。新生物学和物理学讲的，要不要接受“信念”啊？马克思的思想是了不起的，

19 世纪有它精彩的地方，他是欧洲最有学问的人，但是请问有几个人能看得懂《资本论》？你看它是不是直线思考？原始社会、奴隶社会、封建社会、社会主义社会，再到共产主义社会，直线的发展。20 世纪的科学、哲学思想家卡尔·波普尔，写了《历史主义的贫困》。他在书中说，我们人类的社会受到了科学技术进步的影响，科技的进步就改变了社会。哪里像你计划得那么好，一直直线发展呢？科学家的灵感是算不出来的，他有的时候晚上睡觉做个梦，有灵感了，马上赶到实验室去。要是成功了，就创造了新的东西，他怎么发展，你怎么知道？所以应该是非线性的发展，也就是要用曲线思考的方式来理解。

到了 1995 年，在北京学术界还在吵信资信社的问题，我说你们很无聊，思想都比不上邓小平。邓小平是从革命、从实务当中提炼出来的，改革开放要走社会主义市场经济，这有什么不可以？ 1971 年，美国政治哲学家约翰·罗尔斯，在他的《正义论》中讲过，从理论上讲，社会主义和市场经济的结合并非不可行。”一个是邓小平从实务上的体会，要走社会主义市场经济，前面加一个中国特色。照你们的语言来讲，“摸着石头过河，走走看”，有什么不可以的。既然是这样，到了 90 年代，进入知识经济时代，公有与私有的界线，不应以财产等有形的因素来充当划分的标准。知识经济时代，在生产过程中，无形的因素更加重要。什么叫无形的因素？你的学习能力、创新能力，你的品牌信用，这些不重要吗？那既然学习能力、创新能力、品牌信用这些因素重要，你怎么划分公有还是私有？已经很难划分了。所以，在这种情况下，你再吵公有与私有问题都是没有用的，浪费时间。

1995 年以后，北京的学术界慢慢就不去争论这些东西了。那么，回过头来，我们今天面临什么样的时代呢？在 19 世纪的后期，马克思理论面对资本主义初期、工业化的初期，最严重的是异化的问题，英文叫Alienation，也就是疏离感的问题。无产阶级、劳工、童工都很辛苦地在那工作，他也不是说对工作有兴趣，但是不得不做，因为为了生活，不去做就会饿肚子。青年马克思很同情这些无产阶级，到老年的时候，马克思认为光靠同情是没有用的，社会结构要转变，才有无产阶级革命斗争，这个东西才出来。但是现在，到20世纪后期，这个社会已经越来越复杂了，不能简单地划分无产阶级与资产阶级。知识经济时代是不能那么简单地划分，资产阶级和无产阶级之间还有很多新的社会阶层出现了，比如“创意阶级”。在美国，“创意阶级”越来越多，你要划分它是资产阶级还是无产阶级，它什么都不是。还有很多很多人处于两者之间，所以新时代要新的理论创造，这是我们当代人的一个责任，不要再搞那些理论口号，跟现实脱节。

20世纪20年代的量子理论是心物一元的，新生物学是超越达尔文的物竞天择。现在要讲合作，对不对？你不讲合作，如何竞争呢？你怎么建立你的社会资本？什么叫社会资本，是人与人之间的信任感，人民或公民对社会的信任感，人民对制度的信任感，人民对银行、保险公司和信任感，这个地方非常重要，建立这个信任感，这才是国家进步的特征。信任感没有建立起来，不能信任，很危险，做什么事情都事倍功半，累得要死。不论是消费者也好，还是各种机关团体，都累得要死。比方说，我在到银行去存钱，我在台湾办，十几分钟就好了，在北京要两个小时，气死我也。银行服务人员这个脑筋为什么那么懒惰，不动动？

我在美国念书的时候，我到银行去了，里面的职员我可以坐下来跟他谈，很快就解决了。如果柜台前面突然来了十几个顾客，原来柜台只有两个服务员，突然间后面的门打开，从后面进来七八个服务员，五六分钟全部解决。等顾客剩下一两个以后，这些服务人员又退到后面，柜台前面只剩下两个人继续工作。你看看人家的管理，脑筋多灵活啊，因为心目中有顾客。你没有替顾客着想啊！现在进步一点，先拿个号，排个队累得要死，你不会动动脑筋，怎样解决这个问题。因为他不在乎，以为你要有求于我，为什么？垄断啊，是不是？我是就事论事啊，台湾以前有一些银行也这样。后来为什么银行很客气呢？因为开放竞争了，你没有来，还拜托你来，说穿了，天下道理就是这样。我们的孔孟之学，说穿了就是要替人着想。孔子讲的这个“仁”，很多人就解释为“仁者爱人”，我说你不对，你会解释，我不会解释啊，你百分之百正确，但是，不对啊。

科学不是在追求真理，顶多是接近真理，科学要有科学的命题，要有可错性，就是可证为误性。科学的命题，不能说百分之百正确，百分之百正确的命题就是重言反复。就是废话。我现在说“这一张桌子就是桌子”，百分之百正确，但没有可错性，对不对？但是你就会骂我：“你神经病啊，桌子就是桌子，你怎么这样讲呢？”你说这是科学的理论，这个就是这个，百分之百正确，没有可错性，那叫作重言反复，一句话重复地讲，没有可错性，就不是科学的命题。我发现全世界都一样，不是说只有北京和上海，很多大腕讲话，你看他的讲辞，百分之百正确，没有可错性，那就是废话，所以绝不要把古今中外的大思想家当作绝对的真理信奉，这是很危险的。我讲的是科学哲学的观念，绝对经得起考验。

人类，在地球那么小的地方，得出了那么一点科学的理论，你也好意思说是真理。牛顿死的时候，英国人纪念牛顿，他们说，伟大的牛顿，你了不起啊，你发现了宇宙的真理，那个时候人们是这样看的。我现在当他们是在胡说，你敢这样讲？到了爱因斯坦出来，就改变了。爱因斯坦的典范（世界观）是“时空相对论”取代了牛顿的“时空绝对论”；“心物一元论”取代了牛顿的“唯物论”；“非线性的思考”取代了“直线的思考”。所以，人类的世界观转变了，解释外在世界的现象也变了，所以什么叫作客观的世界，没有客观是固定的。我刚看到朱清时3月份的演讲，我的看法跟他的一样，不过他有一句话没有讲出来，是“believing is seeing”，你有什么样的信念才看到什么样的事实，不是说你看到什么事实，你才相信它，不是这样。你看到的客观的事件实际上是你脑海中的信念投射出去的事件。那已经不是客观事件，所以说“believing is seeing”，你有什么样的信念就看到什么样的事实，要不要跟我打赌，我现在马上举例。两岸刚刚开放的时候，台湾比较有钱，大陆比较穷，现在大陆当然越来越有钱，那个时候大陆的报纸舆论宣传上难免有点酸溜溜的。

台湾那么有钱有几个原因：第一个，蒋介石将黄金、美钞从大陆带过去，唯物的吧；第二，你靠着朝鲜战争、越战的机遇才发了财；第三，美国保护，产品卖到美国去，给你关税优惠。统统是唯物论的观点，但是你却忽略掉一点，就是精神的因素。台湾当时的中小企业家勤劳刻苦，有的礼拜日还要加班。劳工听说加班，他高兴得不得了，因为加班有钱赚啊。这种勤劳刻苦就是精神的因素，能够克制自己的欲望，赚了钱不要乱花，累积一些资本再来创造、再来创新。

所以，台湾早期的发展，我不否认那些物质的因素，但是精神的因素更重要。没有这个精神的因素，不可能有台湾的经济发展，就好像我们小孩子出生在富裕的家庭，你就可以预测这小子将来就一定很有钱吗？如果他堕落，精神上没有上进心，最后说不定他变成乞丐，谁敢讲不可能呢？所以，台湾的几个大企业家，早期的王永庆，后来的郭台铭等等，都是经过一番非常艰苦的奋斗，才有后来经济的发展，这就是精神的意志力。这个跟大陆一样啊，两万五千里长征，拿几条破枪，那还不是精神的意志力才有后来的成就，是不是？这个精神意志力很重要，你有这个信心，有这个精神毅力，你就有坚韧的意志力。我受南老师思想的启发，他的书讲了，我懂了一个道理，中国历史上，你只要在政治上安定三十年，不要像“文革”那样自我折腾，三十年经济就起来了。

我们中国人勤劳、聪明、能干，一定行的。汉高祖刘邦取得天下以后，首先与民休息，后来是文景主治的怀柔思想，等到休息了一段时间以后，到了汉武帝接任，经济的基础有了，北伐匈奴。中国的北方最辛苦了，外患几乎都来自北方。唐代贞观之治，不到三十年就经济富裕了，就北伐突厥。一直到清朝康熙、雍正、乾隆，到 1820 年，鸦片战争前二十年，中国的 GDP 世界第一。这是有客观的数据为证。鸦片战争以后，大家都知道这一段惨痛的历史，然后到中华民国的成立，军阀割据，搞了半天终于在 1949 年全国统一。然后，头十年还不错，再接下来我们自我折腾，什么十五年超英赶美，现在终于赶过英国了，不是吹了，那个时候太急了点。

前不久，《参考消息》有一个获诺贝尔奖的经济学家讲十五年可以超过美国，有的说要二十年。不管怎样，我们有信心，会超过美国的，这一天或早或晚而已。只要政治安定，遵照指示，韬光养晦，绝不当头，埋头苦干就好了，那中国的经济一定起来。台湾也是，从 1949 年到 1979 年三十年奋斗，亚洲四小龙第一。为什么蒋经国死了以后，搞民主政治没有搞好，不成熟的民主政治，搞到最后斗来斗去。最近台湾还在斗，马英九和王金平两个人还在斗。这个不是两岸关系的路线斗争，而是法治跟礼治的斗争。他们俩就是礼治跟法治之争，其实两个是互补的嘛，并不冲突啊，你不要做得过头了。“重为善，若重为恶”，什么事情都不要做得过头，找到一个均衡点，中庸之道就行了。

反过来，我们为什么说南老师在现在第三波的中国文化发展中非常重要？第一波，我讲了，是我们的原生文化，以孔子为集大成；第二波是佛教东来以后，在宋朝达到最高点；第三波文化是西方文明来了以后。现在我们中国就应该走长治久安的政策，不要再走太过实用的方式。过去实用主义，我们可以理解，因为国家多灾多难，要逃难。日本人打来，再早点是欧洲人来欺负我们，要救亡图存，你不能唱高调，要逃了，要维持生存，那个都无可厚非。“文革”之后要改革开放，邓老爷子也急了，也是无可厚非，“黑猫、白猫，能抓到老鼠就是好猫”，这个都无可厚非。这样子，不到三十年，经济起来了。你看是不是？1999 年我们的 GDP 世界第七，2007 年广东省的 GDP 超过台湾，2010 年 GDP 世界第二，中国不到三十年不又起来了吗？但是，治理国家不是只有 GDP，邓小平是完成了他那个时代的历史的任务，下一个历史任务就是现代人，我们要做的就是文化建设。

两年前中共中央也提到了文化建设，但是文化建设不是几个人来唱唱歌，中国好声音，我没有反对的意思，听听也蛮好听的，但光是这样是不够的，你要抓住重点在哪里，现在我们在讲的重点，要怎么做？南老师生前一再地讲，现在这个时代相当于春秋战国时代，你怎么理解？在春秋晚期，孔子就说了：“三年学，不至于谷，不易得也。”说跟我来做学问，来学习，学了三年，不至于谷，谷就是稻谷的“谷”，引申为吃饭的东西，你来学习都是为了吃饭，为了名利来学习的，不为名利来学的不容易看到。换句话说，孔老夫子很温和，骂他的学生，你们来学都带着功利的目标来学的，这样当然学不好。得诺贝尔奖的人，没有人说我是要得诺贝尔奖而来学的，而是为了兴趣，为了提高自己的知识境界、学问的境界而来学，你有把你所学的东西当作有兴趣的东西，全神贯注地投入，你才会有成就，有了成就，我肯定你，才给你诺贝尔奖，是不是这样？应该这样解释。

学生如果为了明天考试才来学，当然学不好，你把学习当作工具、手段，当然不会有成就。孔子说，学而时习之，你学的东西要随时温习，要全神贯注地投入。换句话说，春秋战国晚期已经有很多人把学习当作工具，为了名利来学，当然学不好，你把学习这件事不当作本身就有目的价值，而是把它当作工具价值或者技术价值。《论语》还有一句："吾不试，故艺。"很短。试就是考试的试，就是企图要做什么，尝试要做什么，我做任何事情我就专心地做下去，没有任何的企图，没有任何的目标，我就好好地学就对了。打坐也不是为了身体健康，你就好好坐，为什么要把它当成手段与目的之间的关系呢？不为了什么目标，我就好好地学，没有任何企图心，没有任何名利心，所以才能达到艺术的境界。艺术的境界就是美学的境界，美学就是"无所为而为"，实用的态度是"有所为而为"，我们艺术、美学的态度无所为而为，这样才会全神贯注地投入。

我刚刚讲了，马克思初期面对的问题是无产阶级贫困的问题、异化的问题、疏离感的问题，20 世纪后期，资本主义后期或者说后资本主义都可以，最大的问题就是人的行为都转化为手段和目的之间的关系，就是技术理性或者是工具理性过度膨胀。讲话现在都没有真心了，都是带着一个目的，我为什么要讲好话，要讨好你，有企图心。你救一个人，你就好好地救他嘛，你为什么因这个小孩是郭台铭的儿子、孙子才救，把做一件好事当作手段或者工具，为了讨好这个小孩的爸爸或者祖父。你要做好事，变成了目的和手段之间的关系，这个已经不是真心的了。孟子讲了"乍见孺子将入于井"，看到一个小孩掉到井里去了，发自恻隐之心你就救他，这个才是心性的修养要达成的境界。你什么都化成手段和目的之间的关系，你就不是真心，不是真心搞久了，你就很难建立诚信，我刚刚讲的社会资本你就很难建立。社会资本建立不起来，你做生意，搞政治，社会治安都搞不起来，要花很多钱来维持，所以文化的建设是相当重要的，要看出这一点。有人说南老师是“亚圣”，他是直接孔孟，越过清朝，越过宋朝，直接孔孟的心性之学。

孟子讲了“恻隐之心，人皆有之”，梁漱溟讲什么叫作“仁”，不是那么简单的仁者爱人，敏锐的直觉就是仁，人与人之间的相处，你要有敏锐的直觉。大陆有一些作者在写书时第一次出现美国总统布什，在名字后不加括号，标注 George W.Bush。第一次标注了，以后第二次、第三次出现，人家就知道你这个 George W.Bush 就是布什总统。你为什么第一次出现时英文不附上去呢？你没有替读者设想，因为台湾不叫布什，叫布希。究竟这个布什是不是那个布希啊。第一次出现要附英文，你都不附，没有替人家设想。所以很多事情的出发点两者本来是息息相关的，作者跟读者息息相关，但你开始就站在自我中心为出发点，你没有站在读者的立场上去写书，这个叫作分裂性的思考。

我们中国的学问，儒家的学问，了不起就在这里，它不是分裂性的思考，你每个人与前后左右的关系，从小就教育，而且是直觉的，不要逻辑推理的。恻隐之心，人皆有之，恻隐之心，仁也；羞恶之心，义也；辞让之心，或者恭敬之心，礼也；是非之心，智也。“仁、义、礼、智”四个都是不学而能，不虑而知，自然有的，你只要把你心性的修养直接发挥出来，你就有。上午，我听南老师儿子南一鹏讲朱子治家格言。朱子治家格言从小就培养你直觉的能力，见到叔叔、伯伯，要问好，见到地上纸屑，脏了，你就自动整理一下，还要人家教你，还要逻辑推理吗？

你本来就应该这样做，你为什么没有这么做，是麻木不仁啊。麻木不仁就是没有直觉能力，心性之学首先就是要培养你的直觉的能力。我们跟着南老师几十年了，他可贵之处就是这点。你起心动念，他老人家一看就知道。

我半年前跟你讲过什么，他马上知道，这个就是直觉的能力，他做得到，我们每个人都做得到，问题是你有没有修炼。现在可以看出来，台湾也好，大陆也好，美国也好，人们从小都是逻辑推理训练太过了，结果培养出来的人学历越高越自私。自私在哪里？出发点一开始就没有替人设想，只想到自已。本来写本著作是好事，可你却只考虑到自己的逻辑推理，你没有想到读者，也许看到你的书累得要死，尤其是俄国的名字，一长串，你翻译出来让人头大得很，不晓得是谁，你为什么不替人家设想？我们人世间的生活不是说只有你一个人，你已出生，父母、兄弟、子女连在一块的，所以你要有系统的思考，不能只考虑到自己，还要考虑到别人。那个追随南老师的世界知名管理学家彼得·圣吉，在《第五项修炼》中强调系统思考，我们也很佩服，但是中国人看到这里惭愧、丢人啊，中国儒、释、道的思考怎么没有系统思考？你把《大学》拿出来念一念，六合之道，絜矩之道，“所恶于左，毋以交于右；所恶于右，毋以交于左，所恶于前，毋以先后，所恶于后，毋以从前，所恶于上，毋以使下，所恶于下，毋以事上”。前、后、左、右、上、下，这叫作六合之道，也叫作絜矩之道。

请问这个不是系统思考是什么？你还要彼得·圣吉来教育我们，还要他第五项修炼讲得那么多？钱都被他赚走了，我们丢脸不丢脸？十几年前，美国有两个著名的学者到台湾教大家打坐，台湾好多人疯狂地在那儿学。两个美国人有良心，他们说，你们不要跟我学，这是你们老祖宗的东西。你看他们多好，很谦虚，我们要惭愧！**作为一个中国人，不要对自己的文化没信心，没出息。**改革开放十年，窗户一打开，邓老爷子讲了："窗户打开了，难免有几只苍蝇要跑进来。"看美国那么有钱，乱了方寸了。你要有信心，对自己的文化没信心就乱搞了。

2008 年，美国发生了金融海啸，资本主义不行了。2008 年的诺贝尔经济学奖得主克鲁格曼就讲了一句话："2008 年金融海啸的账要算到 80 年代的里根总统。"因为他实行了供给面经济学，银行的利息下降，你们尽管投资，去发展，结果许多人不拿去投资生产建设，而是拿去华尔街投机赚钱，结果被华尔街的资本家骗死了。所以，南老师很早就指出美国这样搞是不行的，我们那个时候也没有深刻的体会，他老人家怎么那么厉害。事后才发现美国没有一个经济学家警告这个危情。但南老师提到了，可是他不是从经济学家角度来讲，他有他宏观的意识，他提到中国的盐铁论，看管子的经济学理论，自然有他的道理。现在经济学也不能全靠美国那一套，一定要在中国的文化基础上好好地研究出一套怎么治理我们国家的理论，对自己要有信心。

在我研究中西方文化比较来讲，二十年前写过一篇文章，我认为西方文明在走下坡路，但是没有那么快。后来亨廷顿的看法和我不谋而合，不会那么快下去，而是缓慢地下去，这是我的看法，也许有的学者不见得同意，那倒没关系。所以，美国人讲例外论，你思想理论背后的哲学预设就是天人分离，人与人之间分离，知行分离，只知道大脑理智的东西，不像日本人走行以求知，像我们邓老爷子，摸着石头过河，知识太复杂，我们实践了再说，从实践中我们体会未来该怎么走，边走边看，也是一个办法。你那一套，二元论、天人分离、知行分离、身心分离、心物分离，还能玩多久？玩不下去的，因为玩不下去才会有美国百老汇的《神舞》出现，大家祈求印第安老祖宗的神灵来解救。那是白搞的，印第安也没有经典留下来，应该向东方看齐。

20 世纪 70 年代，美国旧金山就有一个出版社专门出版向东方寻找灵感的书。人家在追求，那么看重我们的文化，我们自己没有信心吗？西方一流的物理学家、生物学家所讲的观念跟中国的儒、释、道思想是相通的，我们本来就应该有这个信心，但是我不讲一点西方一流学者讲的话，我是担心大家没有信心，以为我们自吹自擂，不是自吹自擂，这是学术的理论。时间差不多了，我最后再讲一点。最近，杨振宁，他的学问大家没话讲了吧，物理学的诺贝尔奖得主，他说“佛教与哲学是彻底相融的”，还有一句说“科学的极致是哲学，哲学的极致是宗教”。我不一定同意他的哲学的极致是宗教，是形而上学。

西方 20 世纪 60 年代讲逻辑实证论，一面讲逻辑一面讲实证，感观经验的知识才是知识，这个讲法已经衰弱了，所以原来的逻辑实证论，包括牛顿的物理学，以感观经验为基础建立的知识已经落后了。现在不是这样，形而上的东西很重要，我们要找到一个宇宙论出来，小小的地球，这个世界的宇宙论是什么？你没有这个完美、良好的解释，人活在这个地球上始终是没有目标了，不晓得活着是干什么。现在佛法很好，中国科学院院士朱清时，前南方科技大学校长，他引用了爱因斯坦的话：“如果有一个宗教不但不与科学相违，而且每一次的科学新发现都能验证它的观点，这就是佛教。”但是，南老师的学问不讲宗教，他不重视佛教，也不重视佛学，他重视的是佛法。佛法是什么？是修行的程序和方法，人人可以学的。现在中国文化的大师，台湾的方东美、唐君毅、牟宗山，他们的书在北京都有，他们是搞学问的，有的修行就还可以，有的修行就未必。南老师不看重这些，南老师看重一套修行程序和方法。这个东西，你修行得好，你自然有敏锐的直觉，仁的感通。

人家有什么痛苦你马上看到了，不像有些人麻木不仁："这是你的事，跟我无关。"就变得有很多书呆子，自我感觉良好，但是别人看到就是书呆子，别人有痛苦你都不知道，麻木不仁，书念得再多，没有用，要有感通的能力，敏锐的直觉。我们国家的治理，国家的统一，就需要这一类的人才，不然书呆子上台了，官是很大，老百姓的痛苦你不知道，自我感觉良好。台湾不是就有这样的官吗？《孔子家语》讲的"自贤者，未有得人者也"，自己以为贤，比其他人能干，我是哈佛出身的博士，基本上就自以为高人一等，"未有得人者也"，这种人怎么会有人缘呢？你没有感通的能力，谁喜欢你？没有人缘你还当什么大官？但是什么事都不要过头，像王金平不错，他有感通的能力，很懂人情世故，但是也不能搞过头，选举的时候乱送钱也是不行的。

因为时间的关系，快要六点半了，很不好意思占用大家时间，谢谢！

2013 年 9 月 28 日讲于吴江　首届太湖国学讲坛

一片白云横谷口，几多归鸟尽迷巢

——解读南怀瑾新书《漫谈中国文化》

最近，国学大师南怀瑾将他在苏州太湖大学堂，对大陆财政、金融和企业界、学术界的高阶主管演讲的内容出书。这本《漫谈中国文化》的新书读来处处启迪智慧，好像置身于中国文化精神的核心，找到了人生的方向，国家的政治前景路线，乃至于新时代人类文化发展的愿景。

这种直观顿悟的智慧与西方逻辑分析的理论推演，是很明显的两条不同的研究途径，但互不冲突，反而可以相辅相成，深入理解文化精神的核心底蕴。

南怀瑾是当代禅密宗的修行者，他的著作等身，《漫谈中国文化》新书的出版针砭时弊。依我看，西方文化的资本主义危机和中国改革开放三十年文化方向感，就在于“技术理性”的超越，并非像美国经济学家弗里曼所说的“金融乱象无药可救”。

从中国文化历史精神的高度，俯瞰西方国家当前的金融困境，南怀瑾先生指出：“经济发展到一个阶段，个人也好，国家也好，要节制，不是说到处去弄钱来扩张，尽量地膨胀，这都是问题，问题的最后是‘几多归鸟尽迷巢’，找不到路了。”

他认为中国二十多年的改革开放，到今天是迷路了，长期迷路了。他说，**企业要有远大的目标，对国家社会有五十年、百年以上的贡献，决定一百年后社会国家的发展，这叫企业。**

《易经》讲："举而措之天下之民，谓之事业。"要把企业当事业来办，否则，开个公司，图利自己，没有远大的目标，想怎样就怎样，不过是个人欲望的膨胀而已，结果为达私欲的满足不择手段，成为"技术理性"或"工具理性"，过度膨胀不负责任的文化现象。所谓"自肥""造假账""伪劣产品""信用破产""全球暖化""石油危机"……皆因失去"目的理性"原则性的坚持，而误人误己、误国误民，更遗祸地球、伤害子孙后代。

南怀瑾先生纵观中西文化的历史经验，指出司马迁是历史哲学家，也是历史文化的一个大导师，集成中国老庄道家的文化观点，足以就资本主义时代的病痛，扭转中国当代重经济、轻政治的"迷巢"。

针对 17 世纪以后，西方文化思想以经济来解决政治的路线，南怀瑾先生说："中国几千年文化刚好相反，经济摆在第二位，有好的政治，经济自然就会好。"他说诸葛亮之前的大政治家管仲"仓廪实而知礼节，衣食足而知荣辱"，虽然强调经济的重要性，但可别忘了管仲是政治文化领先，而非经济领先。他说："礼义廉耻，国之四维，四维不张，国乃灭亡。"国家的治理要有原则性的坚持，公司的治理何尝不然？

可惜放眼四海，"资本主义"栽了跟头，其背后的文化思想核心，及"技术理性"适度膨胀的结果，流于虚伪的权谋，失去"目的理性"原则性的坚持。

国家或企业的治理，皆须目的性、原则性的坚持，作为行动正当性的基本标准。如果失去此基本标准，一味以权变或权谋为主轴，演化结果自然无方向感，而有中国古代禅宗的两句话："一片白云横谷口，几多归鸟尽迷巢。"

南怀瑾先生认为，现在的世界就是春秋战国的放大。孔子在春秋晚期即慨叹时代的病痛:"技术理性的膨胀。"

他说:"三年学，不至于谷（即名利之意），不易得也。"学习不是真学习，反而是为了名利才学习。春秋晚期的技术理性膨胀，到了战国时代，一变而成权谋横行的时代，有如当今资本主义后期，或后资本主义时代，权谋横行，到处讲谋略的变通，而忘了领导人的节俭、谦虚和务实美德的自我管理，也忘了"礼义廉耻，国之四维，四维不张，国乃灭亡"那种原则性和正当性的坚持，有贵于权谋的应变，乃可长可久之大道。

《经济日报》A9，2009 年 2 月 5 日

问学三十载：南怀瑾老师的学术与方法论初探

认识南怀瑾老师因缘的前言后语

我年轻时候喜好读书，在台湾政治大学读书时期，深受师长们的启发，曾遍读熊十力、梁漱溟、唐君毅、牟宗三，乃至马一浮、杨仁山、方东美等学术巨擘的著作。当然理解到什么程度，那是另外一个问题。

20 世纪 60 年代后期的台湾，由于国民政府退守台湾，整个政治气氛笼罩在威权体制的统治下。当时的思想战线是“一个中国”原则，“台独”是一大禁忌，台湾依赖美国的政治经济保护而存活。一方面蒋介石先生发起“中华文化复兴运动”，以王阳明的学术为孔孟心性之学的核心精神，另一方面，是学术界开始流行美国的行为科学或逻辑实证论。

有的知名学者宣导实证主义，认为那叫科学方法，更有教授误解所谓直观的方法是违反科学的。而他们所宣导的“传统与现代化”，今日看来误解甚多，甚至有的知名教授，竟无知于 20 世纪 60 年代美国学术的发展趋势，在逻辑实证论已衰退的时候，还自鸣得意，要以实证科学来研究中国传统文化，可谓误学术也误了前途。当时护卫中国文化与行为科学之间的思想战，早已演变成为一个严肃的政治问题。20 世纪 60 年代中后期，也是大陆发动“文化大革命”与“批孔扬秦”的时代。

中国文化在胡适及一群留美学人影响下，逐渐走向“全盘西化”的泥淖中，不仅失去民族主义的立场，也失去中国的“文化主义”信心。在这种情况下，有谁能真正理解并体会孔孟的心性之学，以及佛学的启示?

到了20世纪70年代，台湾进入“倒霉的时代”，有如2009年的美国《时代周刊》，列举21世纪初每年的倒霉事件一样。这一时代，是美国与欧洲从60年代的学生运动，逐渐转向80年代的保守时代，或可称之为“转型年代”。西方青年学者在美国旧金山成立了Shambala出版社(曾出版英译《楞严经》)，要向东方文化寻找灵感。他们体悟到西方文化“天人对立”的科学主义与经济成长主义，有走向尽头的趋势，因此要返本开新。也因为他们发现东方思想在文化精神的源头上，都是走“天人合一”“知行一体”“心物一元”“自他不二”的预设。中西文化的源头各自不同，因此发展至今而有不同的面貌。

到了20世纪80年代，西方物理学家终于发现，当代物理学的世界观与东方文化的源头预设相同，并谓之为一种“典范移转”。换言之，人类的科学家体会到：愈是新颖的物理学世界观，愈与中国传统儒释道精神相通。这种认识已经十分了不起，改变了学术研究的知识论和方法论的基础；但在南怀瑾先生这样的有修有悟者看来，只是“见识”到人类心性之学的开端，尚未进入知行合一的“见地”境界。此所以“南门”(南老有教无类，无所谓门派之见，此乃勉强用之)符重实践、行以求知之学。

南老师身教言传

大约1982年的春天，由于曾读过南老师的书，听说周勋男先生与老师认识很久，就在周兄的引见下初识南师。当时我在国民党“中央文化工作会”担任理论工作。由于80年代的台湾，刚刚经过70年代的倒霉运：

1971年退出联合国，1979年“台美断交”，中间复历经两次石油危机和与若干国家的“断交”，1975年和1976年蒋介石和毛泽东又相继去世，两岸形势的变化，都在默默进行中。

20世纪80年代是世界各国都在变动的时代，由于“中华民国”与美国已“断交”，蒋经国虽领导台湾自立自强，无奈文化底子薄。1979年台湾历经三十年相对偏安之局，成为亚洲四小龙之首，1988年1月13日蒋经国去世时，台湾的美元外汇存底排名世界第二。而大陆改革开放虽已届十年，却还在五名之外。80年代初，出现了刘家昌制作的《“中华民国”颂》，充满大中国的憧憬；而邓丽君的歌曲也开始登陆，但仍被一些顽固的人视为靡靡之音。

我就在这样一个迷惘的年代认识了南老师。当时只知他在台北信义路的复青大厦，每天都有川流不息的访客。王升说南老师那儿是“人民公社”，各路人马常来常往，或来听课，或来听南老师讲古今中外的事，的确受益匪浅。当时南老师下午正在讲“中国文化大系”，晚上讲《楞严经》，听课者只付一些场地清洁费。

南老师授课有教无类，幽默风趣，他不走学院派的老路，独树一帜，因材施教。他除了讲经说法，还会关心你的身心健康。

20世纪80年代初，老师给不少政界要人开课讲《左传》等，但竟引起某些人的疑虑，称南老师为“新政学系领袖”。南老师终于在1985年7月5日离开台湾，前往美国，落脚华府。

20世纪80年代上半期，英美两国开始新经济政策，松绑银行贷款，企图鼓励企业家投资创业，创造就业机会。不料，投资者却有趣于投资华尔街的股票市场，无趣于真正的企业投资，终于种下2008年金融海啸危机的远因。当年诺贝尔经济学奖得主克鲁曼，把金融海啸之责归于80

年代的里根政策。

在20世纪80年代初期，台湾青年寻找思想出路，开始流行新马克思主义；中国大陆青年，则在寻找政治体制改革的方案。

海峡这边的台湾人，对中国传统文化的心性之学尚缺信心，在日渐富裕下，政治反对派只知要争取言论自由，早日开放党禁、报禁，却昧于文化尚不成熟，一旦他律松绑，却无自律的涵养，造成的后遗症不容小觑，迄今仍然难治。

而中国大陆，却因“文革”而打压孔孟心性之学，改革开放后，年轻人只看到美国表面繁荣富足的一面，却未体会孔孟心性之学，不是唯心唯物二元概念可以分析理解的东西；只羡慕美国表面上的繁荣富足，却不能认知到后来可能造成金融海啸的危机。中国自鸦片战争后一百多年来，为救亡图存，只知求实用地、快速地解除危机，却无一套长治久安的文化策略。迄今仍是如此，实现中国梦，很需要深度和广度的论述。

南老师的心性之学，是治国长治久安之策。试看二战结束后，从凯恩斯的经济政策，到80年代哈耶克的自由政策，人类的经济前景陷于一片迷惘。经济问题已非经济政策所能解，这是涉及人类方方面面的系统工程，而且是一复杂的系统工程。所谓心性之学，乃是基于人类除了实用科技之学外，必须面对的社会规范之学，这就是孔孟礼治优于法治之论。礼治能使人“有耻且格”，不像法治仅使“民免而无耻”。现代人几乎已无羞耻感，到了麻木不仁的地步，只顾自己生命的存在活动，盲目于如何与他人互动，更不知真实的情感是何物。

南老师的心性之学，教人从日常生活的起心动念开始。像斯米克集团的李慈雄，在台大电机系二年级时，在南老师那儿打工并扫厕所，南师告诉他杯子要如何洗，才会洗净杯口的唇印。

当年我寄赠南老师《新马克思主义座谈纪录》时，不久就收到他的来信，表示收到并致谢意。南老师旅居香港时，有一次曾说，要介绍我认识几位大陆的大学校长，我以为南老师只是随便说说而已，没想到半年后，我又到香港去，南老师见到我，立即亲笔写了五封介绍信，真让我震惊不已。世俗中人，有谁那样“闲话一句”，仍然信守不渝？这几年来的经验，像寄赠一本好书送人，对方一点回应都没有，让人觉得好像多此一举。

这些事说明了，一个人的良知良能，本自具足，不需要逻辑推理。你如果能将心比心，具足直观的能力，自然会知道应有所回应。可现代人接受逻辑推理的能力愈来愈强，却在一开始就丢弃了人与人之间那种“敏锐的直觉（仁）”（梁漱溟的用语），丢失了你那本具固有的良知良能，因而凡事从自我中心出发。反应快速的结果，言行举止只不过是内心长期累积的“错误意识”的投射，如何能与他人有效沟通呢？

南老师的心性之学可贵在此，他不在乎他人以严密的逻辑理论来骂他。许多批评他的人，亦不过是内心的“错误意识”投射出来的言行举止而已。对心性之学没有真参实修的人，出口即是“错误意识”的投射，所以南老师从来不予辩驳。现在笔者在此多言，若南老师在世，必笑我多此一举。

南老师热爱中华民族，关心中国文化的复兴。他在1988年旅居香港时，有一次我与舍弟琼埒，路经香港去看老师。当时他说，尹衍梁先生请他出任光华基金会董事长，资助大陆青年学生读书。后来北京大学也盖了光华大楼，其他大学受益于光华奖学金者亦不计其数，二十多年后的今天，开花结果造福一个时代的青年，迄今仍然不辍。

南老师的事功岂仅这一点点？他在台湾时已启人无数，致力于延续中国文化的命脉。在美国时，他诚恳地告诉美国特务“七分为中国，三分为美国”，赢得美国特务的敬重。

南老师在1987年写了一信严厉责备我，教导我赶快觉悟。我立即回信，忏悔过失。后来在1988年1月20日，南老师要我到华府走一趟，并赠五百美金机票费用。

我记得当日一下飞机，到达南老师住所后，休息一会儿，他即邀我政大政研所博士班肄业的学长张炳文作陪，亲自教我打坐与数息观四十分钟。我们在华府停留两夜三天，观看《济公活佛》录影带（当时尚未有光碟）。回德州奥斯汀前，南老师在门口要亲自教我一个咒语，我正严肃地洗耳恭听时，他老人家亲口传授：“要多拍马屁。”我顿时恍然大悟。1988年1月13日蒋经国去世，月底南老师迁居香港，我在华府时，竟然一点动静皆不知，南师的行事作风巧妙有如此者。

1988年3月8日，我通过博士论文口试。4月初返台时，南老师有两句话，要我请苏志诚转达李登辉：“一是少说话有利，多说不利；二是无为而治有利，有为不利。”事后观之，李登辉全然违背南老师的建议。后来李登辉托南老师的有关两岸密使事件，亦不了了之，南老师十分失望，后来送笔者墨宝，上书清朝张船山句：

今古茫茫貉一丘　功名常笑烂羊头
戏拈银笔传高士　醉掷金貂上酒楼
未老已沾秋气味　有生如被梦勾留
此身可是无仙骨　石火光中闹不休

老师的墨宝，洒脱有仙气，我视如无价珍宝，亦真实体会到他对两岸关系的关怀与无奈。至于后来南老师移居上海，2006 年后常住太湖大学堂，往来宾客中，看热闹、抢拍与南师合照者众，众生相自然如此。亦所以见孔子“吾非斯人之徒与而谁与”，诚不我欺，从此深深体会到南老师是如何的无可奈何了。

心性之学方法论的基础与初探

南怀瑾老师的心性之学，远迈王阳明的心性之学，直接孔孟的心性本体。他在评论王阳明四句教的矛盾中说：王阳明的四句教，在哲学上叫三元论，不是一元论的本体了，那就成了问题。王阳明的四句教如下：

无善无恶心之体　有善有恶意之动

知善知恶是良知　为善去恶是格物

南师认为这个心之体，是和“人之初，性本善”的思想不同。第二句的意之动，这个意是思想的作用，本体的功能发用后就是意志，这时候就有善有恶。如果本体是无善无恶，没有善恶的种子，何以本体起用后，却有了意志而有善有恶呢？第三句的知性也是本体功能所发，既然心之体是无善无恶，何以本体所发的良知却能知善知恶呢？南老师认为，只有第四句是对的，也就不予批评了。

南怀瑾老师认为佛家的明心见性、道家的修心炼性、儒家的存心养性都与脑的科学有关，与认知科学、生命科学接轨。读者或可参看《念力的秘密》（梁永安译，2008 年）和《念力》（2012 年）两本书。

中国自古以来就有“人心惟危，道心惟微，惟精惟一，允执厥中”

的修身养性之论，及孔子提出“仁”的理念，非经验现象的概念，亦非简单的“仁者爱人”之论。孔子所谓的“仁”，整个生命通体是悱恻之感的忧患意识，是梁漱溟所谓的“敏锐的直觉”，即自家生命与其外在的事事物物具有一种敏锐的感应，而发出恰当的、合乎中庸之道的适当响应，即是仁者，亦是智者。这种智附属于仁，开启了中国文化的道德价值体系，也便是当代所谓的科学意义，未能有效地撑开，此点为唐君毅和牟宗三两人的哲学著作中所用心的地方。

不过，中国的心性之学，必须在实际的行为体验中，求默会或证悟其本来具足的面目，其默会所知超过语言文字论述之外，诚如科学哲学大师迈克尔·波兰尼在其《个人知识》（*Personal Knowledge*，1966）一书中所说：“吾人所能知者，超过所能言说者。”这种知识，现在叫“默会知识”。自 90 年代起，进入知识经济时代，这种“默会知识”成为企业竞争力的主要来源。

南老师的心性之学，与唐君毅、牟宗三两人，乃至于与熊十力等人所走的路线不同，他融会贯通儒释道的一套修行法则和程序，重视真参实修的功夫，不强调逻辑推理的方法（当然也没有排斥的必要），所以他的著作句句是生命体验的真实流露。他不在乎他人从学术上或理论逻辑上对他的著作批评，因为他们的所言所行是“知行分离”的，与心性之学的全体大用毫不相干，所以没必要去辩驳，以免浪费时间和生命精神。

南老师心性之学，越过清朝将近三百年的考据之学，他并不满意朱熹等人的宋明理学，在他所著的《原本大学微言》中，对儒家的修行功夫与方法提出独到的见地，并据此而有对中国历史文化的评语。读者若据此再与南师早期所著《禅海蠡测》，及《如何修证佛法》《禅与生命的认知初讲》等书合参，必能逐渐摸索出他的一套修行法则来。不过还是那句话：不能沉迷于文字上的逻辑推理，指东说西，反而走上心性之学的歧路。至于怎样正确看待南师的心性之学，这在科学哲学上有下列三点说明：

一、注意库恩所谓“典范移转”的意义

库恩在1962年出版《科学革命的结构》一书，花了十五年的时间完成此一巨著。当他在哈佛大学修读科学史博士时，有一次为了准备受邀演讲内容，详读亚里士多德的《物理学》，无论怎么看都看不懂，甚至认为满纸荒唐言。于是库恩发出疑问，何以开创西方文明三巨头之一的亚里士多德有此荒唐言论？经此一问，多年后才恍然大悟，只要转换世界观或观察的方式，就能将过去视为荒唐者突然变成条理井然、前后一贯的体系。库恩从此写出《科学革命的结构》这一本划时代的巨著，流传至今或将永垂不朽。

库恩指出科学革命的过程是如下的一种流程：

P1 → Normal Science → Anormality → Revolution → P2

假定P1是牛顿物理学典范，其世界观，即观察世界的方式是“时空绝对论”“唯物论”与“直线思维”。如此这般的观察方式，形成了所谓的常态科学，成为教科书的来源。当科学愈进步，研究员发现愈多物理现象，难以常态科学的观点解释；当无法解释的异例愈来愈多时，就发生了“典范革命”。在典范革命时期，百家争鸣，莫衷一是，直到新的典范出现。在此假定P2是爱因斯坦典范，从此观察世界的方式变了：“时空相对论”“心物一元论”“非线性思维”，成为常态科学的主流。

由此可意会者，南师突破中国文化传统的常态科学观点，走一条中国原生文化本来具足的心性之学。经孔孟承继道统，又经宋明理学家的歧出和清朝的扭曲，直至近人唐君毅、牟宗三两人的学术贡献，我们后人也要肯定其应有的价值，但更要尊重南老所走另一条以实参修证为主轴的、非学术亦学术的道路。南老师致力于恢复中国传统的道学或心性之学，开启了新时代学术文化的新典范。

二、默会知识具有更多更丰富的内容，当代人不可轻易地以有限的外显知识随意否定

前述迈克尔·波兰尼认为这种默会知识，比外显知识内容更多、更精彩，因为难以言说表述，故又称为“个人知识”，只可意会不可言传，与“内隐知识”不同，后者是一种可说但不愿说的知识。

无法用语言文字表述的知识叫“默会知识”，这种知识，在 20 世纪五六十年代仍流行但很快衰退的逻辑实证论中异军突起。当时那些仍受逻辑实证论典范影响者，必责默会知识为荒唐无知。好比如果你以逻辑的、感官实证的角度来贬抑南怀瑾老师的著作，但南老师风度潇洒，他绝不与你辩论，说不定他还与你化敌为友。凡例甚多，大陆一位搞哲学的企业家即为一显例。

其实，“默会知识”在中国传统原生文化中随处可见可知。古人说：“言有尽，意无穷。”《金刚经》云：“凡所有相，皆是虚妄，若见诸相非相，即见如来。”佛讲经说法四十九年，最后他仍要说，那些都是文字般若，而非实相般若。南老师生前曾叮嘱我，《庄子》一书要看百千万遍。《庄子》书中曾比喻说，凡语言文字所能表述者，皆为糟粕，而真正的精华是无法用语言文字表达的。儒释道都同此一理，读书能悟此理定有收获。

如果有人指出文章该当如何批注、如何考据方为严谨，我亦将学南老师，谢谢你的指教，但重点是你要悟出文字外的理，才是正办。深受逻辑实证论影响者，必须早日抛弃其世界观，才能进入南师所开创的新典范，即孔孟原生文化的心性之学，才能悟知20世纪90年代知识经济时代来临，“默会知识”才是企业竞争的实力来源。

三、理性思考的直线关系与直观智慧的非线性生态体悟

现代物理学和东方神秘主义思想一样，必须处理“实在”的非感觉经验。这种感觉经验，往往不是理性思维所能发生功效的。愈是严谨的数学语言，愈失去其描绘“实在”的弹性。因此，“概念”“型模”“理论”，只能近似地描述“实在”，成为一种地图，而非真正的地理形状。对于地形弯弯曲曲的，仍有赖于暧昧的语言，以保持若干程度的弹性，才能有效地接近“实在”。甚至有时候，必须抛弃语言或概念的理性思维活动，让直观的活动突然产生有创造性的洞见（insight）。而理性知识是一种抽象概念和符号的系统，也是一种直线的、序列的结构，因此是有其限度的。相反的，生态体悟是宏观把握，来自非线性系统的直觉。

直观洞识能力，在组织高层中具有相当重要性。位元阶较低者，愈需要也愈有可能在稳定的系统内掌握少数的变数，而从事理性的分析；但在高阶层者，因为当面临各种复杂的、突发的危机，根本难以做出理性的分析，此时就需要直观的智慧，当机立断，宏观地把握。同时，理性分析与直观把握是互补的，两者并不冲突。科学哲学大师卡尔·波普尔有几本名著，其中之一即《科学发现的逻辑》（*The Logic of Scientific Discovery*），即可参证。

其实，行为的真参实修，即是培养直观体悟的能力。南老师在指导

禅坐时，再三叮咛，放弃逻辑推理的思考，从数息观中慢慢培养直观的能力。所谓直观能力，人人本自具足于心性中。

孟子曰："人之所不学而能者，其良能也；所不虑而知者，其良知也。"又说："恻隐之心，人皆有之；羞恶之心，人皆有之；恭敬之心，人皆有之；是非之心，人皆有之。恻隐之心，仁也；羞恶之心，义也；恭敬之心，礼也；是非之心，智也。仁、义、礼、智，非由外铄我也，我固有之也，弗思耳矣。故曰：求则得之，舍则失之。"孔孟的心性之学，从仁、义、礼、智内在本心中，开启道德价值之源，成为礼治的基础，使人有耻且格。当前社会因技术理性过度膨胀，失去人际互动的真诚往来，所以难以建立"社会资本"，因而在政治与经济场域形成尔虞我诈的氛围。眼看他起高楼，眼看他楼塌了，只停留在短期的实用境界中，非长治久安之道也。

兹再举一例，以明西方逻辑推理之细腻与中国直观智慧的全域把握，两者各有所长，但绝不可以西方逻辑推理之便，随便否定直观智慧全域把握的心得。吾人应知"平常心就是道"，有境界者闻之即悟，有道者暧暧内含光，用不着将自己的生命工具化，去追求"出类拔萃"的风头；可渐悟者，必须一步一步推理，而得出结论。试以学开车为例：

第一阶段叫"无意识的无能"，此时对自己不会开车，认为无所谓，即为无意识的无能。

第二阶段叫"有意识的无能"，此时因受外界的刺激，而警觉到不会开车这种无能是一种损失，这时想学开车的意识，成为训练需求的开始。

第三阶段叫"有意识的有能"，此时因参加驾驶训练而获得驾照，骤然有兴奋之情。虽已会开车，但仍有兴奋之情，以致开车可能误事。

第四阶段叫“无意识的有能”，此时将会开车视为稀松平常之事，而无意夸大。此时境界即达“平常心就是道”的境界。

《庄子》中庖丁解牛的故事，即类似此四阶段的分析。头三年，庖丁停留在感官目视的阶段，后来到了形而上的“神遇”阶段，这就是前述已取得“默会知识”的境界。到此境界，语言或逻辑的分析已属多余的事，得到形而上的神遇或“默会知识”，也难以言说，只好叫你参，行以求之或行以知之，局外人的谩骂与赞扬，皆身外之物，与我何干？

以上三方面，均涉及科学、哲学的严肃问题，吾人不能以当今常态科学的角度随便评论。南怀瑾老师生前非常重视当前脑神经与认知科学的发展，他认为科学的发展将朝向与儒释道心性之学相通的方向融会贯通。尤其是佛法“心能转物”的科学发展，将对人类深有启发。世界知名的管理学家彼得·圣吉有所谓的“系统思考”（system thinking），在他追随南师学习禅定的十五年之中，亦对此一看法深有体会。

南怀瑾老师在中国文化史上将来可能的地位

我之所以写作这篇文章，不是为了替南老师辩护，我知道他老人家不在乎这些累赘的身外之物。他要我看《庄子》百千万遍，早就看透我的思维倾向，须以庄子思想来调剂之。我虽然只看了两遍，果然受益匪浅。我还发现 1977 年诺贝尔化学奖得主普里高津在 1984 年出版的《混沌中的秩序》一书提出，新的自然正在形成，与《庄子·天运篇》相通。

《庄子》：“帝王之功，圣人之余事也。”又说：“外重者内拙”“其嗜欲深者，其天机浅。”这些话与《孟子》“养心莫善于寡欲。其为人也寡欲，虽有不存焉者寡矣；其为人也多欲，虽有存焉者寡矣”道理相通。儒释道三家着重点或有不同，心性修行功夫或简要或细密，亦各有不同，然同样重视诚意正心修身之学。

近三百年来的西方牛顿物理学典范的世界观，为爱因斯坦典范所取代，量子理论的心物一元论取代了唯物论。21 世纪科学的发展，又掀起心能转物的研究趋势，则吾国心性之学，当有重振的一天，以挽救技术理性过度膨胀的时代文化。诚如陈寅恪所说："华夏文化，历数千载之演进，后渐衰微，终必复振。"

中国自春秋战国以来的原生文化，是为中国文化的第一波文化，以孔子集大成。第二波文化，儒学兼吸释道而形成宋明理学，但与孔孟之学有所偏离，所以南老师亲写《原本大学微言》，厘清一些观念。第三波文化，乃对西方盛世文明的消融贯通，并吸纳西方的科学与民主。不过，没有复兴中国传统的道学或心性之学，人际间互动的真诚难以树立；没有心性之学的基础，人的自利与欲望也难以使经济与环保相互协调。

因此，第三波的中国文化，必须恢复孔孟的心性之学，除了一般哲学或学术的疏通之外，最重要者，当属修证体悟孔孟心性之学，融合儒释道三家的精华，行以求知，则南怀瑾老师所开拓的文化新境界与修行功夫，将更值得现代与未来的治国者与修道者重视。

参考书目

第一部
中国文化第三波的崛起及中华民族对世界新秩序的忧患意识

吴琼恩

1992年，《行政学的范围与方法》，台北：五南图书公司

1996年，《行政学》，台北：三民书局

1998年，《轻舟已过万重山：两岸关系与中国前途》，台北：海峡学术出版

基辛格（Henry Kissinger）

1998年，《大外交》（Diplomacy）中译本，台北：智库文化公司

唐德刚

1998年，《晚清七十年》，台北：远流出版公司

张豫生

1998年，《前瞻二十一世纪：中西文明交流的回顾与反思》，台北：《海峡评论》。

《论语》《孟子》《荀子》《庄子》等书

Brzezinski，Zbigniew

1997 年，*The Grand Chessboard.American Primacy and the Geostrategic Imperatives.*

New York，N.Y.Basic Books，Harper Collins Pubishers，Inc.

Huntington，Samuel P.

1996 年，*The Clash of Civilizations and the Remaking of World Order.*New York，N.Y Simon & Schuster Inc.

Kuhn，Thomas S.

1970 年，*The Structure of Scientific Revolution*，2nd ed.，Chicage.The University of Chicago Press.

Naisbitt，Johh & Patricia Aburdene

1985 年，*Re-inventing the Corporatinon*：*Transforming Your Job and Your Company for the New Intormation Society.*New York，N.Y. Warner Books，inc.

Prigogine，Ilya & Isabelle Stengers

1984 年，*Order Out of Chaos.Man's New Dialogue with Nature.*New York. Bantam Books.

Senge，Peter M.

1990 年，*The Fiffh Discipline*：*The Art and Practice of the Learning*

Organization. New YOrk，N.Y.Double-day.

全球化浪潮下的两岸关系：反思与突破

丘宏达《“国中有国”：两岸统一新模式》，台北：联合报，1990 年 11 月 6 日，第十三版

余纪忠先生纪念专辑，台北：中国时报，2002 年 4 月 10 日

吴琼恩《行政学的范围与方法》，台北：五南书局，1995 年

吴琼恩《台湾命运与中国前途》台北海峡学术出版社，2001 年

林洋港《两岸交流新思维：兼谈“和平统合两岸异制”》，台北：《两岸双赢》月刊，2002 年 4 月，第三十九期

章念驰《统一是中华民族复兴的艰巨伟大过程》，香港大公报，2001 年 12 月。

《管子》

Brzezinski，Zbigniew

1997 年，*The Grand Chessboard*. New York，N.Y.：Harper Collins Publishers，Inc.

Kissinger，Herry.

1994 年，*Diplomacy*. New York，N.Y.：Simon & Schuster Inc.

Huntington，Samuel P.

1996 年，*The Clash of Civilization and the Remaking of World Order*. New York，N.Y.：Harper Collins Publishers，Inc.

驱耕夫之牛，夺饥人之食，不为也

吴琼恩

1998 年，《轻舟已过万重山：两岸关系与中国前途》，台北：海峡学术出版社。

2001 年，《台湾命运与中国前途》，台北：海峡学术出版社。

2004 年，《腾飞与堕落：突破两岸关系僵局的新思维》，台北：海峡学术出版社。

Brzezinski，Zbigniew

1997 年，*The Grand Chessboard.American Primacy and the Geostrategic Imperatives.* New York，N.Y.Basic Books，Harper Collins Publishers，Inc.

Capra，Fritjof

1982 年，*The Turning Point*：*Science*，*Society and the Rising Culture.* New York Simon and Schuster.

Chomsky，Noam

2000 年，*Rogue States*：*the rule of force in world affairs.* 中译本《流氓国家》，林佑圣译，2002 年，台北：正中书局

Fukuyama，Francis（福山）

1995 年，*Trust*：*the social virtues and the creation of prosperity*，中译本《诚信：社会德性与繁荣的创造》，李宛蓉译，1998 年，台北：立绪文化

Huntington，Samuel P.

1996 年，*The Clash of Civilizations and the Remaking of World Order.* New

York，N.Y.Simon & Schuster Inc.

Kissinger，Henry A.

1994 年，*Diplomacy*. 中译本《大外交》，林添贵、顾淑馨译，1998 年，台北：智库文化公司

Kuhn，Thomas S.

The Structure of Scientific Revolution. 2nd ed.，1970.Chicago.The University of Chicago Press.

Lipset，Seymour Martin

1959 年，“Some Social Requisites of Democracy：Economic Development and Political Legitimacy，” *American Political Science Review*. 53（March 1959）

Nonaka，Ikujiro and Hirotaka Takeuchi

1995 年，*The Knowledge-Creating Company*. New York：Oxford University Press.

Prigogine，Ilya & Isabelle Stengers

1984 年，*Order Out of Chaos*. Man’s New Dialogue with Nature.New York. Bantam Books.

Zakaria，Fareed

2003 年，*The Future of Freedom：llliberal Democracy at Home and Abroad.*

中译本《自由的未来：美国国内和国际的偏执民主》，孟玄译，2005 年。台北：联经出版公司。本文关于“民主与自由的关系、民主发展道路可以急切吗”这一部分的资料大多取材自本书中译本。

中国人民的儿子邓小平改变了中国

《新译孔子家语》，1996 年，台北：三民书局

《庄子・田子方篇》

傅高义（Ezra F.Vogel），2012 年，《邓小平改变中国》，台北：天下远见出版公司

潘敬国主编，2010 年，《共和国外交风云中的邓小平》，哈尔滨：黑龙江人民出版社出版

Little，Reg and Warren Reed.（范道丰译），1999 年，《儒学的复兴》，北京：商务印书馆出版

Huntington，Samuel P.

1996 年，*The Clash of Civilizations and the Remaking of World Order*，New York，N.Y.：Simon& Schuster Inc.

Maccoby，Michael.

1977 年，*The Gamesman*. New York：Simon and Schuster.

第二部

《旧金山和约》对中国没有国际法的约束力

丘宏达

1995年，《现代国际》，台北：三民书局

李蓓蓓

1996年，《台湾主权属于中国：驳斥〈台湾法律地位未定论〉》，台北：《海峡评论》3月号第六十三期

黄异

1998年，《〈台湾的法律地位〉》，台北：《海峡评论》12月号第九十六期

吴琼恩

1998年，《两岸现状就是“一国两制”》，台北：《海峡评论》12月号第九十六期

千山万水我独行·茫茫大海何处寻

Bohman，James.

1996年，*Public Deliberation*：*Pluralism*，*Complexity*，*and Democracy*. Cambridge，Mass.：MIT Press.

Goleman，Daniel.

2011年，《情商》中译本。杨春晓译。北京：中信出版社。

Jun，Jong S.

2006 年，*The Social Construction：Interpretive and Critical Perspectives*. State University of New York Press，Albany.

Mansbridge，Jane.

1994 年，"Public Spirit in Political Systems." *In Values and Public Policy*, *ed*. Henry J.Aaron，Thomas Mann，and Timothy Taylor，147-72. Washington，DC：Brookings Institution.

Nye，Joseph S.

2011 年，*The Future Of Power*，李静宜译，台北：天下文化

Sandel，Michael，

1996 年，*Democracy's Discontent*. Cambridge：Belknap Press of Harvard University Press. 中谷岩（日）著，郑萍译

2010 年，《资本主义为什么会自我崩溃？新自由主义者的忏悔》，北京：社会科学文献出版社

第四部

问学三十载：南怀瑾老师的学术与方法论初探

南怀瑾

《禅海蠡测》，1955/1973/1978/1980 年，台北：老古公司

《21 世纪初的前言后语（下）》，2012 年，台北：老古公司

《如何修证佛法》，1989 年，台北：老古公司

《金刚经说什么》，1992/1996 年，台北：老古公司

《禅与生命的认知初讲》，2008 年，台北：老古公司

《原本大学微言》上 / 下册，2009 年，台北：老古公司

吴琼恩

《行政学的范围与方法》2nd ed.，2005 年，台北：五南公司

《行政学》4nd ed.，2011 年，台北：三民书局

Fritjof Capra

1985年，*The Tao of Physics*：*An Exploration of the Parallels Between Modern Physics and Eastern Mysticism*（2nd ed. ），Boston：Shambhala Publications.

Kuhn，Thomas S

1962/1970 年，*The Structure of Scientific Revolution*. 2nd ed.，Chicago：The University of Chicago Press.

McTaggart，Lynne，梁永安译

2008 年，《念力的秘密：叫唤自己的内在力量》。（*The Intention Experiment*：*Using Your Thoughts to Change Your Life and the World*，2007 ）

Popper，Karl R.

1968 年，*The Logic of Scientific Discovery*，New York：Basic Books.